LONDON LABOUR AND THE LONDON POOR

HENRY MAYHEW

ロンドン貧乏物語

ヴィクトリア時代 呼売商人の生活誌

ヘンリー・メイヒュー［著］
植松靖夫［訳］

ロンドン貧乏物語　目次

メイヒューの時代のイギリスの主要な通貨単位と換算一覧

◎一ポンド（または一ソヴリン）＝二〇シリング（＝約二万円）

◎一シリング＝十二ペンス（＝約千円、一ペニー＝約八〇円）

◎一ギニー＝一ポンド一シリング（＝約二万一千円）

◎クラウン銀貨＝五シリング（約五千円）

1 呼売商人と賭け事

おびただしい数の呼売商人がいるが、その中で――まあ、こう言っても差し支えないだろうが――賭け事となると目の色を変えてのめりこまない若者を探そうと思ったら、それはなかなか難儀なことだ。十四歳になると賭け事に目覚め、そこから三〇歳かそこらまでは、日曜といえば必ず賭博場が持ち場になるのだ。賭け金がない時でも、午前中はあちこちほっつき歩いては見物して、他人が勝つのを眺めて一緒になってわくわく感を楽しんでいる。警察はこの身を滅ぼしかねない遊びをやめさせようと手を尽くすのだが、成果は上がらず、かえって度胸試しにされてしまい、賭け事がますます楽しそうに見えてしまう始末だ。

呼売商人は暇な時間が一時間でもあると、まず頭に浮かぶのは賭け事である。何を賭けるかはさして問題ではない。何かを勝ち取れるチャンスがあればよいのだ。市場が開くのを待っている間、楽しみはパイ売りを見つけて、パイを賭けさせてコイン投げをすることだ。もっとも、そのためには仕入れのための資本金と生活の唯一の糧を危険にさらすことになる。勝ったところで、戦利品はそのあと出会った最初の友人に気前よくやってしまうだけなのに。日曜日には勝ち取れる金のことを思い浮かべて気合いを入れ、一週間、倦《う》まず弛《たゆ》まず働きつづける。賭け事への熱い思いに水をさせるものはなにもない。不運続きになったとしても、最高のツキに恵まれた時より、いっそう、強気で勝負にのぞむのだ。

上等な暖かい上着を羽織って、土曜の夜に市場で稼いだ金をポケットにいっぱい詰めこんで賭博場に乗りこんでいく大勢の若者は、夕方には文無しになって、上着も失って帰っていく。稼いだ金も資金も衣服までほぼ全滅だ。ツキがないのにヤケをおこして、借りられるだけ目いっぱい金を借りて、しまいには、冬用のズボンよりも上等なコールテンのズボンがあれば、それまでつぎこんで、もう一回ツキが回ってくるのを期して賭ける若者も珍しくない。極寒の冬日でも、日曜のテムズ河畔には若者が群れをなしている。賭け事で熱くなれるので、テムズ川を吹き抜ける肌を刺す寒風などどこ吹く風なのだ。雨の時には、半ペニー硬貨が地面にくっついてしまうので、どこか鉄道の高架下に行くとか、さもなければ酒場に仲間をいっぱい集めて、テーブルには音が出ないようにハンカチを敷いて、こっそりとやる。白熱してくると、空腹も忘れて、外が闇で見えなくなるまで賭けをつづける。食べることなど思いもよらない。

ある男がこんなことを話してくれた。競馬場でレモネードを売っていると、呼売商人やらインチキ手品師、見世物師が集まっている真ん中の地面に、金貨銀貨がいっぺんに百ポンドも置かれているのをよく見たという。その男と一緒に行った友人は、台車一台分の玩具を持っていたが、一時間もしないうちに、稼ぎも台車も商品も、おまけに外套まで摩《す》ってしまったそうだ。この次は取り戻してやると息まき、息子を背負ってロンドンまで歩いていき、翌日にはまた商品を仕入れられるだけの借金をして稼いでも、また前回同様に摩《す》ってしまうのだ。

この呼売商人は、相手がランベスにある陶器の窯元《かまもと》の若者だろうが、ウェストミンスターのスラム街にいる泥棒だろうがお構いなしである。ある地域の呼売商人らが、別の地域まで賭け事のために出かけて行っては、「仕込み」という手口を使うのはよくあることだ。ひとりが先に行って、賭け事をやっている連中の中に加わって、コイン投げの賭けをはじめる。相手に怪しまれないくらいの時間が過ぎたところで、相棒がやってきて、周囲の連中と一緒に、相棒のコイン投げに賭けはじめるのである。呼売商人は、目にもとまらぬ早業で相棒が勝つようにコインを投げ、夜になってから落ち合って、戦利品を分けあう。

日曜の賭博のために選ばれるのは、通行人の目からはよく見えない奥まった場所で、警察が近づいてきたらすぐに見張りが知らせられるところだ。たとえば、キングズ・クロス界隈の原っぱとか、建築中の鉄道の建物附近にある空き地など。造幣局、セント・ジョージズ・フィールド、ブラックフライヤーズ・ロード、ベスナルグリーン、メリルボンはいずれも好んで彼らが利用している土地である。ランベスとチェルシーの間にあるテムズ川左岸の河原には、艀《はしけ》の陰に隠れるようにして若者が小さな輪になって集まっているのが見られる。その中のひとりが常に監視をしていて、誰か知らない人物が近づいてきただけで、「だとひ」〔「人だ」の逆読み〕とか「つさいけ　いなぶあ」〔「警察危ない」〕と声を発する。すると、さっと賭け金を集めてポケットにしまい、なにくわぬ顔でおしゃべりをしながら、笑い声をあげる。呼売商人にとって、どこに集まって賭け事をやっているのかを見つけ出すのはむずかしいことではない。若い呼売商人の姿を見つけたら、どこで「アート・プー」〔「スリー・アップ」の逆読み〕あるいは「スリー・アップ」をやっているのかと聞けば、簡単に場所はわかる。

賭けをやっている最中に、見張り役が「サツだ！」と叫べば、集まった中のだれかが賭け金に飛びついて持っていってしまうのだが、彼らは警察に巻き上げられるくらいなら、見ず知らずの他人に持っていかれた方が良いと思っている。また、一文無しになった敗者には、負けた金額の一シリング〔約千円〕につき二ペンス〔約百六十円〕が贈られ、損失が多額になる場合には、まとめて四シリングか五シリングが贈られるという慣習が彼らにはあるのだが、一方、いちばん勝っている時にやめて帰る、いわゆる勝ち逃げはまったく恥ずべきこととは見なされていない。

こういう日曜日の賭けの状況についてもっと正確な描写ができるように、○○附近の現場に行ってみた。汽船の発着場から二〇メートルと離れていないのだが、石炭運搬用の艀《はしけ》が並んでいる狭間にうまく姿を隠して、頭すら見えることがなかった。賭けの場所は、通りから岸までの間にある小さな路地のすぐそばが選ばれ、その路地には見張り役が立っていた。三〇人ほどの若者がいて、呼売商人ならではのお洒落なズボンをはいた長身の屈強な若者もいれば、粘土で汚れたボロ着姿の陶器作りのまだ子供みたいな者もいた。川岸に並んでいる黒い浚渫《しゅんせつ》船の陰になって、一行の姿は川からは見えなかった。

警告が発せられたら、みんな石炭運搬用の艀に飛び乗り、邪魔者が通り過ぎるまで身を隠しているのである。二隻の船にオールを何本か渡して、その上に坐っているのが、モルタルで汚れた煉瓦職人で、川の方を見張っていて、審判員のような動きを見せていた。

その時にコイン投げをしていた二人は早朝から続けていて、どちらが負けているかは、元気のない表情の目とかみしめた唇からすぐにわかった。喧嘩腰にもなっていて、野次馬が彼にけしかけたりすると、乱暴に肘をうしろにぐいと突き出して、「いいから、うしろに引っこんでろ」と声を荒げた。勝っているのは背の低い男で、泥で汚れた帆布地の上着を着て、あごには一週間ほども剃っていない金髪のひげがのびていて、「表」と「裏」しか言葉を発しなかったが、両頬は紅潮し、くわえているパイプには火が入っていなかったが、それでもスパスパとふかしていた。

ふたりとも掌《てのひら》には半ペニー硬貨を手首まで一列に並べて持って、その上にシリング硬貨と半クラウン［二シリング六ペンス］硬貨をのせていた。周囲にいるほぼ全員が両手に銅貨を握り、金を賭けて、裏か表の結果が告げられると、さっと賭け金を持って行った。ある男は「ゆうべはあっという間に、一ソヴリン［一ポンド金貨］摩《す》っちまった」と言いながら、両手をポケットにつっこんで見物していた。「でもまあいいさ。今週はもうやれないから、次の日曜にまた挑戦だ」。

負けそうになっている若い衆は「ツキをとりもどそう」としてあの手この手をくり出す。裏か表か声を出す前に、どちらにしようかと半ペニー硬貨を三回放り上げては勝負をしてみる。ついに、周囲にいた連中を押しのけて吉と出るか凶と出るか、場所を移動してみた。それがよかったようで、不思議なくらい立て続けに勝ってしまった。見ていると、口元が徐々にゆるんで、眉間のしわが消えてゆく。おかしなものである。勝負の相手はちょっと驚いて、指で梳《す》くように銀髪に手をつっこみ、笑い声をあげた。

「やあ、こんなの見たことねえや」賭け金も動きはじめた。「六ペンス、ネッドの勝ち！」と三、四人が声をあげる。「六ペンス、あいつの負け！」ともうひとりが応じる。「よっしゃ！」という声とともに半ペニー硬貨が投げられた。「半クラウン、ジョーの負け！」「さあ、もってけ」とジョーは応じたが、また負けてしまった。「おまえさんに一《ジェン》（シリング）賭けるぞ」とひとりの呼売商人が声をかけると、もうひとりが「それじゃ《ラウフ・イェナップ》（四ペンス）だ」。「じゃあ、《エクシズ》（六ペンス）だ」。「よっしゃ！」と賭けがつづいて、地面には銀貨と半ペニー硬貨が散らばっていた。

「五分間であいつは一〇シリング勝ったんだ」とジョー（敗者）は作り笑いをしながらあたりを見回した。しかし、ネッド（勝者）は相手に小銭を渡す時ですら、一言も口を開かなかった。賭けの金を受け取る時には、相手に向かって会釈するだけで、金をしまってしまう。一度、一回だけの勝負で勝ち取った一ソヴリンを超える大金を地面から拾い上げた時に、首に黒く汚れの輪ができている煙突掃除夫が「豚さん［一シリングの俗語］、一匹いるぞ！」とふざけても、ネッドはニコリともしなかった。ジョーの機嫌が悪くなってきて、じだんだを踏むので、水しぶきが飛び散った。「もうだめだ。ツキがあいつに行っちまった。いくらでも勝ちやがる！」と声をあげて、場所を移動して、ツキを呼びこもうと賭けたが、また負けた。誰かが「ジョー、コテンパンにやられるぞ」と声をかけた。賭けをつづけたら、一文無しになる、身を滅ぼすと言われたのだ。

一時になると、若者がひとり「裏打ちしてくる」（食事をする）と言って出ていった。煙突掃除夫が、何を食うんだいと聞くと、「二枚半の皿と、半ペニーのスマッシュだ」（スープ一杯と半ペニー分のマッシュポテト）と若者は答えて、軽い足取りで路地へと消えていった。誰も食事のことなど気にかけていないらしく、みんなそのまま勝負を見つづけた。

ときおり、誰かが路地へと行き、警察の監視をしている若者がちゃんと見張っているかどうかを確かめた。見張り役の少年は持ち場を離れることは絶対になかった。三ペンス［二百五十円］を失うわけにはいかないからだ。どの若者も、賭けをしている当人たちを守ってやりたいと心から思っているので、食事をしている時でさえ、警官が通るのを見たら、すぐさま跳びあがり、賭けの現場へと飛んで行って知らせるほどだった。

長身の「ネッド」は、ほぼ全員の銀貨を勝ち取ってしまうと、いきなり儲けを上着のポケットにつっこみ、「これでおしまい」と言うが早いか歩き出して、あっという間に見えなくなった。負けた男も周囲の連中もあっけに取られていた。皆、男が見えなくなった路地を見てから、お互いの顔を見、一様にむかついた表情を浮かべた。「あのげす野郎！」とひとりが言う。「くずもいいところだ」と、またひとりが怒鳴る。呼売商人のひとりが「あれこそ悪党だ、まちげえねえ」と言い放つ。勝った者がどこに行こうとなんの問題もないが、ああいう態度は敗者には面白くないのだ。

そこで、今度あの男が賭けに来たら、みんなで「根性をたたき直してやる」ということになった。全員であの男を狙って勝負をして、ボロ負けにしてやって、あいつがやったと同じように、さっさとずらかることに話が決まったのである。

一同は解散し、勝負をしていた連中はそれぞれ分かれていき、また食後にどっと集まってくるはずの新たな参加者を待つことにした。

2 呼売商人の政治——警官

警察というものは、いわゆる呼売商人の政治と密接なかかわりがある。

その政治は、ほんの一言二言で言い尽くすことができる。すなわち、彼らはほぼ例外なくチャーティスト運動の支持者だと言えばよい。ある情報提供者が言うには、「みんなチャーティスト運動家だったといってもいいですよ。でもね、大げさになるよりは、控え目の方がいいでしょうから、ほとんどみんな、と言っておいた方が無難でしょうな」。呼売商人は無知で、しかも後先考えずにいきなり行動に出るところがあるため、危険な階級とみられている。呼売商人が集まっている地区ならどこでも、一人か二人は仲間よりも頭の切れる者がいて、大きな影響力を持っている。そういうリーダー格がみなチャーティスト運動家で、勤勉でしかも羽振りが悪いわけではないし、懐具合も頭の中身も抜きん出ているので、周囲からは一目置かれることになる。そういう一人がこんな話をしてくれた。「呼売たちは、労働者がいちばんものを知っていると思っているんだ。だから、おいらたちを信頼してくれるのさ。おいらはみんなに不満をもってもらいたいんだ。今みたいな社会の仕組みが続く間は、みんなに不満をもたせるようにするんだ。だってさ、中流の奴らとか金持ち連中のための仕組みなんだから、権利なんて、貧乏人にはなにもないじゃないか。何もかもが平穏だということは、何もかもよどんでいるんだって、みんな思ってる。それでも宣伝はやっている。平穏なときには、種が育っているんだよ。共和主義者や社会主義者は自分たちの主義主張を押しつけてきているし」。

呼売商人たちは貴族については漠然としかわかっていない。呼売商人仲間で羽振りの良い連中は「貴族」と呼ばれている。貴族は生まれが良いとか裕福だとかいう彼らの見方は、じっさいに取引している金持ちとか裕福な店員を見たうえでの判断にもとづいているようだ。その結果として、貴族にはまちがっても好感をもつことはない。

自由貿易についてだが、安いパンを求める呼売商人の意気込みを阻止できるものはないそうだ。あるチャーティスト運動家の呼売商人によると、六項目の要求［成人男子の普通選挙権など六項目の議会改革を要求した］についてはなにも分かっていない熱心なチャーティスト運動家の呼売商人を大勢知っているという。

呼売商人は六人から十二人くらいで連れだっては、よく政治集会に参加している。なかには、チャーティスト運動のリーダーたちが、警察を相手に一斉に戦ってもよさそうな時に、どうしてみんなにおとなしく静かにするように勧告するのか理解できない者もいることが私にはわかった。それから、「有事」の時には、呼売商人は誰よりも団結力があると自慢し、泥棒たちが信用し合うことがめったにないのは、連中の性格なのだろうと見ている。

働かずに生きていける者がいるなんて、この人たちには驚異である。無知な呼売商人たちは、「財産」とか「収入」についての知識がまったく欠如していて、労働していない者はみな税金で生活しているものと思いこんでいる。税金については、彼らにとって生活必需品のタバコには一ポンドにつき三シリングの税金がかかっていることをもとに判断している。

警察にかんしてだが、「おまわり」への憎しみはすさまじいものの、無知なために、警察と政府をないまぜにして考えてしまっている。ある呼売商人が私にこう言った。「おれが警察をきらいなのが不思議かい？　あいつら、あっちに行け、そっちはだめだとおれたちを追い立てるから、移動ばかりして、ここに立っていられないんだぜ。ここに店開きもできないんだ。ところが、おれたちが食えなくなって、つまりだな、《連合》〔貧民を収容する救貧院のこと〕に入らざるをえなくなると（連合のことはクラーケンウェル〔ロンドン中央イズリントン区にある地区〕とロンドンのシティの救貧院で知ったんだけど）、教区が手押し車を買うとか借りるとかする金を出してくれて、施設を出て独り立ちできるように手を打つんだぜ。なのにさ、警察がおれたちに商品を売らせないようにするってえのは、いったい、なんのためなんだ？　どっちが正しいんだよ、教区か？　警察か？」

警察の裏をかくために、呼売商人たちはすぐさま協力体制を敷く。もし、警官に行商の手押し車を押収されたら、その警官が応援を求めて――商品を積んだ大型の手押し車を移動するには人手が二人必要だから――その場を離れているすきに、さっさと車輪を外してしまうのが常套手段だ。みごとな早業でやってのけてしまう。つぎに、通りかかった呼売商人たちか、近くで「立ち売り」している呼売に商品をわたしてしまうのだが、事情は隠さずにきちんと説明するのだ。警官がもどってくると、何も積んでいない車輪もない手押し車があるだけ。周囲からからかいの声を浴びながら、力まかせに運んでいくしかない。

政治がらみの暴動が起こったら、「呼売」たちは間違いなく全員が警官を取り押さえることになるだろうと思っている。

3 呼売商人の結婚と内縁関係

一緒に住んでいて呼売商人をしているカップルの一割――多く見積もっても一割――しか結婚していない。しかし、クラーケンウェル教区では結婚しているカップルが二割で、この差は簡単に説明できる。降臨節と復活祭の期間は、この教区の住民は手数料無しで結婚できるからだ。嫡出か非嫡出かで子供の権利がどう違うのかについては、呼売商人たちはまったくわかっておらず、結婚しなくても一緒に住むことができて、仲間からも関係を認められているのに、わざわざ結婚の儀式をするのは金と時間の無駄だと思っている。既婚女性たちは未婚の母たちとなんのためらいもなく付き合う。結婚しているからといって名誉に思われることは何もないし、内縁関係だからといって恥ずべきこともない。結婚している夫婦と同じように、未婚でも女たちは「夫」を裏切るようなことはしない。とはいえ、両者を比べると、結婚していない女のほうが焼きもちは強いようだ。

この呼売商人の妻たちの貞淑さについて、彼女たちは「景気の良い時には」夫やパートナーに厳格なまでに操を立てるが、貧乏でにっちもさっちも行かなくなると、たとえば、それで何回分かの食費になったり暖を取ったりできるのなら、不倫もべつに悪いこととはまったく考えていないことは確かだ。ある年配の呼売商人で、他の仕事の経験もあり、現在の商売には偏見もないわけでない人物が、こんなことを言っている。

「そうさなあ、呼売の女の子たちはみんな、これ以上はないってくらいよく働くし、尻も軽くないよ。ほかの職種の女たちよりも操は固いね。そういう意味で道を外れた女は、おれは一人も知らない。みんな力もあるし愛想も良いし、健康な子たちばっかりで、部屋もきれいにしているよ。稼ぎはすっかり彼女に預けて、ギャンブルをする時とか、酒を呑むときに、二、三シリングもらうっていう男が大勢いるよ。たまに一杯ひっかけてさ、女がだよ、それで旦那からひっぱたかれることもあるんだ。旦那も酔っぱらってる時にゃ、こっぴどく殴られちまうんだけどな。ほかの理由で殴られることもあるし、理由なんてないのに殴られることもあるよ。ところがさ、殴ってくれるからよけいに好きらしいんだよ。おれには理解できねえことだ」。

このような貞淑さとは裏腹に、中年の場合も時にはあるが、若者たちが「羽目を外して戯れている」のは見苦しい。結婚していてもいなくてもカップルが別れることはめったにない。女の特徴になっている貞節観念は、男には当てはまらない。

ダンス場がカップル誕生の場所となる。若い男は「彼女」を見つけるためにダンス場に行き、出会ったその夜に縁組みが成立し、そのまま一緒に暮らしはじめることもある。ダンスにくる若い女はみな呼売商人の娘か、さもなければ別の街頭商人の娘である。男が十四歳で同棲がはじまる。百人のうち三、四人は早くも十四歳にして妻帯者となるが、女の方が一般に二、三歳は年上である。二人とも二〇歳未満の時には、呼売商人はほぼ全員が、上記のような縁組みをする。どうしてそんなに若くして、ということになるが、それは自分の父親ないし雇い主の手伝いをして呼売商人をしていると、金を借りて荷車や手押し車を借りられることがわかっているし、五シリングの蓄えくらいはもうあるかもしれない。「それで、親父がうるさいことを言ったり、相手にしてくれなかったりしたら、親父に捨てぜりふを投げつけて、彼女とふたりだけで頑張って商売をはじめるんだ」とある情報提供者が言っていた。

呼売商人は、たいてい子だくさんだが、あまり若いうちに結婚した場合は違う。女は出産の日まで働き続ける。

認知する父親がいない子ども、いわゆる「父《てて》無し子」は、呼売商人の若い女の場合にはほとんど見られない。

4　呼売商人の宗教

ごく最近まで呼売商人をしていた頭も良く信頼できる男性が見積もったところでは、教会などのお参りする施設の内部に入ったことのある呼売商人は百人に三人もおらず、キリスト教の意味も知らない者についても同様の状況だという。その男性が以下のような話をしてくれたのだが、その内容はほかの人たちからも間違いないと太鼓判を押された。

「呼売たちは無宗教で、宗教とはなにか、将来とはなにか、ほとんど、あるいはまったくわかっていない。とくに宗教パンフレットを嫌っている。嫌う理由は、パンフレットを置いていくやつらは何もくれないからさ。それにパンフを読めない――読めるのは四〇人に一人もいない――ので、そんなものを渡されてもわずらわしくて腹が立つんだよ。読めるように何も教えていないくせに、そんなもの渡してどうするんだい。ただ、みんなロンドンの宣教師の人たちを尊敬しているよ。だって読んでくれるからさ。理解はできなくても、読んでくれれば聞くからね。それに宣教師さんたちは病人のところに来てくれて、オレンジなんかを子どもにもくれたりするし。呼売から一シリング分のオレンジを買って、それを病人や路地にいる子どもにあげている宣教師さんをおれは知ってるよ。子どもはたいてい呼売商人の子だ。だから、あのへんじゃみんな彼を尊敬している。

ロンドンの宣教師の人たちは立派なことをしていると思うな。もし、呼売商人の連中が明日にでもなにか信仰をもつとしたら、みんなローマ・カトリックだよ、ひとりのこらず。理由はね、ロンドンの呼売商人は貧乏なアイルランド人と同じ路地とか通りに住んでいるんだけど、アイルランド人が病気になると、必ず愛徳修道会のシスターかなんかが来てくれるんだ。それがとってもいい人たちなんだよ。カトリックの信者じゃないとちゃんとした人に看取られないで、やせて死んでしまうんだ。ランベスには長いこと住んでいたけど、教区の牧師の名前を知ってる呼売なんて百人に一人もいなかった。ダールトンさんはとてもいい人だけどな。呼売商人はいちばん大きな施しをしてくれる宗教が最高の宗教だと思っていて、それがカトリックだと思っているんだ。

おれはカトリック信者じゃないけど、聖書の言葉はぜんぶ信じているし、あれは神様の言葉だと信じているよ。だって、聖書は民主主義を教えているからさ。路地のアイルランド人は可哀相に、シスターたちのことで冷やかされているけど、シスターのためなら死んでもいいと思っているんだよ。

宗教は呼売商人には頭の痛い問題だ。教会や礼拝堂［「教会」はイングランド教会、「礼拝堂」はイングランド教会以外のプロテスタント教会を意味する］から人が出てくるのを見ると、みんな立派な身なりをしているし、教会に行ってる呼売はほとんどいない。呼売の連中は、なんだか信仰に篤いということは社会的にきちんとしていることと同じだとみているもんだから、宗教にはちょっとヘンテコな気持を持っている。連中には謎なんだよ。

　こんなことといわれるとびっくりだろう。説教をしにやってくる人の話はみんな聞くんだよ。それから、『あの話は何回も聞いたこと。なんであのばかったれは人を勝手に地獄に行かせてくれないんだ?』なんて言うやつもいるけどさ。

　呼売がカトリックをえらく良く思っている理由はもうひとつある。カトリック信者の呼売――まあ、めったにいないんだけど――が〈文無し〉になっても、また商売を始めているってことがよくあるんだよ。それでみんな、あれは教会のお金に助けられたんじゃないかと見ている。そりゃ、ほんとにそうかどうかは知らないよ。でも、カトリック信者だったやつが、破産してもまた復帰したのをおれは何人も知っている。呼売商人――ほぼ全員がロンドン子だけど――があんなにアイルランド人を嫌っているくせに、ローマ・カトリックには敬意を払っているってのは、もっと不可解だ。アイルランド人を不法侵入した工作員だと思ってるのにさ」。

　また、別の呼売商人の話では、「大金を持って宣教師さんがやってくれば、みんなキリスト教徒にでもトルコ人にでも、なんにでもなっちゃうんじゃないかな」。

　末日聖徒［モルモン教徒のこと］などの宗派が呼売商人を改宗させたことは一度もない。

5　呼売商人など街頭商人の商品運搬道具

　呼売商人の、特に商人としての生活にかかわる問題を考えてみよう。ロンドンの繁華街を歩いていて、その街のようすを少し子細に眺めてみると、生活のために公道を利用している人たちにはじつにさまざまな種類の運搬道具があるものだときっと驚かれるだろう。

　堅実な商売をしている呼売商人のポニーやロバが牽く荷車からはじまり、靴墨売りが首から紐で吊っている錆びた鉄製のトレー、灰色の目をした小柄なアイルランド人少年がマッチを入れて持っている、形が崩れて籠の態をなしていない柳材の入れ物にいたるまで、呼売商人と街頭商人が使用している販売のための道具の形と種類はさまざまである。商品を入れて持ち歩く手段は、売る商品の種類に負けないくらい多彩なのだ。

　生活に余裕のある呼売商人のポニー――あるいはロバ――が牽いている荷車（ロバの方がはるかによく使われている）には三種類ある。ひとつ目は長方形の荷台で、後部には横棒が一本渡されているので、その上に青野菜とカブ、セロリなどをいっぱい載せたトレーを置いて、床の部分にはほかの商品を積むのである。二種類目は、よくあるスプリング無しの正方形の荷車で、前後左右の板がはずせて、品物をうまく並べられる棚になるタイプである。三種類目は手作りの荷車で、前後左右の囲いがない骨組みだけというものだ。手押し車の柄を紐で二本の棒に縛りつけて、そのままロバに牽かせて荷車にしてしまうこともある。こういった種類の荷車はいずれも果物か野菜か魚を運ぶのに使われているが、それ以外に、塩とマスタードを売る商人の荷車もあり、これには日よけの覆いがあるものも無いものもあって、「塩　三ポンドで一ペニー」とか「マスタード　一オンス一ペニー」と書いた四角いスズ板が塩の固まりにさしてある。それから、鳥肉屋の車もある。野鴨とウサギは荷車の横にぶら下げ、二枚の板の間に棒を一本渡して、その棒から鳥などを二羽ずつ吊るすのである。

果実・野菜などの呼売商人

以上の車はすべて小型で、手押し車はだいたい長さ一・五メートル、幅九〇センチで、荷車は一・二メートル四方が多い。

ロバとつなぐ器具はさまざまで、きれいに磨かれて油をさして、ぴかぴかのものもあれば、ロバと同様に、ほこりにまみれて汚いものもある。古い馬具をつけられて豪華に飾りたてられた雄ロバも時にはいるが、まるで子どもに大人の上着を着せたみたいである。銀メッキの飾りはピンク色で、地金の銅が透けて見える。引き綱と腹帯をつけられているロバもいるが、あて布に古い綿のハンカチを使っているものも少なくない。

次は呼売商人の二輪の手押し車である。これが一番多い。軽い作りになっていて、スプリングが車軸部分まで延びている。品物を並べるために後部に横棒を渡してある車もある。また、左右に棒が渡してあるものもあれば、本体部分しかない車もある。この種の手押し車は長方形で、うしろから前へと傾斜している。底の部分は板が張られているが、幅の細い板を交差させて釘で留められている。魚や野菜の行商をしている時には、木製のトレーを手押し車の上に載せて使う。トレーを買えない者は、板を何枚か並べてしっかりと留めれば、それで間に合わせることもできる。パイナップルとパイナップル入りキャンディー売りの手押し車は、四隅に派手な色の小さな旗を立てて、風にはためかせている姿がよく見られる。

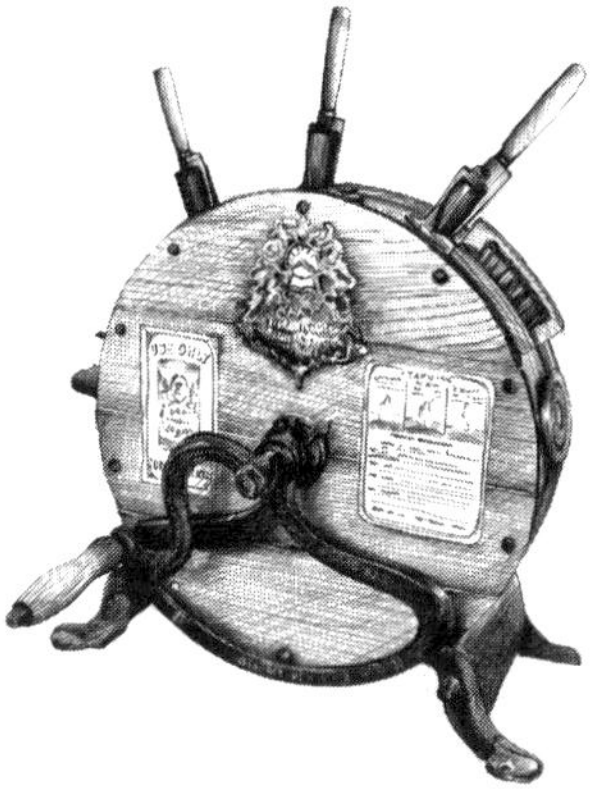
ケント社製の包丁研ぎ器
©Michiko Ozaki

最近、街頭で見かけるようになった包丁研ぎの手押し車は、ここで見落とすわけにはいかない。大きな小屋にドアが付いていて、小さな車輪が二つあり、車輪付きの手押し車と同じように、押して動かすのである。内部にはケント社の《特許　包丁研ぎ器》が収まっていて、ハンドルを回して使うのだ。それから、ネコと犬の肉を売る手押し車もある。ただ、これはなんの変哲もない手押し車で、前の部分は板が一枚だけあって、さらにまな板にするために一枚の板が釘で棚のように打ちつけられている。最後に、暖炉に敷く炉石やバース産のレンガ、顔料などにする白亜の固まりを積んだ、炉石売りの手押し車もある。

街頭で品物を売るのには、いろいろな種類の籠も使われる。「ざる」というのは頭に載せる籠である。四角や楕円形の「シャロー」と呼ばれる籠は、果物売りの女が腰にぐるりと回した紐でとめて持つ（四四ページ参照）。プリクルと呼ばれる柳細工の籠もある。頭に載せる「ざる」は柳細工で丸い形をしていて、容量は十二リットル程度だ。四角や楕円形の「シャロー」は柳細工で、深さは十センチ程度で、幅が七十六センチ、奥行きが四十六センチくらい。手さげ籠は楕円形で、腕にかけられるように持ち手がついている。玉ネギとリンゴを売るアイルランド人がよく使っている。プリクルは茶色の柳細工で、大陸からクルミを輸入するときに使われていて、深さが七十六センチ、五リットル近い容積がある。これはクルミ売りにしか使われていない。

アイルランドの呼売商人

呼売商人が品物を入れて売るのは以上の通りだが、

荷車・手押し車、籠のほかにも、ロンドンの呼売商人が品物を入れて売り歩く道具はたくさんある。主なものとして、缶、盆、箱、棹《さお》もある。

焼きじゃがを入れる缶は四角のもあるし楕円形のもある。脚があるものもないものもある。ふたには蝶番《ちょうつがい》がついている。缶の底には小さな炭火が入っていて、じゃがいもが冷めないようになっている。蒸気を逃がすパイプもついている。塩を入れておく部分も、バターを入れる部分もある。あつあつのパイを売るのは、四角いスズ製の缶で、脚が四本あり、正面に扉がついていて、中は仕切りで三つに分かれている。底には火があり、鉄製の皿ないし棚にパイが並べられている。下の棚のパイが食べごろの熱さになったら取り出して、上段の棚に移す。そして上段のパイを下に移して、いつでもパイをあつあつの状態にしておくのである。

焼きじゃがいも売り

マフィンとクランペット［ホットケーキのようなもの］を売る少年は品物を籠に入れて、外側は油布、内側は緑色の羅紗《らしゃ》でおおって、背負うか腕にかけて、歩きながら売り子のベルを鳴らす。

靴墨を売る少年と、マッチとクレソンを売る少女は、錆びたトレーに品物を並べて、首から紐でトレーを吊っている。

ウオノメ用軟膏、金属磨き用の玉、油染み取り石鹸、紙、鉄筆、封筒などを売る行商人は品物を箱に入れて、首から細い革紐で吊るしている。

ウサギと猟鳥は籠に入れるか、何羽かいっしょに縛って、棹に吊るして肩で担いで売り歩く。帽子と帽子箱も同じように棹に通して売り歩く。

ドアマット、籠や行商の荷、木製の手桶、ブラシ、箒《ほうき》、物干し台、物干し綱、焼き網、鉄鍋、焼き串、十能《じゅうのう》といった物は肩にかついで歩く。

6 スミスフィールド

ロンドンの街なかを呼売商人が商品をふつうどういう形で売り歩くのかを明らかにしたので、今度はいつどこでどのようにしてロバを入手するのかについて説明しよう。

呼売商人がロバを売りたい、あるいは買いたい時には、金曜日の午後にスミスフィールドの市場に行く。金曜の午後一時から五時の間には、呼売商人だけが集まる一種の市が立ち、長さ二十四メートルほどの細長い区画が呼売商人のために用意される。売られる動物はこの「レース場」と呼ばれている敷地を速歩で歩き、その両側には見物人とロバを買いにきた客が並び、周辺には豆スープ、あつあつのウナギなどの露店が並んでいる。

呼売商人が手押し車で商売をはじめようと思ったら、手押し車から秤《はかり》の分銅まで、あるいはロバから鞭まで必要な物はなんでも、金曜にスミスフィールドに行けば手に入る。ロバの値段は五シリングから三ポンドくらいまで。景気の良いときには二〇〇頭も売買されたことがある。手押し車はロバとは別の場所に置かれているが、馬具は新品の赤い座布団が載った漆塗りの鮮やかな鞍から、留め金の傷だらけの古い牵き綱にいたるまで、そこらじゅうで売られている。大きさも色も千差万別の車輪と、錆の状態もさまざまのスプリングを売る声が四方八方から聞こえてくる。

土曜日の市の騒音とにぎやかな声に加えて、遠くからは豚の鳴き声、そばを通る牛のモー、羊のメー、ロバのいななきも聞こえる。「レース場」の道は舗装されていて、泥が石の隙間につまっていて、平らで柔らかい。当番の警官は太ももまでの大きな長靴をはいている。呼売商人がはいているコールテンのズボンの裾は黒く、濡れた泥がついている。いろんな匂いが充満している。ロバの近くを漂っている馬小屋のにおいを通り過ぎると、露店の近くにはリンゴと魚のフライが立ちこめ、さらに何歩か先に行くと、山羊のきついにおいで息がつまる。点々と赤と黄色のフラシ天の帽子《キャップ》が混じっているが、黒い帽子《ハット》が群れのように集まって揺れている。ロバの売人の「ハイ、ハイーイー」という声が四方に響く。頭の毛が巻いている雄牛が、赤い目をぎらつかせて、近くの畜牛市場へと向かう、あるいはそこから出てきて速歩で歩いている。その姿を見ると、みんな急に手摺りのほうへと駆け出す。私の近くにいた呼売商人の話では、「角で思い知らされ」ないように逃げているのだという。

売りに出されたロバは「レース場」の両脇に一列に並ばされ、繋がれている木の手摺りの上に白いビロードのような鼻をのせている。目隠し革をされ頭部にも覆いをつけられているロバも多いが、端綱にリボンをゆわえて飾られているロバもいる。見物客はその手摺りにもたれて、ロバを牽いている少年たちや、その後ろにいて、しょっちゅうこの物静かな動物を叩いたり怒鳴ったりして元気よく歩かせようとしている大人たちとおしゃべりをしている。二、三人で一頭の「エルサレムの子馬［ロバのこと］」を丁寧に眺めては、その脚をなでているものも時にはいる。また、飼い主がこの我慢強い獣の背中を棒で叩いて、にぶい音をたてたりもする。長い列をなしているロバの前を歩いていくと、若者がロバの鼻をつかんで、大きな歯を見せてくれ、「いりゃせんか、旦那」と声をかけてきて、「今度のてんじょう日で五歳」になると請け合う。売人たちはお互いの商品をけなし合って、言い争いをしている。ある持ち主が、商売仇のロバを指差して、「大食漢なら、おまえんとこのそんなロバならいっぺんに三頭は食っちまえるよ」と怒鳴っていた。

ロバの後ろに立っていた男が、ロバを叩きながら「正真正銘のブリタンニアだよ、こいつの気性は」と声を上げると、もう一人が「さあ、《馬市の自慢》号をもっていくのはどなたかなー？」と言ったかと思うと、《自慢》号にぴしゃりと鞭を入れはじめ、ついにはロバが集まった群衆を蹴散らしてしまう。また、こちらには母馬のそばに、毛並みの悪い小さなポニーがいて、ボロ着の男の子たちがなでたり、両手で抱えて持ち上げたりしている。

こうした中で、レース場では馬子や小間使いたちが互いにすれ違い、彼らの大声がそこらじゅうにとどろきわたる。長身の男が「ほら、ほら、はい、はい」とロバを引っ張りながら、人混みの中を突き進むと、相棒が長いコートの裾を風になびかせて、追いかけるように走り、息継ぎをしながら、かけ声を上げる。

ほとんどどこに行っても、柱には馬車を引っ張る綱か馬勒《ばろく》がかけられている。私が見に行った時には、ある所に馬の古い首あてがあって、そばでロバが落ちている藁を食べていた。ゆったりした仕事着姿の若者が頭に荷車用の鞍を頭にのせてあちこち歩きまわり、真鍮の飾り鋲がちりばめられた馬具が黒く山のように積まれている荷車を、大勢が取り囲んでいる。トレーがない売人らは地面に古い麻袋を広げて、そこに荷馬車の車軸や、スプリングの束、使い古された馬車用のカンテラを並べている。手押し車の修理をしたいなら、錆びた釘も鉄製のボルトも山ほど売っている。荷車を曳く取っ手が壊れたら、古い馬車の長柄を安く買ってきて直すこともできる。

ロバを売っている場所の向かいにある別の「レース場」ではポニーが売られている。どの馬にも前の飼い主の趣味が表われていて、ちょっとした見物《みもの》である。

脚と腹の部分の毛がすっかり刈り取られているものや、たてがみと尾の毛が短く切られているもの、尾の先が長く房毛になっていて、長すぎるから泥で汚れているものまでいる。尻の大きな黒い小馬は耳が短く切られていて、背中に赤いスパンコールのようなものがキラキラ光っている。もう一頭は毛が縮れていて、毛並みをよく見せようと水をかけられたために水蒸気が上がっていたが、尻には焼き印で大きな文字が二つ押されていた。蹄のパカパカいう音と鞭の音がさらに騒々しさに輪をかけていた。また、哀れな一頭のポニーは赤く虚ろな穴のような目をして、さながら盲人のように顎を上げ、鞭で打たれるたびに石畳を蹴って、蹄からは火花をあたりに散らしていた。ポニー市場の一角で、時おり、一頭の馬を取り囲んで人が集まっていることがあり、誰かがこれは盗まれたオレの馬だと騒いでいる。

人ごみの頭上高くに持ち上げられた鞭の束が見えたり、持ち手が黄色い毛梳《す》き櫛を両腕いっぱいに抱えて、人を押しのけて行く男たちの姿が見えたりする。さまざまな声に混じって「鞭の棒、一本半ペニー、鞭の棒だよー、ほんとによく走るよー」という売り声が聞こえてくる。市場の向こう端には、売り物の手押し車が積み重ねられたままになっているか、さもなければ古い車輪がいっぱい手押し車に載せられている。あるいは、修理した箇所がわかるように、ペンキを塗らずに白木のままにしてある部分の見える手押し車もある。木製のトレーを親指で押してみたり、スプリングの強度をみるのにもたれかかったりしている者もいる。それから、私が見に行った時には、もうサクランボの時期は終わったというのに、天秤を売ろうとしているボロ着姿の若者もいた。

軽い食べ物を売っている呼売商人の手押し車には、客が取り囲むように集まっていた。バイ貝を売っている男は貝にコショウをかけては、大きな声で「一山一ペニー分が半ペニーだよー」。また、仕事着姿の若者は牛乳がなみなみと入った桶を二個持って、歩きながらこぼしつつ、「コップ一杯、半ペニー、搾りたてのミルクはいかがー」と売り声をあげる。ここで静かなのは、コップを手に、エンドウ豆スープの露店に並んでいる人たちだけだ。まん中から蒸気があがっているのは熱いウナギを売っている露店で、そこには大勢の客が群がっている。カットしたケーキやリンゴ、ナッツ、パイナップルのキャンディの入った籠が行く手を阻み、生きた鶏の入っている柳細工の長い籠は道をふさいで、その周囲を呼売商人が取り巻いて、胸についた羽毛を取り除いたり、ふっと吹き飛ばしたりしている。

7　若い呼売商人の生活

私が声をかけた青年は、それまでの生い立ちを思い出せる限り何でも話してくれた。長身だが、太っていて、すっかり気が抜けたような表情の青年だった。年齢は十六歳くらい。鉛色のどんよりした二つの目がぼんやりと私を見つめていて、垂らした前髪がくるっと巻いたまま頬の上からずれないように気にしてばかりいるほかは、まったく感情の動きを見せなかった。どっしりと深く腰かけ、坐りこんでしまうと、口はぽかんと開けたまま両手は膝にのせ、麻痺でもしているみたいに微動だにしなかった。ハンカチは鮮やかな赤で、見映えのするブーツをはいて、いかにも格好いい呼売商人といういで立ちである。

「父親は」とかすれた心ここにあらずという声で話した。「馭者をやってて、田舎の道ばかり走ってたんだ。うちには弟と母親と三人でいて、ゴールディング横丁の近所の子供たちと、ボタンとかビー玉でよく遊んだよ。思い出せるのはそんなことくらい。年上の子たちがひでえズルをして、おれたちが文句を言うと、ぶったたくんだ。小さい頃のことじゃ、それくらいしか覚えてないよ。父親はおれが三歳、弟が一歳の時に死んだんだって。ついてねえよなあ。母親はぜんぜん厳しくなかったよ。おれ、二、三週間は学校に行ったことあるんだけど、せん公のやつがよくステッキで手の甲をビシビシ叩きやがるんだよ。そいつがもう我慢できなくてさ。あんまり勉強もできないし。おれも弟も母親には遠慮がなかった。ずいぶん甘かったからなあ。覚えたことといえば、ボタンで遊ぶことと、鉛のおはじきを作ることだけ、それだけだ」（と、ここで若者は少しだけ笑った。）

「母親は朝早くに起きては出かけていった。生活のために。子供たちにはいいお母さんだったよ。おれたちは、部屋の鍵と、昼に食べるのにバターをぬったパンをわたされて家にいたんだ。母親の仕事が見つかるまでは――そりゃあ、ずいぶんとかかったけど――どうしようもないくらい貧乏をして、もうほとんど質に入れるものもないくらいだった。食い物がぜんぜんなくなると、よくよその家の子たちが自分のパンを少しくれたけど、それでも腹がへって胃が痛くなったし、我慢できなくなってよく二人で泣いたよ。母親の仕事は朝六時から夜十時までだったから、子供の腹には待ちきれないくらい長い時間だ。暗くなると、弟とベッドに横になって、母親が食い物をもって帰ってくるまで寝ようとしたんだ。おれが八歳の時だよ。

母親と知り合いの男の人が、『あんたの息子はなんにもすることがないんだから、おれのところによこせば少しは稼げるよ』って言ったんで、それでおれは呼売りになったんだ。毎朝、四ペンスと朝飯をくれた。その人と一緒に三年くらい仕事をして、市場のことがわかったから、籠を買って弟と一緒に商売をして、母親を養うようになった。いつだったか、午前中は野菜を売って、夕方にはパブにナッツを売ってまわって、夜十時くらいまでで弟と二人で二シリング六ペンスも稼いだことがあったよ。帰ると母親がよく肉のフライとシチューを作ってくれた。売れなかった残りを使っては、なんとかうまく暮らしていたんだ。十四歳の時に彼女ができてね。おれたちの住んでいた家に住むようになって、夜になると彼女と出かけては、パブでビールを半パイント飲ませてやった。彼女は十三歳くらいで、顔はまあまあだけど、着ている物がすごくよかった。今、おれを雇ってくれている人は、週一シリングで、家族みたいにしてくれて、食べ物も洗濯も住むところも面倒を見てくれてる。

日曜には売りに出かける。稼いだ金はぜんぶしまっておく。教会には、そうだなあ、行く余裕がないね。それに、ほんとのこと言うと、あんまり好きじゃないんだよ。芝居もあんまり得意じゃないね。ダンスの方が楽しくていいよ。ミュージックホールがちょっと性に合ってる。歌が最高でさ、女の子たちも大笑いしてくれるしね。下品なほうが、面白くていいと思うよ。女の子たちだって、好きなんだから。

パイ売りをひやかす呼売の少年と少女

おれたち男同士で言い争いになったら、喧嘩になって力ずくだ。中途半端に許してやると、相手はまた同じことをやらかすだろう。でも、おれがそいつのそばに行けるのだったら、そんなことをさせる隙は与えないよ。キリスト教の話は聞いたことないけど、誰かがおれの頭を殴ったら、そいつがでかかろうが小さかろうが、おれはやり返してやるんだ。許してやろうかという気になる前に、もうさっさと敵を打ちのめしちゃうんだよ。許したってなんにもならないだろう？

隣人にはどんなふうに接したらいいかわかっているかって？　そりゃ、わかってるよ。隣に住んでる人が、おれの使っていない籠を欲しいって言ったら、そりゃ、やってもいいよ。でも、使っているやつだったら、おといおいでってことになるさ。横町に住んでる人が隣人だったことはわかっているよ。でも、おまわり、あいつらはとんでもない。ひとり残らずやっつけてやりたい。いや、あんたの言ってる《創造》ってのはきいたことないな。もちろん、全能の神様がこの世界を造ったんだよ。そんで、レンガ屋さんの労働者がそのあとで家を造ったのさ。まあ、おれの考えだけどな。でも、わかんないよ。学校で勉強なんてしたことなくて、仕事ばっかりしてきたから、そういうことはぜんぜんわかんないんだ。《救世主》ってのは聞いたことあるよ。なかなかいい人らしいけど、殴ったやつを許さなくちゃいけないとかなんとか言ってるんだったら、なんにもわかっちゃいないやつだなあ。

もちろん、男と一緒に暮らしてる女の子たちは、男にさんざん殴られるから、おれたちを乱暴なやつだと思っているさ。でも、おれたちは乱暴だなんて思っちゃいない。なんで思わないかって？　そりゃ、思わないからさ。おやじが死ぬまでは、おれだってよくお祈りをしていたんだよ。でも、そしたら母親は生活を支えるのにえらく忙しくなっちまって、おれのお祈りのことなんてかまってられなくなったんだ。ああ、知ってるよ。主の祈りの中で『わたしたちの負い目を赦してください、わたしたちも自分に負い目のある人を赦しましたように』って言ってる。いいことだよ、もちろん。でも呼売りの商売人にはできないことだ」。

8 女性の呼売商人

　呼売商人は全体としてみると、結婚の神聖さについては、まるで見当違いな理解のしかたをしている。彼らの未熟な理解力では、男と女が一緒に暮らして、外で売って稼いだもうけを分かち合うことにしかすぎない。女性の両親にしてみると、結婚というのは自分の子どもの扶養を他人に任せるための便利な道具であり、また、結婚の目的とはそういうものだと信じ切っているので、教会で式を行なうなど無駄な浪費としか思っていない。新しいカップルは、これまでどんな法律も宗教も受け入れられてきたのと同じように、仲間たちから温かく迎え入れられるのである。

　彼らの道徳観は、不思議なくらい、未開人と共通する部分が多いのだが、じつはそうではないほうがおかしいのかもしれない。彼らはイングランドの《遊牧民》みたいなもので、家庭の楽しみなど知らないし、また望んでもいない。炉辺は文明人にとっては神聖な象徴であり、親から子、子から孫へとそれぞれの世代が大切にしている価値観を教え、奨励するための場であるが、彼らにはなんの魅力もたない。酒場が父親のいちばんの居場所であり、母親にとって家は上等なテントにすぎない。母親はいつも家を離れて売り場にいるか、朝から晩まで行商をしているかで、子供たちは横町や路地で勝手に遊んでは一日を過ごし、貧しい社会から道徳を学ぶのだ。

子供の手脚に力がついてくると、両親はもうほかのことはどうでもよいと思う。成長するにつれて、やって良いことと悪いことの基準は、警察が許しているかどうかで決まってくる。赤ん坊のころから思いやりある家庭の影響力を知っているわれわれは、生活のために社会に押し出される前に、智慧のある優れた人たちの経験と助言によって善悪の判断力を高め磨く必要がある（真偽を見分ける能力の場合と同じだ）。誰よりも優秀な者にたいしてさえ、善悪の原理を教えるには特別な工夫と実例が必要なのだから、ましてや行商人の子供たちには指南と訓練と忠告が必要になる。なにしろ、あの子供たちは揺り籠にいる頃から（そんな贅沢を知っていたとしてだが）、当然自分よりも優れていると思って、両親の姿を人生の手本にして眺めているのだが、その肝心の親は激しい感情が行動の唯一の原則であり、動物的なあらゆる欲求をまったく抑えることなく満たしているのだ。

私がここまでいうのは、こういった問題については、私たちみんなが同罪であると思っていただきたいからなのだ。この貧しい人たちのしていることは、人間の本性にすぎないのだが、私たちが浴している恵みがどれも彼らには与えられないままにさせているのは私たちであり、地球の反対側に住む同胞たちには食べ物でもなんでも積極的に分け与えているのに、もっと身近にいて親しいはずの人たちが最低限の必需品にすら事欠いているのを放っておくのは大きな矛盾であり、キリスト教の熱意も口先だけの誤魔化しに見えてしまうではないか。

呼売商人は妻に対する態度という点ではアメリカ・インディアンによく似ている。彼らは夫の幸福のために尽くすのが妻の義務であることは理解しているが、妻に対して同じ義務が夫にもあるとは思っていない。妻はあまり金のかからない女中と見なされ、言うことを聞かないと殴られるのである。酒を呑みすぎて具合が悪くなると――それは二日も三日も続くことがある――妻は独りで夫のぶんまで頑張って食べ物を手に入れなければならない。平穏な夫婦生活をおくるには、ぶつぶつ言ってはいけないし、仕事で疲れてもいけないし、変に勘ぐって焼きもちを焼くのも御法度だ。もし、そんなことをしたら、暴力で言うことを聞かされるか、家から追い出されて路頭に迷って、また振り出しからやり直しになる。しかも、他人の捨てたクズとなって。

一人の呼売の女性の一生のすごしかたは、そのままひとつの典型と見ても良いだろう。赤ん坊の時には近所に預けられ、母親が――優しい母なら――たとえば、食べ物を与えるためなどに何度か見にやって来たり、あるいは商売でまわる道順がわかっていると、「授乳」のためにどこかに赤ん坊を連れてきてもらったりすることもある。独りで外に出られる年齢になると、横丁が遊び場となり、側溝が教室になる。どこかのお姉さんが面倒を見てくれて、大勢の子供たちと一緒に一日を過ごすのである。どの子の母親もみな食べ物を得るために、そして家に帰って家族の世話ができるようにと、外で商売に精を出している。力仕事ができるようになると、母親は娘に妹や弟の世話を手伝わせたり、一人っ子の場合には子守に出され、週に六ペンスをもうけて家計を助けるのである。つまり、幼少の頃から暇な時間などなく、親も娘に何もさせずにただ遊ばせておく余裕はないのだ。最低限の教育も受けられない子供が大多数である。

私が聞いた話では、「両親は勉強なんてことを考えちゃいないよ。だって、『そんなのなんの役に立つんだ。勉強なんてしたって、女の子は食っていけないぞ』なんて言ってるからね」。

たしかに状況が状況なので、生存競争の中で、ただひたすら生きるためにすべてが犠牲にされるのである。頭も心も魂も、すべて腹の中に吸収されてしまう。動物の最下等な器官は、活発に動く胃であると生理学者が言っている。たしかに、私たちの社会には一番動物的な性質を一番低く見る傾向があるようだ。

七歳ぐらいになると、女の子は街に出て商売を始める。仕入れのために二シリングほどのお金と浅い籠を渡され、時季によってオレンジ、リンゴ、スミレのいずれかの行商をする。クレソンを売って街頭での勉強を始める子もいる。こうして稼いだ金はすべて親に渡す。昼間、うまくいかなかった子が夜は家に帰らないことも、稀ではあるがないわけではない。どこか夜露をしのげるアーチの下とか、市場の界隈で眠り、翌日に儲けがあれば、無事に帰って父親の部屋に入れてもらえるのだ。

マッチ売りの少女

呼売の少女は少年に負けないほど苛酷な生活を強いられる。午前四時から五時の間に起床し、家を出て市場へと行き、九時頃までは街頭で商売を続ける。親がやさしい場合にはそれから帰宅して朝食になるが、たいていは自分で朝食のぶんは稼がなければならない。朝食後は、ふつうはそのまま夜の十時頃まで街頭である。その間、バターを塗ったパンとコーヒーの食事が一回だけで、重い籠を頭にのせて街なかを歩き続け、疲れに堪えるのである。一日の間にパンを一ポンド〔約四五〇グラム〕食べる子もいるが、肉は日曜でもない限り、めったに口に入ることはない。

　こういった娘たちの助けがないために、救貧院に収容されてしまう貧しい家族も多い。そういう人たちは気だてが良くて、中にはささやかな家庭を守ろうと驚くばかりの勇気をふるうことがある。十五歳の子供が九〇キロちかい重さの籠を頭にのせて一日に十五キロメートル以上も歩くのはまったく珍しいことではない。親が家で首を長くして待っている一シリング六ペンスの収入を得るために、ウリッジ〔ロンドン東部〕まで往復するとか、ロンドン近郊の町まで行くのである。

　こういう娘たちが、後に同居する男と結婚することはあまりない。恋愛期間もたいていは非常に短い。その理由は、「生活がとにかく辛いので、女の子はとにかく少しでも仕事をへらそうとねらっているから」だという話である。呼売の若者は市場で女の子たちに会い、もし可愛い子がいて、好きになったら、彼女のかわりに商談をして、彼女の籠を家まで運んでやる。時には、いつもの道順で行商をしていて、街頭で物を売っている若い娘が気に入り、手押し車を置きっぱなしにして、娘のところまで話をしに行くこともある。女の子は十六歳になるまでは男と付き合うことはほとんどないが、中には十五歳どころか十四歳にもなっていないのに一緒になってしまう子もいる。一緒に福引《ラッフルズ》きや安いミュージックホールなどに行って、しばらくデートを重ねてから、話をまとめる。女の子が両親に「これから誰それさんと一緒になります」と報告し、自分の持ち物をまとめて、すぐに家を出るのである。父親からも母親からも苦言など一言もない。週四シリング程度［四千円程度］の家具付きの部屋を借りて、若い二人の生活が始まる。男はいつものように自分の手押し車とともに出かけ、女は籠をもって出る。両親のために働いていた時よりも、彼のために気合いを入れて売り歩くことも多い。二人そろって市場に行き、彼女が売り始めるのは九時頃である。朝からその日に必要な食事をもって出ることが多く、帰宅は夜十一時。

　一般に男は同居している彼女を非常に乱暴に扱う。結婚しているのと同じように相手を裏切るような不貞は働かないが、恐ろしくやきもち焼きである。誰か男が彼女に話しかけているのを見ただけで、彼女は殴られてしまうのだ。時にはひどい――情け容赦ないほどの――虐待をすることもあるが、女性たちはそれでも彼への愛情を失うことはなく、まるで彼にしか優しくしてもらえないかのように、彼のために働き続けるのである。もっと優しく思いやりのある男もいるが、圧倒的に多数が乱暴で冷酷である。土曜の夜、二人の稼ぎが大きかった時には、男はその金を全額持って、日曜の夕食をすませるとすぐに大酒を呑みはじめて、素寒貧になるまで二日も三日も呑み続けるのである。彼女のほうはいっさい賭け事はしない。「ぜんぜん楽しくない」からだそうだ。夕方に時間があると、火の近くに坐って化粧をしたり繕い物をしたりするほうが良いという。ある女性が言うには「ええ、男の人にはこざっぱりした服が受けるわ。男の人って、ほかのみんなから彼女が好かれると、自分でも彼女が一番良いなあといつでも思うものなのよね」。

日曜には部屋の掃除をして、彼をうまく午後から一緒に出かける気にさせられたら、「すごくにぎやかな」チョーク・ファーム［ロンドン、カムデン地区の地名］かバタシー・フィールズ［テムズ川の南岸］まで遊びにでかけるのである。

ひとたび行商生活に慣れてしまうと、もう彼女にそこから足を洗わせるのはほぼ不可能になる。絶えず歩きまわっていたために筋肉がじっとしていられなくなって、一ヵ所におとなしく留まっていることができなくなるのだ。だから、なにか坐業にでもつかされると、すぐにもう、かつてのきつい仕事がしたくてたまらなくなってしまう。呼売商人の「移動生活」でこれ以上ない自由を味わうと、ほんの少しでも束縛されると溜息がでてしまうのである。

その一例として、この半年の間におこったことを話すことにしよう。ある高名な文学関係の人が、母親を養うために必死に働いているアイルランド人の呼売少女に感銘を受け、自宅に彼女を連れてきて、召使の仕事を覚えさせようとしたのである。まず、この変化が彼女にはつらかった。幼い頃から裸足で街なかを歩きまわっていたから、靴で足が締めつけられるのは堪えられなかった。夕方でもなんでも、ちょっと休みがとれると、すぐに靴を脱いだ。靴を履いていては気が休まらないのだ。生活が一変し、新たな環境にいる物珍しさから、自由が無くなっても、しばらくの間はなんとかやっていた。しかし、友だちから市場にニシンがまた入ってきたと聞くや、魚に魔力が秘められているかのように、すぐさま暇をもらいたいと頼んで、またもとの仕事にもどるのを許されたのである。

下層階級の少女の生活とはこういうものなのである。しかも、残念ながらこの下層階級が全人口の圧倒的多数を占めているのだ。とはいえ、悪い子ばかりだとは考えてもらいたくない。自分の生活のため、あるいは他人の生活を助けるために呼売をしていて、商売がら、さまざまな誘惑や苦労もつきものなのに、その善良さたるや奇跡に近いような若い女性は大勢いる。呼売の女性たちの中でも慎重派の典型として、私の質問に次々に答えてくれたある若い女性の話を以下に記すことにしよう。

9　若い女性呼売商人の生活

　ここに版画の肖像を載せた女性から聞いた話を紹介したかったのだが、彼女はその画から自分だと知られて、言って欲しくないことまでしゃべったと追及されると困るので、仲間の生活についてはどんな些細なことでも怖くて話せないという。何度も説得しようとしたがだめだったので、別の女性を探さざるをえなくなった。

　私の目にとまったのは十八歳の体格の良い娘である。質問をするたびに彼女は膝をちょっと曲げてはお辞儀をした。格子柄のショールを胸の上で結んでいて、綿のベルベット製の婦人帽は籠を頭にのせるのでつぶれていた。両手をどこにやったらいいのか困っている様子で、ショールの下に入れたり、暖炉の火で温めてみたり、エプロンの長さを測ってみたり。質問に答えるときには、きまって暖炉に向かってしゃべった。大声でリンゴを売るので、声はかすれていた。

母は街で売り子をして暮らしてきたのよ。母は叔父から商売のやり方を教えてもらい、あたしは母から学んだの。あまり売れなくなってくると、あたしに「さあ、おまえが今度は売るんだよ。あたしは掃除婦の仕事に出るから」なんて言ってた。母が教えてくれたのは、籠に入れたリンゴの重さを間違えないようにすることで、「必ず少なめに入れるんだよ、半分くらいにね」と言われたわ。路上の生活、つまり街なかで売る生活は好きだったよ。あたしはたいていは出店を開いているんだけど、リンゴを持ち歩いて売ってる子たちは、籠が重くて首の筋を違えちゃうとか、荷物を降ろすと、首が凝り固まったみたいになっていて、頭は羽根が生えたみたいに軽く感じるなんて言ってたわ。あたしたちの商売だと、子供の頃から始めるの。まだ赤ん坊みたいなうちから親が外に出すのよ。八歳にもならない女の子があたしの出店の隣でクレソンを売っていたんだけど、母が「ほら、あの小さい子は一ペニー分なんて言葉の意味もわかんないうちから自分で生活をしなくちゃいけないんだよ」と言ってた。

“シャロー”にりんごをのせて
売り歩く少女

うちは六人で、父と母をいれると八人家族。父はガス管をもってよく臨時の仕事をしてたけど、仕事があまりない時には、生活は大変だった。母はいつもあたしたちと一緒に家にいるのが好きで、いたずらをしないようにあたしたちに何かさせるようにしてたね。古い服をあたしたちに渡しては、子供用のエプロンを作らせるとか、そんなことだけど。とってもやさしいの、母も父も。洗濯している時なんかにあたしたちが本を読んであげるといつも喜んでた。大きい子が妹や弟になんでも教えてやらなくちゃいけないの。でも、父の仕事が不景気になって、母にも掃除婦の仕事がないときには、「じゃあ、お母さんがリンゴをいっぱい仕入れに行ってくるわ」と言って、出て行っては、ほんのちょっとお金をもってきたわ。朝九時から店じまいするまで、そうね、夜十時までね、それで一日にあたしがもうけられるのは一シリング六ペンスくらい。全部リンゴよ。おいしくても、そうじゃなくても。あたしが売れないと、母が「それじゃね、明日はお母さんが行って、どれくらい売れるかやってみるわ」って言うの。あたしがたくさん売ったりすると、「まあ、商売上手だねえ、この子は。たいしたもんだわ」なんて言ってくれる。ええ、母はちゃんと評価してくれるわ。そうそう、品物があまり売れないと叩かれる子もたくさん知ってるわ。あたしはせいぜい叱られるくらい。両親はあたしをちゃんと見ていてわかってくれている。

男の人と一緒に住んでいてイングランド教会で結婚した子は百人に十人もいないんじゃないかしら。あたしは大勢知ってる子がいるけど、いいことじゃないと思うわ。口車に乗せられて出て行く子なんてバカじゃないかしら。もちろん、嫌だったらいかなけりゃいいんだから。だからあたしはいいことじゃないと思うのよ。ちょっと口喧嘩になったりすると、男の人は「ああ、おれは養う義務なんてないんだよ」なんて言って、彼女を追い出すのよ。そしたら、女はどこに行ったらいいの？　今週のことだけど、知ってる女の子があたしのところにやって来て、顔がすごく腫れていて、目のまわりにあざができてるから、「誰にやられたの？」って聞いたら、「ジャックなの」って言うのよ。彼女は「明日、逮捕状をだしてもらうつもりなの」と言ってたから、夜には彼のところに令状が行ったはずだけど、彼女は二度と行かないわね。もっと殴られるから。こんなことって、結婚してる人たちにはないとあたしは思うんだけど。

二人が結婚していれば、お互いに支え合うものでしょう。ただ一緒に暮らしているだけだと、それができないのよ。結婚してると男の人は、喧嘩をしてもしなくても、奥さんを養う義務があるし、「そうだなあ、仕合わせに暮らすほうがいいからなあ」ということになる。でも、彼女を追い出せるとなると、飽きたらすぐにでも、彼女に文句を言い出して、さっさと別れるのよ。男は女のお金を自分のものにするんだから、彼女をちゃんとあつかわなくちゃいけないのに、そんなこともしない。それからもう一つ。女の子が身重になったら、たいていは彼女を救貧院に入れてしまって、ときどきお茶と砂糖を少し持って行ってやるだけでしょ。もちろん、結婚してる男は奥さんにそんなことしないわよね。それに、喧嘩したら、男は別の子を見つけて付き合い始める。元カノにしたら面白くないわ。

堕落の第一歩は、例の安いミュージック・ホールよ。あんなところに行くと、若い女の子には言っちゃいけないような言葉が聞こえてくるから。それに、男たちは猫なで声でせまってきて、ホールを出るとちょっとビールを呑ませて、ほろ酔いにさせて、ものにしちゃうのよ。男の子たちが女を何人も捨てたなんて自慢しているのをしょっちゅう聞くわ。なんだかいっぱしの貴族気取りなんだから。

こういうことを止められるんだったら、それはいいことだわ。でも、半分は親の責任。娘が稼げずにいると、外に追い出すんだから。そしたら、娘はどうなるのよ？　女の子は結婚していれば親に叩かれないから、まだ仕合わせよね。それに、結婚していたら素敵な家庭ももてるし。でも、ただ同棲しているだけだと、家具付きの部屋が一つあるだけ。これはひどいと思う。だって、「ああ、ジャック（とかトムとかまあ誰でもいいけど）になんか会わなければ良かった」とか「あの男がいなければ、今の半分もひどいことになっていなかったと思うわ」なんて言ってるのを聞いたことがあるから。

きのうの夜、父が宗教の話をしていたの。うちはみんなでよく宗教について話すことあるわ。神様が世界を造ったんだって父があたしに教えてくれたことがある。最初の男と女が造られて、それがきっと百年以上は前のことで、でも、あたしは自分の知らないことについてしゃべるのは好きじゃない。それから、あたしたちのような哀れな人間の代わりに十字架に釘で打ちつけられた救い主のことも父から聞いたわ。その人が大勢の人にパンと魚をあげたというのも父が教えてくれた。そんなことをするんだから、その人はとてもやさしい紳士だったということよね。《十戒》はその人が作ったのだというのも聞いたことがある。いろいろな奇跡もおこして。そうだ、救世主さまはこんなことも言ったのよね、あたしたちはみんなを許さなければいけないし、誰も傷つけてはいけないって。でも、あたしは傷つけられたら、敵を許すなんてできないと思う。あたしが貧乏で、教わらなかったから、できないんじゃないかしら。そうじゃないのなら、どうしてかわからないわ。もし、だれか女の子があたしのショールを盗んで、返してくれなかったり、弁償してくれなかったりしたら、あたしは許せない。でも、なくしたっていうんだったら、そんなにあたしはひどいことは言わないわ。

　あたしたち貧乏な女はあまり信心深くないけど、男たちよりはましよ。すべては神様のおかげだと感謝しているから。天気が良いのだって、神様のおかげ。イワシだって、あれは貧乏人への神様の恵だっていつも感謝しているし、十一月九日［ロンドン市長の就任日］になる前にイワシがとれるように神様がしてくれないとロンドン市長は困るでしょ。だって、市長はいつもその日にはイワシを盛大に食べるんだから。うん、ロンドン市長の「宴会」ではイワシをいっぱい食べることくらいちゃんと知ってるよ。聖書は世界が六日間で造られたって言ってる。動物、鳥、魚、全部ね。もちろん、イワシも。その時に造られた家は一軒だけで、それがアダムとイヴと二人の家族のための箱舟だったのよ。この世界がそんなに早く造られちゃったなんてすごいわ。イングランドだけだってその二倍はかかるとあたしなら思ったんじゃないかしらね。そう思いません？　でも、それから、聖書には全能なる神様が、正しい本物の神様だって書いてあって、もちろん、時間なんて神様には意味のないものよ。いい人が死にかけていると、あたしたちは「主がお呼びになっているので、この人は行かなければならない」って言うけど、あたしにはどういう意味なのかわからない。ただ、天使がやってきて——ほら、夢を見ている時みたいにね——集まっている人に、この人は天国で必要とされています、と言うのと同じならわかるけど。天国がどこにあるかは知ってるわ。雲の上にあって、あたしたちには見えないようにそこに造られているの。いい人がみんな行くところなんだけど、あたしは怖いわ。天使の中に呼売商人はめったにいないんだもの。とくに女の子を騙すような呼売たちの中にはね。

いいえ、あたしはこの世界がいつまでもあるなんて思っていないわ。根拠はいっぱいある。今はとってもしっかりとしてるように見えるけど、でも、洪水とか地震になって、世界が壊れちゃうのよ。ずいぶん前に大地震があったと言ってる人がいるけど、地震の話なんてあたしは聞いたことない。街でお客さんを騙したら、天国に行けなくなるのは知ってる。でも、それってあたしたちにはつらいことよ。騙さないと生きていけないんだから。儲からないのよ。店だって同じ。だから、店をやってる若い男も天国には行けないと思う。でも、だれもお金をくれないなら、呼売だって、店主だって、客を騙すしかないのさ。ほら、リンゴを見てごらんよ。お客はうちらが仕入れた値段よりも安く買おうとするんだから、こっちだっていいリンゴのなかに、悪いのを突っこまなくちゃいけなくなるんだよ。それであたしたちが痛い目にあうんだったら、ずいぶんひどい残酷な話だわ。

以上の話は、門外漢には奇妙で突飛に聞こえるかもしれないが、本人が話した通りに記しておく。女性が真剣に心の内を言葉にしてくれたのは、これは重大な問題だと認識し、正直に話さざるを得なくなったのだろう。

10 呼売商人の食事と飲み物

呼売商人の食事について説明するのは、ほかの労働者階級の場合にくらべても容易ではない。彼らの食事は、いわば「外食」になるからだ。朝は立ち飲みのコーヒースタンドで食事をし、（もし仕入れに有り金を全部使ってしまっていて、まだ商品を一つも売っていないなら）、あらかじめ用意してあった一ペニーしか食事には使わない。この金額でコーヒーを小さなカップに一杯と「薄切り」（バターを塗った薄切りのパン）を二枚買える。昼食には——週日には家で食べることはほとんどないが——「まな板飾り」と彼らが呼んでいる肉を買うのだが、これは安い肉屋のまな板とか帳場の上に出しっぱなしになっている黒ずんだ小さい肉の塊のことである。この肉を酒場に持って行って調理するのだ。値段は半ポンド［約二三〇グラム］で二ペンス。時によっては、熱いパイを一個か二個買うこともある。時季であればフルーツのパイが好まれ、それに次ぐのがミートパイである。「おれたちはウナギパイは食わねえなあ」とある男性が私に言った。「だってよ、でかい死んだウナギを使って作ることがけっこうあるからさ。おれたちゃ、そんなものは食わないんだよ。でも、貴族さんたちは食うんだよな。あの人たちにゃ違いがわかんないからな」。彼らがミートパイを嫌いだという話は聞いたことはないが、死んだウナギを使うというのはたまたま呼売商人たちが直接知ることになったもので、なにしろ、ウナギを調達しているのは呼売商人なのだから。

一パイント（約六〇〇ミリリットル）のビールか「ショート」（ストレートのジン）をグラス一杯に、サビロイというソーセージも、呼売商人には週日には定番の昼食になる。呼売商人たちは街頭商人かららできる限り買って、「お互いに贔屓にしている」のを誇りにしている。日曜は、「素寒貧」でなければ、自宅で昼を楽しむ。この時には必ず骨付きの大きな肉――たいていは羊の肩肉がまるごと一本か半分だが――と、「焼いたポテトが山ほど付け合わせで」決まって出される。ポテトの品質については彼らはみなうるさい。

呼売商人の飲み物はふつうはビールで、大酒飲みが多いのは、酒とギャンブルくらいしか余暇の楽しみがないからである。「景気の良いとき」には、ビールと娯楽に二〇シリングのうち十二シリングも使うのも珍しくない。

ここで付け加えておかなければならないのは、「独り身の男」の場合で、儲かっている時には「まな板飾り」みたいなものではなく、自分の商売の区域か家の近所にある「こじゃれた」料理屋で一番の料理を注文する。

呼売商人の中には頑張って禁酒している一家もある。アルコール飲料をいっさい飲まないことにしている者は、男女を問わず大人も子供も含めて二〇〇人はいるだろうと見ている人もいる。こういう家族は、酒飲みの一家と比べて生活は少し豊かである。しかし、呼売商人の中で完全な禁酒主義者となると、三、四年前のほうがもっと多かった。

11　呼売商人の収入

次に当然ながら調査のテーマとなるのは呼売商人の収入だが、これはもっと上等な商売の場合と同じで、季節によって大きく変化する。ただ、ロンドンに人が大勢いようがいなかろうが、その影響はあまり受けることはないだろう。

一致した証言が得られたので、彼らの収入については以下のように見積もることができた。私が引き合いに出しているのは、ごくありふれた商品を扱っている商人の平均的な収入である（借金や不利益の額は別である）。

一月と二月はだいたい魚を売る。この時期、魚屋のなかでも裕福な者、つまり「市場で仕入れる金」がいつでも自由に使える魚屋は、いわば市場を独占できる。冬場は市場に入る魚が高いし、不定期なので、あまり資金のない商人は市場で直接買い入れることができないし、時にはまったく魚を入手できないこともある。ところが、資金のある魚屋は魚を独占して、自分のお得意様に売って利益を上げ、需要の一部を満たしてからでないと、ほかの行商人にはいっさい魚を卸売りしようとしないのだ。

ある呼売商人の話によると、「そうさ、ホワイトクロス通りのやつなんて自分の露店で十ポンド分の魚を売ったんだぜ。ほとんどはサバだけどな。それも雪の日に、たった一日で。この前の一月だよ。その頃はひでえ嵐で、魚がまともに入ってこなかったもんだから、独りで大もうけしたのさ。一時間で二ポンド［約四万円］分も売ったんだ。二ポンド十シリングってこともあったよ。おれはその時、店を手伝っていたから知ってるんだ。パーティをやれば、魚がないと困るから、お屋敷の召使が何人も買いに来てたよ」。

この二ヵ月に「売り歩いている」商人の平均的な稼ぎは、週に八シリング［約八千円］を超えることはないと見られる。月曜と土曜日はほとんど魚の売れない日だから。

「三月はひどいんだ」と、ある魚の行商人が私に話してくれた。「平均、週に四シリングもいかないなあ。手押し車を一週間遊ばせておくことだってあるんだ。毎日、うちに置きっぱなしでさ。それでも金は払わなくちゃいけないんだよ。三月の末あたりに、天気がよけりゃ、週に一シリングってところだな。花が入ってくるからね。『よく、育ってるよー』って売るんだ。それが四月まで続いて、それからは週に六シリング以上は大丈夫だ。おれが晴れた日に、大声で『よく育ってるよー』って売ってたら、『あら、もう夏になるのね』なんて誰かが言ってるのが聞こえてきたことがあってね。それがわかってくれるといいなあ、なんて独り言をいったりしてさ。そりゃあ、季節のことは勉強したからね」。

五月になると呼売商人の実入りは大きくなる。鮮魚を売るのだが、魚がたくさんとれるし、需要も増えてくる。天気が良くて、あまり暑くならなければ、新鮮さは保たれる。乾燥ニシンやニオイアラセイトウとかアラセイトウといった「根っこ」（と彼らは呼んでいるのだが）も売れる。収入は平均して週に十シリングから十二シリングになる。

六月になると新じゃがとエンドウなどの豆類が呼売商人の客を引き寄せ、収入も週に一ポンドにまで上がる。この一ポンド以外に、もし季節がよければ、ベテランから聞いた話によると、週末には「呼売に歩けるお得意様の地域をもっていると、さらに十シリングは稼げる」そうで、「いやあ、おれだって土曜の夜には三〇シリングも稼いだことがあるんだよ」。

七月にはサクランボが主力商品となり、利益は日に四シリングから八シリングになり、天気が良ければ、平均して悪くても週に三〇シリング〔約三万円〕になる。私が七月には魚を売らないのかと訊くと、その答えは、「ああ、売らないよ。魚はやめにして、サクランボ、イチゴ、ラズベリー、それからスグリにグズベリーを専門にするんだ。七月になるとだんだんといいポテトがでてきて、値段も安くなってくるよ。ああ、豆もそうだな。毎日売り歩くと、五シリングにはなる」。

八月にはオルレアンのプラム、スモモ、リンゴ、ナシが中心になって、稼ぎは日に五シリングか六シリング。〔ここで一言付け加えておこう。呼売商人は「果物が旬になると」野菜も魚もあまり扱いたがらないのだが、一年中、野菜はある程度は持ち歩いている。これは必要とする客がいるからだ。〕

九月になるとリンゴを売り、一日二シリング六ペンスくらいの儲けになる。十月になり「天候が寒くなると、リンゴが品薄になってきて、一日の商売が四時に終わるんだ。そしたら、今度は魚だ。シタビラメとかね。カキもかなり出回ってくると、一日一シリングとか一シリング六ペンスになることもあるけど、でもこればっかりは水物だからわかんない」そうである。十一月には魚と野菜が中心になり、一日一シリングから一シリング六ペンスの儲け。しかし、下旬になるとイワシが入ってきて、初めはよく売れるから、売上げは日に六ペンスから一シリング増になる。

十二月はまだ魚が主流で、呼売商人の稼ぎは一日十二ペンスから十八ペンスというところである。月末が近づいて、新たにオレンジとレモン、ヒイラギ、ツタが登場するので少し収入は増え、クリスマスの週には一日三シリングから四シリングになる。

以上の計算から、きちんと商売をしていると週に平均十四シリング六ペンスくらいの収入があることになる。年間を通しての平均収入は週十五シリング〔約一万五千円〕だと計算してくれた人もいるが、これはもちろん、冬場の間の不足を補えるように、夏の間に稼ぎを蓄えておくよう心がけなければならないことでもある。ただし、言うまでもないだろうが、これはできたためしがないのだ。節約は大切なことだが、ロンドンの呼売商人はよくわかっていない。銀行に預金することなど知らないので、何ヵ月も使わずに現金を持ち続けるのはありえないことだ。なにしろ道徳的な自制心とか我慢する気持など縁のない人たちの中にいて、誘惑に抵抗し続けるなんてできない相談だろう。

一年中、週三〇シリング以上を稼ぐ呼売商人もいるそうだが、しかし、悪天候とか、怠けたり、体調不良になることもあるし、想定外の出来事などで商売ができないこともあるし、儲かっている者もいればあまり儲かっていない者もいる、イングランド人の呼売もいればアイルランド人の呼売もいる、男の商人も女の商人もいる、ということを考え合わせると、全体としては呼売商人の収入は、一年を通しての平均で週十シリングというところではなかろうか。

五年前の収入は今より少なくとも二十五パーセントは多かったはずだと私は思う。五割増だったといっている人もいる。ある人は「どうしちゃったのかわかんないけど、砂糖が高かった時には一日で果物が大箱で十二箱も売れたのに、今みたいに砂糖が安くなると、同じ場所を売り歩いても三箱も売れないんだよ。水増しでもないとだめかもしれないな」と言っている。

労働者階級の現状はこんなもので、呼売商人は口をそろえて、使える金なんてぜんぜんないと言っている。私がいろいろと重要な情報を提供してもらったグループのひとりがこう明言している。「そうだよ、間違いないとも。うちの女房は街角に坐って果物を売っているんだよ。八年前には土曜日に同じ場所で八シリング稼いでいたのに、この前の土曜なんてリンゴ一箱分で、一シリング六ペンスだ。午前十時から夜十時までいて、全部で一シリングと七ペンス半にしかならなかった。だれに話を聞きに行ったたって、みんな同じようなことしか言わないよ」。別の人の話では、「呼売ってのは、元手を得るために物を売らなくちゃならないことがよくあるんだ。みんな手持ちの金なんて持ってないからさ。呼売の連中が貧乏だと、俺たちだって貧乏になる。仕入れた商品で利益を得られないと、仕入れの金が自前であろうと、他人の金であろうと、その金をたよりにして生活せざるをえなくなり、切り崩してなくなると、救貧院に行くか、餓死するしかなくなる。救貧院に入ると、乾いたパン一かけらをもらい、犬よりもひどい扱いを受けるんだ」という。私が聞いた話では、呼売商人は全員ではないが、おおむね商売が不景気であることを嘆いている。

次の話は、街頭で十二年間露店をやっていた人の話である。彼（だけではなく、同じような発言をするひとは他にもいた）が不景気の原因はどこにあると考えているかがよくわかる話である。

「こんなに売れなかったことなんてねえよ、今まで。きのうもおといも、一匹六キロから九キロはある上等なタラを六匹売り歩いて、きのうの夜なんて二匹は売れ残って持ち帰らなくちゃいけなかったんだよ。時間も手間も金もかけて、それでほかのも売れないから損しちまった。ニシンも一〇〇匹仕入れて、三シリングもするのに、上等なやつだよ、それがまる一日売り歩いても十匹しか売れなかったんだ。シタビラメは二籠あったんだけど、これも四シリングの損だ。一籠しか売れなかったからさ。これだけ仕入れて、初日は四シリングしか売れなくて、次の日はたったの二シリングだ。そうなったらもう値段なんて言ってられなくなって、たたき売りで、捨てちまったものもある。それなのによ、みんなおれのことを暢気で気楽な生活だなんていうんだから。こんなに売上げが落ち込んだのは肉がばかに安いからさ。だって、みんな肉の方が力が出るなんて思って、肉の方を買うんだよ。これからもっと大変なことになるんじゃないかな」。

（それからこんなことを言った。その理屈はよくわからないのだが）「これが自由貿易だなんていうんだったら、そんなものはごめんこうむるよ！」

12 呼売商人の細工

ロンドンの呼売商人が行なっている商売上のテクニックについて取り上げることにしよう。この件について、呼売商人たちは悪びれず、臆することもなく堂々と手の内を教えてくれる。「オレンジをいっぱい茹でたことがあるよ」とある商人はちょっと笑いながら言った。「それをアイルランド人の行商人に売ったんだよ。ふやけてびっくりするくらいでかくなったやつをね。あいつら迂闊だからさ。茹でるとオレンジはふくれて上等に見えるんだけど、味はだめになる。中の果汁が出ちゃうからね。でも、気づいたときはもう遅いってわけだ。ほんの数分茹でただけだよ。一度に四、五〇個だ」。こうして用意されたオレンジは持ちが悪く、この商人に売りつけられた客のように不運なアイルランド人の奥さんなどは、二日後にはオレンジが黒くなって食べられなくなっているのを見て驚くのである。

果物はこのように「調理して」土曜の夜から日曜に売るのだが、この時が一番よく売れるからである。オレンジに針を刺して、果汁を抜き取る者もいるが、その果汁はイギリスのワインの醸造業者に売られる。

　リンゴはオレンジのようなことはできないが、混ぜて売るのだ。つまり、呼売商人が「はったり《ゴーフ》」と呼ぶ安い赤リンゴを力いっぱいこすって艶を出し、柔らかくして、上等なリンゴと混ぜるのである。「はったりは甘酸っぱくて、混ぜ物にしか使えないんだ」と私は教えられた。オランダやベルギーの外国産リンゴの中には、この三月に一箱十六ペンス〔約千三百円〕もしない値段で買われたものもあるので、朝にはランベスのフーパー街で、五〇人くらいの男の子たちがそのリンゴを磨いている姿を見られるかもしれない。「いつだったか、一箱で五シリング〔約五千円〕儲けたことがありますよ」とある抜け目のない青年が言っていた。

　大きなリンゴはウールの布でこすったり、着ている服の裾を活用したりすることもあるが、ふつうはただ手のひらでリンゴを回しながらこするのである。小さいリンゴは袋に入れ、袋の両端をもって、前後に振る。「商店の経営者が果物をどんなふうに扱っているのか、知りたいんですがね」とある若者が私に言った。「その方法をなんとかして少しでもモノにしたいと思っているんですよ。あの人たちは品物をみごとにうまそうに並べていますから」。

　サクランボは混ぜるのに恰好の果物だと腕利きの連中が教えてくれた。オランダ産のまずいサクランボを三籠分、イングランド産の上等なサクランボを一籠分仕入れて、質のよくないサクランボの上にイングランド産をざっと隠すようにのせて、最高級品として売るのである。果物籠に入ったイチゴは下半分がキャベツの葉っぱということがよくあり、上に並んでいるわずかな数だけがいかにも美味しそうなイチゴなのである。ある果物屋が私にこう話してくれた。「上乗せがメインだね。これはやってもまったく問題ないんだ。世の中を知ってる呼売に訊いてみたらわかるよ。市場で売ってる商売人は誰でも上乗せはやってる、と教えてくれるから。ただ上手くやらなくちゃいけないだけだ」。ハシバミは焼いて色をつけて熟しているようにみせる。プルーンははりをもたせて綺麗に見えるように茹でる。ただし、プルーンの処理は店でやることも珍しくはない。

正直な呼売商人は、食べられなくなった魚は廃棄するが、あまりこだわらない商人はまったく売り物にならないものしか捨てない。ただ、死んだ魚に対しては偏見があって、ウナギパイを食べようとしないくせに、誰も死んだウナギを捨てようとはしない。死んだのは生きているウナギと混ぜてしまうのだ。死んだものが二〇に対して生きているのは五の割合にすることも多いが、半分半分の割合にするのは非常に良心的な商いということになる。魚の行商人がこんなことを言っていた。「結局、どうして死んだウナギがだめだというのかわからないんだよ。貴族はぜんぜん気にしないし。たいていの魚は調理前には死んでいるんだから、どうしてウナギならだめなんだい。こんな偏見があるのは貧乏人とおれたちだけだ。ウナギなんて太陽にあたったらすぐに死んじゃうんだよ」。

ニシンはロウソクの明かりで生きが良いように見せるのだが、光が「よく反射するように」あてるのだそうで、「おれはみごとな魚に見せられるよ。そりゃ、見ものだとも。サバも得意だけど、ニシンはそんなにうまくはできないなあ」。

これに類する細工はほかにも数々あり、それは本書で詳述されることになるが、商店主もこの点では清廉潔白とはいえないことは忘れてはならない。

13 生きた鳥を売る街頭商人

鳥を売る街頭商人は、同時に今もロンドン周辺に残っている畑・平原・ヒース・森などで鳥を捕獲するのも仕事になっている。これまでの前例にならって、まずは捕獲の説明をしてから、その後の手順について述べることにしよう。

鳥にかかわる業界を知り尽くしていて、業界関係の人脈も豊富なある男性の話によると、彼らは控え目ながら「ボクシングファン」と言えそうで、ボクサーを嬉々として追いかけ、ボクサーには敬意をもっているのだという。鳥の捕獲業者の生活は根本的には放浪である。ジプシーも少数ながらいる。鋳掛け屋の世話になるのは別として、街頭商人との付き合いもほとんどない。鳥の捕獲を生業《なりわい》にしたら、ジプシーはともかく、大部分の者は仕事を変えることがない。老齢になるまで捕獲を続けるのである。去年の冬にはクラーケンウェルの教区で二人が亡くなったが、二人とも七〇歳を超え、ともに鳥の捕獲業者だった。二人は六歳からこの仕事をしていた。

捕獲の方法について簡単に説明しよう。網を使っての捕獲が中心である。捕獲用の網の大きさは約十一平方メートルで、それを地面に平らに広げておき、四個の「星」で留める。「星」というのは鉄製のピンで、それを地面に打ちつけて網を留めるのだが、「翼《つばさ》」とか「羽根《フラップ》」と呼ばれる網の周辺部分は閉じないようにしておく。網の中央には細いワイヤー製の屋根がついた鳥籠を置き、中には「おとりの鳥」を入れておくのである。この鳥は大きな声で明るくさえずるように調教してあり、その声にひかれて野鳥が飛んでくる。鳥がすでに集まってきたように見せかけるために、鳥籠の周辺に剥製の鳥を並べておくこともある。捕獲者は網の端から二〇～三〇メートルほど離れた地面に伏してじっと動かずにいる。おとりのまわりに必要な数の鳥が集まっていると思ったらすぐに、それまで握っていた「引っぱり紐」をさっと自分の方にたぐり寄せるのだ。紐は網の縁の部分を通って輪になっているので、うまく引っぱれば、網が二枚の羽根のように真ん中へとめくり上がり、「星」はまだ外れていないから、網はおとりの鳥籠を中心に丸くすぼまって、集まっていた野鳥たちはすべて網の中に取りこまれてしまうのである。そうなると網でできた大きな鳥籠のような形になる。おとりの鳥はばたついている野鳥をからかうかのように歌いつづけている。捕獲された鳥は鳥籠に移されるか、あるいは大型バスケットに入れられ、ロンドンまで男に背負われて行くことになる。

おびき寄せるためにおとりの鳥を使うのは非常に古い手である。ナイチンゲールを捕獲する場合のように、特に暗闇では、捕獲人がその鳥の鳴き声を真似ることもある。小道具を使う場合もあり、比喩的に言っている箇所ではあるが、チョーサーがそれに触れている。「そこで、鳥は捕獲者の笛の楽しげな音に騙されて、網の中に閉じこめられるのだ」。

最盛期ともなると、捕獲人は鳥を町まで運ぶのに、呼売商人のポニーないしロバの曳く荷馬車と、場合によっては人手まで借りることがある。捕獲網一式に一ポンドかかる。おとりの鳥は、みごとに啼ける場合には――ゴシキヒワとムネアカヒワが主に使われる――最低でも十シリングする。

鳥捕獲人の生活は、ある種の気質の持ち主には、抗しがたい魅力がたくさんある。まず、「スポーツ」の昂奮がある。狩猟のような激しく動きまわって血が騒ぐほどの強烈な昂奮ではないが、それでも一度に一匹しか捕れないのに技術の粋を結集させる釣り師の昂奮をしのいではいる。また、鳥捕獲人は獲物を一匹しか捕獲できないのは見下していて、紐を一引きするだけで一網打尽にするのを狙っている。さらに、少なくとも捕獲までの合間には何もしないでいられるのも魅力であり、獲物が集まってくるのを見ている時の長い間合い――これは釣りの大きな魅力でもあるが――には、穏やかな日射しの中で日向ぼっこをしているのもいい。ところが、鳥、特にムネアカヒワは冬に捕まえるので、そんなに暢気な気分では仕事にならないのだ。

ある鳥商人（街頭商人とは違う）の話によると、一回の捕獲で捕まえたという今まで聞いたことのある最大の数は二〇〇羽近いという。その情報提供者は、偶然その場に居合わせたのである。雛鳥ばかりが飛んでいる時期には、何度か「捕獲」をくり返して五〇羽、一〇〇羽、一五〇羽と捕まえるのはそれほど珍しいことではない。

ウリッジ、グリニッジ、ハウンズロー、アイルワース、バーネット、アクスブリッジ、あるいは大体これと同じような距離の土地に住んでいる者も含めて、鳥捕獲人はすべてロンドンが市場なのだが、およそ二〇〇人いる。この人たちが鳥を「捕まえる」場所は、これらの居住地の近くと、ホロウェー、ハムステッド、ハイゲート、フィンチリー、バタシー、ブラックヒース、パトニー、モートレーク、チジック、リッチモンド、ハンプトン、キングズトン、エルサム、カーシャルトン、ストレサム、トゥーティング、ウッドフォード、エッピング、スネアズブルック、ウォルサムストウ、トテナム、エドモントンなど、要するに、広々とした野原やロンドン周辺の牧草地なのである。

それでは最初に街頭で売られる鳥について述べ、鳥捕獲業者から店に調達される鳥についても扱うことにしよう。信頼すべき確実な情報源を得ているので。特に私が「調達された」とか「捕獲された」と表現する鳥の数についてだが、さえずるように教えこまれる前に、あるいは鳥籠に慣れる前に死んでしまうものの数も少なくないことは忘れてはいけない。また、街頭での販売価格についても取り上げることにしよう。鳥はすべておとりを使って網で捕獲されるが、例外もあるので、それはまた後で述べる。まずは鳴鳥について。

ムネアカヒワは値段が一番安く、私が「ロンドン産」と呼んでいる鳥の中で数も非常に多い。「ロンドン産」というのは、ホロウェーなど郊外付近で捕獲されるからである。しかし、ムネアカヒワは飼育がむずかしく、籠などに入れても堪えられないことがある。籠に入れて何日もたたないうちに半数くらいは死んでしまうのである。先日、夕方に捕獲業者がペントンヴィルのある店に二十六羽のムネアカヒワを届けたが、翌朝には十羽が死んだ。しかし、こういう店舗や店舗に附属する飼育室の中には、孵《かえ》ったばかりの雛を捕まえて籠に入れておくには温度が高すぎる場合や、ハトをはじめさまざまな種類の小鳥のほかに、白ネズミ、ハリネズミ、モルモットなどがひしめきあっていて空気が非常に悪いこともよくある。だから、驚くべきなのは、あれだけたくさんの鳥が死ぬことではなく、あれだけの数が生き延びていることなのだ。

プロの中にはカナリヤよりもムネアカヒワの鳴き声の方を好む者もいるが、それは一般の好みとはかけ離れている。幼鳥は街頭では一羽三ペンスか四ペンスで売られているが、成鳥は鳥籠の中でよくさえずるので一シリングから二シリング六ペンスになる。ムネアカヒワの「捕獲」は、ロンドンに持ちこまれるだけでも年に七万羽と見てよいだろう。輸入ものは一羽もいない。先に述べた死んだ数については、主にこの年に孵ったものだけの話である。捕獲された鳥の一割が街頭で売られる。街頭販売の鳥の質についてはこれから述べることにしよう。

ウソは大胆で扱いやすく、人にすぐに馴れ、ロンドンの人たちの間では人気の籠の鳥である。もちろん、大多数の人の間では、ということだが。ほかの鳴鳥と同じように街頭で簡単に買うことができる。パイプオルガンの鳴き声をだすウソも街頭で売られるが、あまり出回ることはなく、扱っているのは街頭の売り場から鳥を運んだり、自分の行商地区を巡回したりして、馴染みの客たちにその鳥の特技を見せることができる商人である。

まだ雛のうちから教えこむのだが、飼育は調教師が行なわなければならず、また調教師に馴れさせなければならない。孵ってから二ヵ月になるかならないうちにさえずりはじめるので、そこから鳴鳥としての訓練を始めなくてはいけない。

　ウソ専門の調教師が行なうこの訓練は、きちんと系統立てられている。鳥の養成所をもっていて、六羽の場合が多いが、四〜七羽のクラスで調教する。訓練がはじまると、小鳥たちは長時間にわたって餌を与えられずに馴らされ、暗い部屋に入れておかれる。鳥は餌が欲しいので目を見開き耳をそばだてている。そこで調教用に作った鳥オルガンと呼ばれる楽器で覚えさせる音を出す。その音はウソの鳴き声に似ている。一、二時間、幼い生徒たちは何もせずに静かにしているが、だんだんと奏でられている音楽を真似てさえずりはじめる。一羽がさえずりはじめると——先陣を切る雛は優秀な鳴鳥になることが多いのだが——ほかの雛もすぐに真似をする。そうなると明かりもつけて、餌も少し与えるのだが、十分に与えてはならない。こうして、鳥オルガン（フルートが使われることもある）を鳴らし、光——ウソはいつでも明るいのが好き——を入れ、少しずつ褒美を与え、時には美味しい餌も食べさせ、生徒は絶えず聞こえてくる音楽の「練習をする」のだ。その後、鳥は担当の若い者の世話に任せられ、同じように休みなく音楽を聴かされる。

　調教師は生徒たちを監督し、褒めたり、叱ったりし、やがて生徒たちは命ある限り歌い続ける曲を身につけるのである。しかし、調教した鳥のうち、完璧にさえずるようになるのはわずか五パーセントだという。ウソはさえずりながら不機嫌になることが珍しくなく、餌をくれる者とかなついている者がそばにいなかったりすると、まったく声を出さないことも多い。

　ここで述べた調教方法はドイツ人のやり方で、長年にわたってイギリスにはドイツから優秀なウソが提供されている。業者の中には、国内で調教されたウソを手配しますよ、外国産に負けない美声を出せますから、と請け合う者もいるが、これはこの業界のペテンとは言わないまでも公平な判断ではないそうだ。イギリスでの調教は、多くは床屋と職工と鳥飼育者が行なっていて、手間をかけながらも利益を得ようとしているのだが、教育方法は私が詳しく説明したのと似てはいるが、はるかに大雑把なのである。鳴鳥に育ったウソの値段は約三ギニー［約六万三千円 一ギニーは一ポンド一シリング］。この鳥たちはレスターシャーとノーフォークでも飼育され調教され、ロンドンへと送られる。鳴鳥ではないがさえずるウソも、同じようにロンドンに送られる。

ロンドン郊外で網にかかるウソは、どこよりもハウンズロー周辺で多く捕獲されている。厳冬にはロンドン周辺に多く棲息している。年間に取引される数は、ノーフォークなどから送られるものも含めて約三万羽である。ウソは「ムネアカヒワに比べると愛想がよい」という話を聞いたが、取引されている数の中の三分の二以上は、何週間もたたぬうちに死んでしまう。商品価値の高いウソの雛は二シリング六ペンスから三シリング。街頭ではよく一シリングで売られている。行商と街頭での販売は全体の十分の一くらいである。

ウソの鳴鳥はもちろんあまり売れるものではない。買えるのは金持ちだけなので。業者の計算では、年に四〇〇羽程度である。

ゴシキヒワも街頭で需要があり、元気がよく美しく、時には賢いのもいるので人気がある。しかも、愛玩用の小鳥のなかでは一番長生きで、十五年、十六年生きるものも珍しくない。鳥籠の中で二十三年も生きたゴシキヒワがいる。一般に小鳥は九年以上生きることはあまりない。ゴシキヒワはカナリヤとつがいになりやすく、生まれた鳥は「雑種カナリヤ」と呼ばれ、可愛らしくよくさえずるので高い値がつけられることもある。

ゴシキヒワは街頭では一羽六ペンスから一シリングで売られ、大半はロンドン周辺で捕獲されるのだが、特にたくさん捕れた時には、在庫が多くなるので、一羽三ペンスとか四ペンスで売られる。年間の捕獲数はムネアカヒワと同じくらいで、七万羽だが、死亡率は三〇パーセント程度。鳥を売っている店の窓や横町で軒先にぶら下がっている小さな鳥籠に、あるいは街頭商人の売り物の中に、飛び回りさえずっている生き物が目にとまったら、その圧倒的多数はゴシキヒワなので誰でも驚くことだろう。どこの商店主でもそうだろうが、販売店ではショーウィンドーを目一杯よく見せるように、いちばん愛らしくて見映えのする鳥を窓際に並べるのである。ゴシキヒワの需要は堅実で、とくに女性に安定した人気がある。街頭での販売数は全体の十分の一である。

頭青《ズアオ》アトリは同じ科のウソやゴシキヒワよりも人気は低いが、捕獲数はウソの半分くらいで、死亡率も同じで、値段も同じである。

アオカワラヒワは、街頭では緑鳥《グリーンバード》とも、また時にグリーン・リネットとも呼ばれ、ズアオアトリよりもさらに人気が低く、捕獲数はさらにその半分。これだけ少ない数でも鳴鳥としては「まああ」としか見られていないために、あまり売れない。街頭では一羽二ペンスか三ペンスだが、上等なグリーンバードになると二シリング六ペンスになる。

ヒバリはよく売れるし、定期的に入荷する。冬などは群れをなして集まっているので、ほかの鳥よりも捕獲しやすいということもあるのだろう。鳥籠の中の姿を見ると、落ち着きなく頭を上に向けてばかりいて、空へと飛びたがっているように見えるので、閉じこめられるのを嫌がっているのではないかと思われるかもしれない。ところがそれは事実とは違っているようで、ヒバリは可哀相なほど――可哀相というのは、どんな同類の鳥よりも空を高く長く飛ぶ鳥なのだから――せまい籠にムネアカヒワなどよりも早く馴れてしまうのだ。しかし、ヒバリの死亡率は三分の一に近い。

ヒバリの年間捕獲数は六万羽。この中にはいわゆるヒバリのほかに、モリヒバリ、タヒバリ、ツチスドリも含まれている。この中でヒバリが圧倒的に人気があるのは、「歌声に力強さ」があるためだが、しかし、その力強さがないからこそタヒバリのほうを好む者もいる。捕まえたばかりのヒバリは街頭で六ペンスから八ペンスで売られるが、訓練したものは二シリング六ペンスになる。総数の十分の一は街頭販売である。

上流階級のテーブルに供されるヒバリは、ロンドンの捕獲業者が調達することはない。業者はもっぱら店舗と街頭商人向けの「ヒバリの鳴鳥」を扱う。食用のヒバリはかつてはパイの材料として珍重されていたが、現在はローストするのが普通である。産地は主にケンブリッジシャーで、多少はベッドフォードシャー産もある。すぐに（生きたままではなく）レドンホールの市場に送られ、市場では年に二十一万五千羽が売られ、その三分の二がロンドンで消費される。

ロンドンの業者がある程度の数のナイチンゲールを扱うようになったのは、この十二年から十五年くらいのことだが、繁盛している店なら今はどこでも必ず売っている。以前は単に珍しい籠の鳥だったにすぎない。「家畜化」——こんな言葉をナイチンゲールに使えるとしたら——は依然としてごく一部に留まる。渡り鳥はみなそうだが、季節が近づいてくると、鳥籠の中のナイチンゲールはひどく落ち着きがなくなって、籠や小屋の金網に突進していき、何日もしないうちに死んでしまうこともある。しかし、大半のナイチンゲールは仲間の鳥たちと共に、渡りの季節になったことに気づいた様子もなく、その時期を過ごす。昼間にさえずらせるようにし向けるには、紙製の覆いを鳥籠にかけておいて、徐々に覆いをはずしていくのである。これは夕方とか夜に見せかけておくための手法である。

しかし、夜に鳴くということに関して、ここでちょっと紹介しておきたい一節がある。

「ナイチンゲールは日没になって、ほかのスター歌手がいなくなるまで歌わないとふつうは思われている。ところが、そうとはいいきれないのだ。昼間に歌い、しかも夜の時に負けないほどのみごとで力強い歌声を披露してくれる。ただ、ほかにさえずっている鳥たちの声にまぎれて、その努力はほとんど気づかれないのだが。また、ナイチンゲールだけが夜に登場する羽の生えた音楽家ではない。モリヒバリもメスが巣で卵をあたためていると、そのまわりを旋回しながら豊かな歌声を夜遅くまで披露する。ヒバリもまるで夏の朝の明るい日射しを浴びているかのように空高く舞い上がり、夜十二時近くまでさえずっていることがある。日没後、ずいぶんたってからツグミがさえずっているのが聞こえてきて嬉しくなったこともあるし、午前二時にそのやさしい小夜曲《セレナーデ》に目覚めたこともある」。

イングランドにかんしていうと、このように夜間に鳥の鳴き声が聞こえるのは、あまり闇が濃くない夏の夜であろう。緯度の高い北国になると、ヒバリは夜通しさえずっている。新しい生活に馴染めず、ナイチンゲールの死亡率はほかの鳥よりも高く、五〇パーセントをはるかに超えるのではないかと私は考えたい。業者たちは認めたがらないだろうが、私は確かな筋から確認したので、現実はそうなのだ。それに、ナイチンゲールの習性からも、鳥籠で飼うにはむいていない。

　ナイチンゲールの捕獲はこの業界でも屈指の難しさで知られる。エッピングよりも近い地域では一羽も捕まらない。捕まえるためには、相当な距離を移動しなければならない。捕獲は夜に行ない、おとりを使うよりも、自分でナイチンゲールの鳴き声を真似することのほうが多い。ロンドンでは年に一千羽のナイチンゲールが飼育されているようだが、その四分の三くらいは鳴鳥になる。質の良くない鳥は一羽二シリングくらいで売られるが、街頭販売されるのは百羽にも満たない。「鳥籠の中で歌う」鳥となると最高で一ポンド［二万円］になる。あとは段階的に質に応じて、十シリング［一万円］、十二シリング、十五シリングというところ。

　コマドリも街頭商人の売る鳥だが、捕獲されるのはそれほど多くなく、三千羽を超えることはない。死ぬのは三分の一程度。ほかの鳴鳥と比べると数は少ないのだが、それでもなかなか売りさばくのがむずかしい。それは「コマドリ」を閉じ込めたり、どんな形にせよ強制したりすることに対して誰もが反発を覚えているからで、それが間違いなく売れ行きの足を引っ張っているのだ。コマドリの雛は、鳥籠に入っていて鳴く場合には、店でも街頭でも一シリングだが、一ポンドになることもある。この鳥はロウソクの明かりをつけておくとよく鳴くと思われている。街頭販売の数は五分の一から四分の一で、雛しかいない。

ツグミ、あるいは（スコットランドの詩にある）ウタツグミはよく売れる。ロンドン市場のために、あまり遠くない村や小さな町で育てられる。雛のいる巣を見つけたら取ってくるのである。雛の餌は昆虫の幼虫、みみず、カタツムリで、時には蛾とか蝶を与える。店とか誰か贔屓《ひいき》の客に売れる大きさになるまで、こうして育てるのだ。網を使って捕獲することもあるが、手作業で育てるのが一番で、そうすると自由に生け垣や藪《やぶ》の中に入る楽しみを経験したことがなく、鳥籠での生活を楽しんでいるから扱いやすくなるのである。このやり方を捕獲業者は「巣立ち」と呼んでいる。こうして巣立たされたツグミはきちんと餌をもらって、鳥籠もきれいに掃除してもらっていると、すぐに飼い主に馴れてしまう。ちなみに、どんな鳥も汚れを嫌う。

イングランドの労働者の間では、ツグミが一番人気がある。職人たちにこれほど愛されている鳥はいない。ロンドンの業者が扱うツグミの四分の一はこのように「巣立ち」したもので、業者に渡す前にしっかりと育てるので、自分で餌が食べられるようになっていれば、柳細工の鳥籠で死ぬのはごくわずかである。このように手作業で育てた中で死ぬのは四分の一くらいであろう。

この業界の貴族と言われる業者たちは、メスであることを確認してから売りに出している。彼らは自らツグミがうまくさえずるように懸命に飼育して、高値で売るのである。ところが、そのメスが街頭で安売りされていることがよくあるのだ。網で捕獲されたツグミの場合、死亡率は三分の一を超えるだろう。総数は三万五千羽である。街頭で売られるのは十分の一。「捕りたて」の場合の値段は二シリング六ペンスから三シリングで、調教してよくさえずるツグミになると、十シリングから一ポンドで、二ポンドになるものもある。どんな種類の鳴鳥でも、一緒にいる仲間たちより遙かによくさえずると評価されると、高値になるようである。

クロウタドリはロンドンではウタドリほど評価されていないが、これは歌声はやさしくても、鳥籠に入れるとあまりよく鳴かなくなるためである。ツグミと同じように「巣立ち」の場合も網で捕獲される場合もあるが、数は五分の一である。売値も死亡率も、街頭販売の数もツグミと同じ。

街頭で売られるカナリヤは多くない。業者の話では、六、七年前よりも少なくなったそうで、とくに街頭販売の高値の鳥が減ったという。カナリヤはその名前の由来となった北大西洋とアフリカの海岸付近にある十三の島々から連れてこられることは今はない。カナリヤの原産国はこの諸島だけで、それ以外には棲息していなかった(と、これは鳥類学者の説である)。カナリヤは飛ぶのも遅く、すぐに疲れてしまう。渡りをしないのはそのためであろう。

この魅力ある歌声の鳥がイングランドに連れてこられたのはエリザベス女王の時代で、舶来の贅沢品(と当時見なされ、従って非難されていたもの)が運びこまれてきた時代だった。その中にポテト、タバコ、七面鳥、ズバイモモがあり、カナリヤがいた。最初に輸入された時の値段については記録を見たことがないのだが、金持ちの家にしかいなかったので、非常に高価だったことは間違いない。この鳥の貿易は当時も今もこの諸島を所有するスペイン人には相当儲けが大きかったようで、スペイン政府は原産地でしか繁殖させないように、オスと一緒に捕獲したメスのカナリヤは殺すか逃がすことする命令を出したくらいだ。もっとも、当時の支配者の意図を考えると、ねらった結果は出せなかったのだが。

現在、カナリヤは主にオランダとドイツから輸入されていて、両国では盛んにカナリヤの飼育が行なわれており、特にオランダは商売となると万事にそうだが、丁寧に扱われて、雛が九ヵ月から一歳になる春に毎年運ばれてくる。三〇年前、ロンドン市場を取引先にするカナリヤの飼育と調達を行なっている中心はチロル人だった。ナポレオンが退位した一八一四年からの平和な時代以降、十年から十二年間は毎年約二千羽が運ばれてきた。彼らは背中に籠を背負って、フランスかオランダ（当時はベルギー）の目的の港に着くまで歩いたのである。標準的なカナリヤの値段は当時は五シリングから八シリング六ペンスで、かなりの数が街頭販売で売られた。当時、カナリヤを野外で売っていた中心的な地域はホワイトチャペルとベスナルグリーンだったそうである。この地域をよく知る人なら誰でも、この都市部で鳴きさえずっている鳥たちが、こんな街頭販売のためにラエティア地方アルプスの渓谷で育てられたのだと思うと、口もとがゆるんだことだろう。チロル人がこんな商売は――パンとタマネギと水で生きているような人びとでも――割に合わないとやめることになったのは、イングランド・オランダ・ドイツ間の情報伝達が著しく発達したからと、輸送の経費も安くなったからだと思われる。

カナリヤについてやや長すぎるくらいの取り上げ方をしてきたが、これは一番関心を持たれるところなのだ。というのも、カナリヤは鳴鳥の中でも一番身近だからだ。ムネアカヒワ、フィンチ、ヒバリ、ナイチンゲール、ツグミ、クロウタドリは、私たちの部屋の囚人にされてはいるが、いずれも広々とした野外の自由な住民である。ところが、私たちと一緒にいるカナリヤの野生の姿は知られていない。一八四八年にノリッジの主教で観察力の鋭い博物学者だった故スタンリー博士がこう記している。「あまり扱いやすくはないが、カナリヤはスズメやズアオアトリなどの似たような鳥の巣に卵を入れておくと、我が国でも棲息は可能であろう。その実験は小規模ながらバークシャーで行なわれていて、ある人物がカナリヤを野外の風雨にさらされる小屋に入れて何年間も飼ったが、カナリヤは厳しい気候でもまったく平気に見えた」。

鳥の巣売り

ロンドンの市場に出すためにこの国で飼育されているカナリヤの数は大きく増えている。レスターシャーとノリッジで育てられているのだが、織工の人たちは一般に鳥が好きである。ロンドンでも、かつてに比べてずいぶんと大規模に飼育されるようになった。床屋が一番熱心にカナリヤの飼育を行なっている。外国産も国産も扱う業者はどちらも数は同じくらいで、それぞれ八千から九千羽だという。その中には、業者からもぐりとはいわないまでも、「愛好家」にすぎないと見られている床屋の売上げは入っていない。店舗を持っている商人が鳥を飼育することはない。元気の良いカナリヤは五シリングから六シリングだが、街頭では一羽一シリングで安売りされ、六ペンスの小さな籠代も込みでその値段のこともある。ただし、この場合はメスである。カナリヤは自由な生活から鳥籠の生活へと移ることはない。卵の時から籠の中にいて、その後は他の街頭販売される鳥よりもはるかに長生きすることになるのだ。上記の総数の六分の一が街頭で売られる。

以上、街頭販売される鳥、行商人の売り歩く鳴鳥をすべて並べてみた。このように簡単にまとめてみた商売はきわめて興味深いものである。ロンドン界隈には、夏の夜明けの光が射すとともに始まり、正午の暑さを経て、多くは夜の間も、冬の寒さの中でも働き続けている人たちがいて、ロンドンに閉じ込められてつましい生活を送っている人たちに、この国ならではの楽しみ――鳥の歌――を提供しようと骨を折っているのである。野原や森を歩きまわって鳥を捕獲する人たちの生活もまたつらいものだとそれとなく私が言っているなどとは考えないでいただきたい。それどころか、本人の思いもよらないことかも知れないが、彼らの好みと性質にこれほど合った仕事はないだろうと私には思えるのだ。退屈しのぎの単なる遊びのために富裕層が野原や森を駆けめぐって狩猟をしているのを見ると、捕獲の仕事もさほど大変とは思えない。

ロンドン市民のために捕獲される鳥の説明はここで終わりではない。鳴鳥よりもはるかに街頭ではお馴染みの鳥について取り上げなくてはならない。ただ、それについては簡潔に述べることにしよう。

スズメはほとんど街頭商人の売り物で、数からいうと相当なものである。鳥の捕獲業者が木材工場や煉瓦《れんが》工場など、大胆で人慣れしている鳥がよく来る広い土地のある場所でスズメを捕るために許可を得るのはよくあることだ。スズメは街頭でたいていは一羽一ペニーだが、半ペニーとか一ペニー半の場合もある。（安い鳴鳥の場合とは違って）とくに楽しむためではなく、ただ子供の遊び道具として売れる。要するに故意かどうかはともかく、いじめて遊ぶのである。スズメの足に紐を結んでおくので、ある程度は自由に動けるが、飛び立とうとすると、途中で足を引っ張られて、ちょうど子供が凧揚げをしているような状態で、空中で羽ばたくのである。ある人が天気の良い日曜日にスミスフィールド付近の路地でスズメを二〇〇羽も売ったことが時々あると話してくれた。スズメは鳥籠で飼われることはなく、もっぱら玩具として売られている。悪童から逃げて飛んでいくこともよくある。

しかし、スズメは子供の遊びだけではなく、大人のためにも調達される。私の記憶が正しければ、チャールズ・ラムは小さな低木林を禁猟地にしている狩猟好きなペントンヴィルの男性を、大人のロンドン子として引き合いに出している。大人の娯楽というのはスズメを撃つ競技である。もちろん一番多くのスズメを撃ち殺した者が「スズメ狩り」の勝者である。ある業者の話では、その競技のために十二羽二シリングで何十羽ものスズメをしょっちゅう届けたことがあるが、大柄で図太い鳥が求められたという。また、夏の間にロンドンとその近郊で捕獲されるスズメの数は、郊外などで捕獲されるゴシキヒワの数と同じくらいだと見ている業者もいた。

スズメは捕獲した人が直接売ってしまうので、販売の実績を知っている業者が仲介している場合よりも統計は取りにくい。これはまったく誇張する必要などない人たちから聞いた話だが、子供にも暇な大人にも売られるスズメの販売数を年に一万羽とする見積もりは低すぎるという。しかし、その見積もりでも、一羽一ペニーとして八五〇ポンドにもなる。さらにこの半分くらいの数が上乗せされる。狩猟好きの大人が撃ち殺すことになる数である。スズメ撃ちに使われるものは店舗から調達するのだが、店主は注文を受けると、捕獲業者に依頼する。

ムクドリはかつては街頭で盛大に売られていたのだが、今となってはその面影程度しか見かけなくなった。ムクドリの数も少なくなってしまい、人気もなくなってしまった。現在では四〇羽を超える群れもめったに見られなくなった、というより、そもそも群れを見かけることなど稀になったが、以前は何百羽も何千羽も群れをなして集まっていたこともあるのだ。廃屋とか古い家屋や納屋の屋根――ムクドリは古くて崩れかけている建物が好きなのだ――はムクドリで隠れるほどだった。貧しい者と農民にはオウムの代わりだった。言葉を教えたり、時には汚い言葉を発するようにし向けたり。しかし、今はムクドリは自分の鳴き声は別にすると、沈黙したままである。馴らしたり、藝を教えたりということもめったになくなった。確かに街なかをすっかり馴れているみたいに棒に捕まったまま連れて歩かれる姿が見られることもあるが、あれは「縛られている」のだ。つまり、体にテープを巻かれて、棒から逃げられないようにされ、羽根で見えないが足枷をされているのである。だから街頭で売っている商人は、鳥を人に触らせないようにしている。

ムクドリが捕獲されるのは主にイルフォードとターナム・グリーン近辺だそうである。巣から取り上げられる場合もある。値段は一羽九ペンスから二シリング。年間に三千羽が売れ、半数は街頭販売である。縛られたり虐待されたりした後に、一羽だけで飼われると、元気を無くして死んでしまうことがかなりある。

コクマルガラスとカササギは元気が良いので売れそうだが、あまり人気がない。ほかの鳥は一年中手にはいるが、コクマルガラスとカササギは六月中旬から八月中旬までの二ヵ月だけである。値段は六ペンスから一シリングで、約千羽が売られ、半数は街頭販売である。この二種類の鳥は大半が巣から捕獲され育てられるが、ほとんど手間がかからない。

ベニヒワは街頭ではかなりよく売れる鳥で、とくに子供が自分で鳥を選べる時には人気が高い。私が聞いた話では、子供はたいていゴシキヒワかベニヒワを選ぶそうである。約二ヵ月間にわたって街頭で見られ、数は八〇〇から一千羽くらい。寿命も値段もゴシキヒワと同じであるが、よくさえずるゴシキヒワなら上等のベニヒワの二倍は高い。ベニヒワの販売総数の三分の一くらいは街頭で売られる。

街頭では年に一五〇から二〇〇羽のズグロムシクイも一羽三ペンスから五ペンスで売られる。

以上の鳥が街頭で売られる重立った鳥で、そこに時おり、キアオジ、ミソサザイ、カケスが加わり、カッコーが売られることもある。これらの鳥とハトは鳥のペットショップでも売っている。

捕獲される鳥の数、寿命、値段を示してきたので、「統計」として、年間の出費についても記すことにしよう。ただし、これはロンドンで鳥にかかる経費の一部にすぎない。それ以外に、鳥籠にも毎日の餌にも金がかかる。一番小さいよく出回っている鳥籠の値段は六ペンスだが、一シリングのものが多い。ツグミの鳥籠は粗悪な製品でなければ、二シリング六ペンス以下では買えない。鳥のための芝生や餌にする野菜の費用について以前、述べたことがあるが、いずれも街頭販売される商品である。その他の餌については、セイヨウアブラナ、カナリヤクサヨシの実、すり餌、細かく切ったゆで卵などがあるが、これは街頭商人の売るものではないので、鳥がどういう物を食べるかを示すだけでよいだろう。

ゴシキヒワは二十四時間にカナリヤクサヨシの実を九〇グレーン［一グレーンは〇・〇六四八グラム］食べることが鳥類学者の実験によって明らかにされている。アオカワラヒワには八〇グレーンの小麦を与えておいたところ、二十四時間で七十九グレーン食べたが、玉子と小麦のすり餌を二十四時間で一〇〇グレーン食べたこともある。十六羽のカナリヤは二十四時間でそれぞれ一〇〇グレーンの餌を食べた。この量はそれぞれ鳥の体重の約六分の一であり、人間に換算すると一日に十一キロ三五〇グラム食べることになる。さらに、小鳥たちによって駆除される毛虫・昆虫・ミミズなどは、特に雛鳥がいる時期には相当な量になるといえるだろう。長い春の一日の十四時間のあいだに、ひとつがいのスズメは一時間に三十六回餌を雛に与えていた。一週間に三四〇〇匹の毛虫を与えた計算になる。ズアオアトリも雛のためにほぼ同じくらいの数の毛虫を運んでいた。

街頭で売られる鳴鳥は、鳥籠付きで売られる場合には小さな籠に入ったまま一羽ずつ売られ、長い鳥籠に何羽か入っている場合には、客が好きな鳥を選んで買うのである。鳥は街頭ではいつでも生き生きとしていて元気がよい。そうでなければ、誰も元気のない鳥や病気の鳥を買わないのだから、商売にならないだろう。籠の鳥たちは跳びはね、さえずっているが、客が買って家に持って帰ると、あまりさえずらない。売られている時には落ち着かずにバタバタしているだけなのか、ただはしゃいでいるだけなのかを見きわめるには、注意して見なければならない。

鳥が街頭で売られている場所としては、スミスフィールド、クラーケンウェル・グリーン、リッソン・グローヴ、シティ・ロードとニュー・ロード、シェパーデス・ウォーク、オールド・ストリート・ロード、ショアディッチ、スピタルフィールズ、ホワイトチャペル、タワーヒル、ラトクリフハイウェイ、コマーシャル・ロード・イースト、ポプラー、ビリングズゲイト、ウェストミンスター・ブロードウェイ、コヴェントガーデン、ブラックフライヤー・ロード、バーモンジー（ドックヘッド近辺が中心）、そしてバラ・マーケットの近隣である。

街頭商人は、行商もしていて、鳥を鳥籠に入れて高く持ち上げて、家の窓から客の目にとまるようにして歩くか、戸別訪問を行なう。かつては「カット」〔ウォータールー駅の近くにある野菜などの市場〕とランベス・ウォークでの売上げが多かった。鳥を入れた鳥籠が棒に縛りつけられていることもあるし、鳥籠がベンチやスツールの上に置かれたり、地面の上に置かれていることもある。

さて、業者の詐欺行為についてはいうまでもないことだが、ここでは、どうして街頭で売られている鳥が店舗で売られている鳥よりも劣るのかを明らかにしよう。捕獲業者は、街頭で売る商人でもある。業者はダイヤルズ〔ロンドンのセヴンダイヤルズ〕など取次業者がいる地区まで、二〇羽のムネアカヒワと二〇羽のゴシキヒワを持って行く。取次業者はそれぞれから二十四羽を選んで、残りはメスだとか、怪我をしているとか、元気がないなどの理由で買い取らない。そこで、その残りが街頭で売られることになるので、街頭には店で断わられた鳥が出回ることになるのだ。

しかし、その一方で、捕獲数が最大になる最盛期ともなると、店は「在庫」であふれる。鳥籠も店の奥もいっぱいになり、取次業者はさらに鳥を買い付ける前に、必死に売りさばこうとする。捕獲業者はどんどん捕獲を続ける。在庫をさばかなければならない。しかし、店では「いくら安くしても」買い取ってくれないから、また街頭での販売に頼らなければならなくなり、上等な鳥が非常に安く売られることもあるのだ。こういう傾向は一年中あるのだが、夏に一番多く、ある種のバランスが保たれている。しかし、私が思うには、街頭で売られる鳥の相当数、いや大多数はあまり質が良くなく、値段も非常に安い。鳥の売買が飽和状態になると、捕獲業者は多少はリスを売ったり、カタツムリを店のために採ったりすることも時にはある。

鳴鳥を買うのは断然労働者が多いが、それと並んで多いのは小売り商人で、彼らは収入も性格も職人とよく似ている。馬丁と馭者には鳥好きが珍しくない。幾つもの馬屋にたくさんの鳥が飼われているのだが、クロウタドリやツグミといった大型の鳴鳥もよく見られる。職人の業種によって特定の鳥・動物・花などを好む傾向が明確に見られる。その好個の例はスピタルフィールズの織工につきる。好景気だった時代には極上のチューリップを育て、それなりの実入りがある時にはダリヤを栽培し、彼らが育てたハトはイングランドで随一の「韋駄天」となった。いずれの場合にもあまり経費をかけずにできたのは、織工たちが感謝の気持ちをもって、自分の趣味や気質に合わせてせっせと飼育に励んだからである。

金持ちの庭や鳥小屋の場合には金をかけるところを、絹織物の織工の場合には技術と手間をかけてまかなうのである。このような趣味は人の心を優しくし、上品にさえする力があるので、その影響力は非常に大きく、純粋な楽しみとして鳥や花を愛でる趣味の良さは職人たちへと伝わるのではなく、逆に職人たちから趣味のよさが生まれてくることも稀ではないのだ。職人たちが先頭に立って、一般大衆の趣味を熊いじめ・牛いじめ・闘鶏——学校代わりになりそうな最悪の教育の場であり、しかも影響力が絶大な教育機関である——といった残酷で野蛮な楽しみから、きわめて美しい自然の造作に喜びを見いだす心へと導いていくのである。

夜、闘犬から帰宅した男と、自分の育てている花を見てから帰宅した男、あるいは飼育している鳥たちが「大丈夫」であることを確かめてから帰宅した男の気持ちの違いを想像するのは容易である。それぞれの男の家族も違いには気づいた。富裕層の大半は野蛮な趣味とスポーツを相変わらず楽しんでいるようだ。獲物を追い立てる狩猟のライオン狩り、カバ狩りなどはすべて文明社会の蛮行にすぎない。ワーヅワスが詠んでいるように、いつになったら「我らの喜びや誇りを、感覚ある卑小なる生き物の悲哀と絢《な》い交ぜにしない」ようになるのだろう。

スピタルフィールズの変貌ぶりはすさまじい。低賃金が広まると、織工の庭が姿を消してしまい、ハト小屋はたとえ建材の木が朽ちていなくとも、もう伝書バトも、イエバトも、ホースマンも、ドバトも、マンクも、パウターバトも、コキジバトも、宙返りバトも、クジャクバトも、またそれ自体がすでに一つの種類になっているが、鑑賞バトのさらに様々な種類のハトもいなくなった。ツグミかムネアカヒワが織機のカタカタいう音に合わせてさえずっているだけで、それしか聞こえない。また、上記の通り、チューリップ、ダリヤ、（時には）フクシアの栽培がわずかな経費で行なわれていたが、それでも経費は経費であり、織工の賃銀がだんだんと低くなるにつれて、その出費の余裕も時間の余裕もなくなった。生活費のたしにするために花の栽培をしたり、ハトの飼育をするには、片手間の時間では対応できない。スピタルフィールズの労働者は仕事時間ではなく、暇な時間を使っていたのである。

本書を最初から読んで下さっている読者のみなさんは、私が労働者の室内に花や鳥を見つけると、それが品行方正とか趣味の良さを示すとか、一般に知的レベルが高いことを示すといったことを頻繁に言わなければならなかったことにお気づきであろう。私が鳥の姿や鳴き声を聞いたことがあるのは、仕立屋、靴屋、桶屋、家具職人、帽子屋、婦人服仕立屋、製革工、街頭商人の部屋で、いずれも第一級の人たちだった。とりわけ目をひいたのは、街頭で菓子を売っていた商人の部屋だった。そこは一家で菓子の販売を行なっていて、主人は家で菓子製造に精を出し、ロンドンでも人口密度の高いある地区で、ツグミ、ムネアカヒワ、ゴシキヒワの歌声に囲まれてペパーミント味の飴をどんどん作り続けていたが、どの鳥も儲けのためではなく、自分のそばにおいておくのが「好きだった」から飼っていたのだ。これほど好印象を与えてくれる人にはそうそうお目にかかったことがない。室内の花は奥さんか娘の趣味で選ばれていることのほうが多く、同じ階級の人が住んでいる集合住宅に見られる。

労働者階級でも、鳥を飼う人と犬を飼う人ではきわだった違いがあり、特にその犬が猟犬とか「殺意のある」犬の場合には、その違いが顕著である。そういう犬の飼い主は家を空けることが多く、自宅はほったらかしになる。関心はネズミ狩りに向けられ、決められた時間内にネズミを仕留められる見込みの有無についてはきちんと判断できるが、時間を無駄にばかりしていて、お客を失うので、雇い主からは仕事が遅すぎると文句を言われ、得意先からは見放され、仕事もなくなっていく。ところが、鳥の愛好家は家庭的であり、そのためであろう、実入りも良く、満足している者が多い。ある種の商売には人の心を向上させる性質があるようで、見ていると面白い。スピタルフィールズの絹織物の織工がブルドッグを飼っているのは見たことがない。彼らの場合は花と鳥ばかりである。花と鳥といえば、仕立屋などもそうだ。しかし、屠畜業者や家畜商人、ビリングズゲイトの魚市場の業者、馭者の場合には、職業がら苦痛に同情する気持ちは薄いので、上品な趣味の持ち主はあまりいない。ほぼ例外なくどの犬も狂暴で、ネズミ狩りか闘犬のためか、さもなくば獰猛な顔つきをしているからこそ飼われている。彼らはペットにする愛玩用の犬には関心がなく、鳴鳥にも、ほとんどあるいはまったく関心を示さない。

14 街頭商人を兼ねる鳥の捕獲業者

鳥の街頭商人は、みずから「呼売商人《ホーカー》」とか、時には「鳥の呼売」と名乗っている。

鳥の捕獲業者の中で名人といわれていた三人がこの十ヵ月ほどの間に相次いで亡くなったので、目下のところ、あまり有名人といえるほどの人を私は知らない。私が会った業者たちはみな放浪者タイプで、言葉は穏やかで物腰のやわらかい人が多く、黙って独りで観察しなければならない仕事の場合には、性格も穏やかになってしまうことを知らない人は驚かれるかもしれない。同業者から一番話題にされることが多いのは、最近亡くなったギラム爺さんであろう。ギラムは本名である。呼売商人や口上師の場合は綽名《あだな》が多いが、鳥の捕獲業者はほとんどが本名で呼び合う。その理由は、彼らは市場で定期的に会うことがないからである。しかし、互いに名字を知っていることは稀で、ギラム爺さんは例外だ。ふつうはトム爺さんとか、ミックの兄さん、ジャック、ディックといった具合である。ジョンとかリチャードというのは聞いたことがない。

ギラム爺さんは六〇年間、ほとんど休みなく鳥を捕獲し続けた。その長いキャリアの中で、メスを含めて週に平均一〇〇羽を捕獲したといっても見当外れにはならないだろう。なにしろ、疲れを知らない人だった。しかし、その計算でも、三十一万二千羽を捕獲したことになるのだ。ギラム爺さんと時々一緒に朝出かけて、別れ道まで歩いて行ったことのある捕獲人によると、最近の爺さんは、昔はどこで鳥を捕ったかを話題にすることが多かったという。

「『なあ、ネッド』爺さんはおれによくこんなことを言ってたよ。『ゴシキヒワなんていやんなるくらい捕まえたもんさ。チョーク・ファームとか、丘《ヒル》（プリムローズ・ヒル）のすぐそばの、あの汽車の煙もうるさい音も凄まじい場所でな。あいつらそのうち鳥を一羽残らずどこに追いやっちまうつもりなのか、さっぱりわからんよ。鳥どもが、初めてもくもく煙をあげて、恐ろしい音をたててる汽車を見た時にゃ、悪魔がやってきたと思ったんじゃねえかな』。爺さんはバカじゃなかったよ、ギラム爺さんは。それから、こんなことも言ってた。『今じゃ家ばっかりしかないけど、ボールズ・ポンドのところに仕掛けておいては、何百羽も捕まえたもんだよ。ピムリコー・ウェーとかブリタニア・フィールズとかホワイト・コンディックなんてところでもずいぶん捕まえたもんだ。ああいう建物やら床屋やらが並んじまって、鳥の商いなんてどうなっちまうんだかなあ。昔はホロウェーでも捕まえられたのに、フィンチリーまで行かなくちゃならんってのは貧乏なやつには大変なことになってるのに、だれもそんなことは考えちゃいないんだ。おれは若かった時にゃ、今の三倍は仕事ができたんだ。

自分で育てた元気で立派なゴシキヒワ一羽が一ポンドになったこともあったなあ』。ああ、ギラム爺さんったら、残念だなあ、あんたに会ってもらいたかったよ。爺さんからいっぱい今までの変わった話を聞けたはずなのに」。

ある店主が私に教えてくれた話によると、ある鳥の捕獲業者からひどく風変わりな話を聞いたことがあるという。その業者は八年か十年前に高齢で亡くなったそうだが、私の情報提供者の店に時々鳥を持ってきてくれたこと以外には、氏素性も何もわからないそうだ。店ではただ「じいさん」としか呼ばれなかったが、ひどく話し好きで、五〇年から六〇年は鳥を捕まえる仕事をしていて、若い頃は、今ロンドンのドック地帯になっている場所でよく鳥を捕ったものだと言っていたという。「今は水深のあるところに大きな船がたくさん泊まっているけど、鳥をいっぱい捕まえたことがあるんだよ。あのドックができてからは、捕まえたことはないけどな。あそこは住宅をつぶして掘り起こしたんだ。そうだ、だんな、セント・キャサリンズ教会とか、ロンドン塔の向かいの通りを全部ドックを造るために取り壊したのを覚えているだろう」。テムズ川の北側に最初に造られたのがウェスト・インディア・ドックで、建設が始まったのは一八〇〇年以降だから、この業者の話を否定できる理由はないようだ。

そのほかの街頭商人についていうと、交通の流れが、最近まではなかった郊外へとどんどん広がっているといった周囲の変化に彼らはほとんど気づいていないようすである。この二〇年の間にロンドンに建設された家屋をつなげると三千キロメートル以上になるのだ。鳥の捕獲業者の場合には、それほどまでに無関心ではいられなかった。彼らは遠くへ、さらに遠くへと足を延ばさざるを得なかったから、疲労も困難も増大させる変化に気づかないわけにゆかなかったのだ。

かなり長身で、見るからに活発だが、とてもやせている一人の青年がこんな話をしてくれた。物腰は穏やかで、声も低かった。衣服は粗末というよりも、着古して擦り切れていた。服装はほかの同業者たちとほぼ一緒で、着る者に合わせて仕立てられてはいなかった。たとえば、二つボタンで前を留めているコートは踝《くるぶし》まで長く延び、もっと大柄な男でも着られそうなサイズだった。青年はセント・ルークスに住んでいたが、特に鳥捕獲業者が多く住んでいる教区に住んでいた。室内の家具は質素だった。重たく古いソファ、ベッド、テーブル、二脚の椅子、炉格子、小さな戸棚には数個のポットと缶が並び、壁には大小さまざまの鳥籠だけが二〇個ほどかかっていた。木造のハト小屋は、ペットのハトを飼うために初めからそこにあったものらしく、屋根の上に建てられていて、小屋の中には鳥籠が十から二〇程度、中には壊れた古いものもあったが、数羽のゴシキヒワが鳥籠のなかで元気に飛び跳ねていた。どれも今年かえった鳥で、青年は「独自のちょっとしたツテ」があって、「そのへんで売っている鳥とはちがい」立派に育つだろうと期待して育てていた。小屋も鳥籠――小さな鳥籠には一羽ずつ入れられていた――も非常にきれいだったが、私が見に行った日は蒸し暑く、小屋はうだるような暑さだった。正午には小屋に直射日光がまともに当たるので、暑さでゴシキヒワがやられないよう、一時間くらいの間、木造の小屋の壁には時々水をかけては濡らしていた。

「もうじき、鳥はもっと増やしますけどね。でも、ここにはいちばんいいやつだけを置いているんです。もちろん、ぜんぶオスですよ。ええ、ずーっとこの商売をやってます。ほかの仕事もやったことはありますがね、これがいちばん性に合ってるんですよ。体の調子もいちばん良くなるしね。ずいぶん前に死んじゃいましたが、親父も鳥を捕ってました。おれが連れ出せるくらいの年になると、すぐによく一緒に歩かされましたよ。十歳くらいだったかなあ。お袋のことは覚えてないんですよ。

　親父はもともとは煉瓦造りの職人になるように教育されたんですが。なにか仕事の経験がある鳥の捕獲人というのは、まあ全体の八分の一にもならないだろうけど、煉瓦職人なんかをやってた人が多いと思いますよ。うーん、理由はわかんないなあ。親父が若い頃は、煉瓦を造るのは田舎が多かったから、それで出会うことも多かったからでしょうかねえ。

　退役して年金をもらっていた元軍人がいちばん運のいい鳥捕獲人だと親父が言ってました。その元軍人さんは、軍隊に入る前から鳥を捕まえる仕事をしていて、酔っぱらって軍隊に入っちまったんですよ。あれは十五年前かな、おれがまだ子供みたいなもんだったから、一度、親父とその大尉さん（年金をもらってる元軍人さんの綽名です）と一緒に歩いたことがあるんです。それぞれ別れて仕事をするまでの間、ずーっとね。その時に聞いた話では、大尉さんがポーティンガル――たしかそう言ってましたが、外国です――で行進中に、鳥の群れを見たんだそうです。そしたら、軍隊なんて嫌になっていたんで、鳥を追いかけたくなったそうですよ。

　おれは二、三回は学校に行かされたので、読み書きが少しはできます。もっとちゃんと勉強していれば、読書がもっと好きになっていたのにとは思いますね。安っぽい小説とか、新聞の『事件欄』なんかを、時々というか、ごくたまに読んでました。ところが、ある時、学校が嫌になっちゃって。働きたくなったんですよ。鳥を捕まえて稼ぎたくなってね。金が稼げるんなら、やってもいいですよね。網か鳥籠、それに自分の雑種《ミュール》がいれば、金が稼げると思ったんです」〔青年が言っている雑種というのは、二種類の鳥の雑種のことで、鳥をおびき寄せるおとりにするのである。捕獲人によっては、この雑種の鳥がおとりには一番だという人もいるが、ムネアカヒワの自然な鳴き声のほうが、ムネアカヒワとゴシキヒワを交配した雑種の鳴き声よりも魅力があるという人もいる。ある捕獲業者によると、交配した鳥の長所は、飼い主に育てられ教え込まれて、自由の身になったことがないから『扱いやすい』ことだという。しかも、鳥籠の中でも臆することがなく、よく大きな声で鳴くからかなり遠くまで鳴き声が届くという。〕

青年は話を続けた。「おれはいつまでも学校に行く気にはなれなかった。どうしてかはわかんないですけど、仕事が向いてるやつもいれば、なにか別のことが合ってるやつもいるってことでしょう。そんなことは毎日お目にかかれることでしょう。おれは試しに靴屋に修業に出されて、そのあとは縄を造る職人の丁稚奉公だ。どうも親父は自分の跡を継がせたくなかったみたいですよ。でも、おれは気持ちが悪くて、自分でもああいう仕事は得意じゃないことが分かっていたんです。それで、親父が急死したもんで、すぐに鳥を捕まえる仕事を始めて、親父の道具を全部譲り受けたんですよ。正確には覚えていないけど、もう十一年前ですかね。この仕事が好きかって？　うーん、無理にでも好きになろうとしてますよ。ほかに食えるあてもないですからね」〔この若者が生来の好みから始めた仕事が、彼には最高の、しかも最も健康的な生業であると考えていることに読者諸賢は気づかれることだろう。」

「取引先の人たちが月曜か火曜に鳥を仕入れたがるのは、そのあとまるまる一週間商売ができるからなんで、だからこの前の月曜、おれはバーネット〔ロンドン北部の自治区〕のこちら側にある原っぱに捕獲に行ってね、午前二時に始めたんですよ。明るくも暗くもない時刻ですからね。夜明け前には目的地に着いて、最初に飛んでくる鳥を捕まえる準備をしなくちゃだめです。網をきちんと仕掛ける時間が必要ですからね。準備が終わったら、寝転がってタバコを吸いました。タバコの煙を鳥が怖がることはないですよ。あたりが静まりかえっていれば、物珍しさに近づいてくるくらいです。ええと、一回目の捕獲で九〇羽くらい捕まえたかな。ほとんどムネアカヒワばっかりでしたが。覚えている限りでは、ヨーロッパカヤクグリが三羽、ヒバリが二羽、ほかにも一羽か二羽、何かまじってましたね。そうですよ、捕まえた時にはいつだってばたついて大騒ぎです。網の中はよく戦争状態になりますよ。それから鳥を選び出して分けて、メスは逃がしてやるんです。メスまで面倒を見たくないのでね。八〇羽くらいの中からメスを三十五羽、逃がしましたかねえ。若い鳥を捕まえると、いつもメスよりオスのほうが多いんです。

ヒナなんか見て、どうやって区別がつくかって？　そりゃ、光と闇を区別するのと同じくらい簡単ですわ。そっと羽を持ち上げてみると、オスのムネアカヒワは肩の羽が黒か黒っぽい色をしてるんですが、メスはずっと薄い色です。それから、オスはメスよりも幅が広くて白っぽいストライプが羽にあるんです。見分けるなんて簡単、簡単。ゴシキヒワのオスはメスよりも大抵は姿勢が良くて体も大きいし、ムネアカヒワと同じで、羽の白い部分が多いんですよ。くちばしの周囲と目のまわりも黒いんですが、メスは緑がかってます。おつむが灰色のやつ（ヒナです）は、羽を広げてみないと欺されることがありますよ。さあ、それで、おれは一時か、一時ちょっと過ぎくらいまで仕事を続けて、時間は太陽を見て判断できますが、引き上げるときには、鳴鳥が百羽くらいでしたね。そいつをまとめて三人の店主に売りました。十二羽で二シリング二ペンスから二シリング六ペンス。いい日でしたよ、すごくついてる日だった。十七シリング稼ぎましたから。一度、一日に十九シリングって時はあったけど、それ以来の最高の稼ぎになりました。

　そりゃ、しんどい仕事ですがね。なにしろ、捕まえてから、家までえんえんと歩かなくちゃいけませんから。でも、仕事中は仕事をしているってよりは楽しんでやってますよ。ぜんぜん収穫なしで何時間も寝転がってたこともありますがね。待ち伏せしながらタバコを吸ってました。何か読み物を持って行った時にはちょっとそいつを読むこともありましたが、何もない時は考えをめぐらすんです。何時間も捕まらないと、魚が引っかからない釣り人みたいなもんですわねえ。ああ、何を考えるかなんてわかりませんよ。まあ、大したことは考えませんがね。一緒に捕まえに行く友だちは一人や二人いますよ。遊び半分のやつらですが。おれと同じように寝転がって待ち伏せするんです。話も少しはします。スポーツのこととか。いや、競馬はないなあ。おれは好きじゃないんで。仕事の話はほとんどしませんね。おれは取引先に卸しもするし、自分で行商もしますよ。年間、だいたい週に十二シリング〔約一万二千円〕ってとこかなあ。三ポンド〔約六万円〕から四ポンドくらい稼いだ週もあるけど、冬場になって、毎日雨ばかりって時には、二週間で一ペニーも稼げなかったこともありますね。最悪だ。それでも、おれはみんなよりも稼いでますよ。ツテがあるのと、立派な鳥を育てていますからね。

作業中に、農家のやつらにやめろと言われることがあるんです。しょっちゅうじゃないんですけど、なかなか引き下がらないやつもいるのでね。せっかく捕獲の網をはったのに、農場の一角から網を外せといわれると、別の場所で張り直さなくちゃならなくなる。鳥を捕って欲しがる田舎の人もいるんですがね」。

この青年は店にも卸すし、街頭で呼売りをしたり、戸別訪問で売ったりしていた。ツテがあるということで、ふつうはそれで売りさばくことができたが、ペットショップに一羽か二羽持って行くこともあった。ペットの愛好家が集まるパブがあり、中には三〇から四〇羽の鳴鳥がパブの主人かウェイターを仲介して委託販売されているパブもある。その鳥は呼売商人か卸売業者のものなので、質の良い鳥のはずである。さもなければ、店には置いてもらえないだろう。

捕獲された鳥の数と街頭販売される割合については既に述べたとおりである。くり返しになるが、捕獲業者の数は鳥の街頭商人とほぼ同数で、二〇〇人くらいである。

15　身体に障碍のある鳥の街頭商人

イラストにある鳥の街頭商人から次のような話を聞いた。上記の話は捕獲業者と街頭商人を兼ねた人物から聞いた話で、大多数は両者を兼業している。以下の話は身体障碍のために街頭販売だけ行なっているある商人から聞いたものである。

この人の障碍については、本人の言葉を借りて説明するのがいちばん理解しやすいだろう。「おれは踝《くるぶし》がないんだよ」。右脚が異常に細くて、骨が左脚（こちらは正常）よりも小さく、踝の関節がないのだ。手首と肩の関節も、踝のように全然無いわけではないのだが、奇形している。歩く時には、身体をぐいと前に引っ張り続けるような格好で動くのだ。奇形した脚を使うのだが、変形した足の丸くふくらんだ部分で歩く、というよりは身体を支える感じで、正常な方の足を前に出して進み、一歩進むと身体をひねり、正常な足で立って、先に書いたとおり、障碍のある身体をぐいと前に持って行くのだ。両腕はふつうあばら骨にあてたまま歩くので、見ている者は腕がそこから動かせないのではないかと思ってしまう。ところがそうではないのだ。健常者とは動きが違うが、腕を上げることはできる。ただし、頑張って、身体をひねりながら動かす。話すのにも障碍があり、言葉がいわばぐいっと引っ張り出されるのだ。しゃべるには準備をして、顎を上げなければならず、なんとかやっと話をするのである。顔は日に焼けていて健康そうである。服装は裾のついたファスチァン布製の上着、少しつぎのあたった布製ズボン、シャツは粗末だが清潔である。右の靴は変形した足に合わせてあり、靴には革のベルトみたいな物を結びつけて、脚の下の部分にそのベルトを巻いていた。

呼売商人、手押し車の雑貨商、ジンジャービール売り、レモネード売り、オレンジ売りの女、砂糖菓子売り、鉢植え売りなどと共に、かなりの人数の本の露天商が、ホワイトチャペルの救貧院からマイル・エンドの通行料取立門まで、それぞれ店を出す場所を確保している。露店に屋根のような覆いを取りつけている店もある。露店は取立門の附近に密集していて、隣接する飲み屋が所有する木の台の上に坐っている人たちと談笑している。台は屋外でビールを飲んだりタバコを吸ったりできるように出されているのだ。集まっている行商人やビールを飲んでいる客たちにまじって、この身体の不自由な鳥の街頭商人も、たいていはじっとおとなしく坐っている。

彼の住まいはユダヤ人墓地のそばで、かつては郊外だったが、性質も外見もすっかり変わってしまったのに、いまだに地名には「快適《プレザント》」がついたままだ。ここで彼に会ったのだが、家を見つけるのはちょっと大変だった。附近の路地で薪を割っている人たちに、こういう名前の人を知りませんかと訊いても誰も知らないのである。そこで彼の仕事をいうと、「ああ、それじゃあビリーだ」。こうして、いつも決まった場所で、何羽もいない鳥を入れた大きな鳥籠を二つ地面に置いて店開きしている彼を見つけたのである。彼は住まいまで案内してくれた。腰を下ろすと、部屋には薪がドアの向かい側に積まれていて、ドアの鉄製の掛け金は上の部分がなくなって、かわりに木が使われていた。薪の山の上には人慣れしたコクマルガラスが止まっていて、いかにも鳥らしい根掘り葉掘り聞き出したそうなうさん臭い表情をしていた。積んである薪の上の方に大型の鳥籠が一つあり、最近はめったに売っていないカケスとツグミが一羽ずつ仕切りで分けられて入っていた。家具はテーブルが一卓、椅子が三脚、切った薪を入れておく大きな籠が一つ、二つだけだった。家の外には鳥籠が並んでいて、ヒバリ、ゴシキヒワ、それから、みごとなムクドリは一羽だけいた。このムクドリについて、彼の姉はとても優秀そうな鳥なので言葉を教えようと思っていると言っていたが、実際にはまだあまり教えてはいなかった。

以下の話は、この身体障碍の商人から聞いた話である。彼の話す言葉が不明瞭なために私が理解できないと困ると思って、本人の希望でお姉さんに同席してもらった。しかし、少し根気強く気をつけて聞いていると問題はなかった。

「おれは生まれた時から、片端《かたわ》なんだ。死ぬ時も変わんないだろうな。ルイシャムの生まれなんだけど、住んでる場所はロンドンしか覚えていないよ。ただ、ストラウド［イングランド中西部のグロスタシャーの町］にいたのは記憶にあって、親父がおれを連れて行っては、よく海水浴をさせたんだ。体のためになるんじゃないかと思ってさ。おれがまだ小さかった頃には、ロンドン中の病院に連れて行ったけど、だめだったって言ってた。親父もお袋もおれには優しかったし、最高の両親だったよ。親父は十九年前に死んだ。お袋はもっと早く。親父はすごく貧乏だった。今のおれとおんなじだ。煉瓦工場で働いていたんだけど、仕事があったりなかったりで。おれは十六歳になるまでぜんぜん歩けなかったんだ。起き上がって、独りで階段を降りられるようになったのは、九歳から十歳にかけてだな。よく体を滑らして下まで降りていっては、運んでもらった。出歩けるようになって、ほかの男の子たちにまざるようになったら、つらくて大変だった。めちゃくちゃいじめられてさ。どこかで読んだことがある言葉だけど、まさに人生は苦悩だったよ。おれをばかにしてさ、ジャンプさせようとしたり（跳躍の競争に出させようとしたのだ）、片足で駆けっこをしよう、なんていうんだ。ひどい目にあわされたもんだよ。今だって同じだけど。おれだって坐りこんで泣いたことはあるよ。しょっちゅうじゃないけど。いやいや、死にたいなんて思ったことはない。どうして泣いたのかよくわかんないんだけど、情けなくなったんだろうな。

　字を読むのは日曜学校で習ったんだ。けっこう長い間かよった。本を読むのは好きだよ。読んだのは聖書と薄い本

足に障碍のある鳥の呼売り

で、それ以外は読んだことない。新聞は読まない。手に入らないし、手に入っても見ないだろうなあ。ちゃんと読み通せないし、それに誰が王様で誰が女王様かなんて、おれには関係ないからさ。そんなことはおれには何の関わりもない。気にもならないんだ。おれにとっちゃ、この世の中が変わることなんてないよ。十三の時におやじがおれに鳥を売る仕事をさせたんだ。おやじは鳥を捕まえる業者に知り合いが大勢いた。おれはもう二十六年以上は街なかで鳥を売ってたよ。一月の二十四日で三十九歳になったからな。おれは手も足もまともに使えないから、おやじはそれくらいしかやりようがなかったんだろうね。

　最初はすごくうまくいったよ。おれは鳥が好きだったし、今も好きだけどね。鳥はおれに似ているなあなんて初めは思ったもんだ。あいつらは不自由な身だし、おれも身体は不自由だし。最初はポプラーとかライムハウス、それにブラックウェルで売って、両親の助けになったんだよ。毎週、九シリングとか十シリングは稼いだからさ。ところが今はどうだい、いったいカネはどこに行っちまったんだかと思うよ。この国にはもうほとんどカネが残ってないんじゃないか。ヒバリ、ムネアカヒワ、ゴシキヒワを西インド諸島に行く船の船長さんたちに売ったこともあるし、ポート・フィリップ［オーストラリアの都市］に行く船長さんたちにも売ったことあるね。ああ、ほとんどの外国にね。外国の鳥を持ってきてくれて、それでロンドンの鳥を外国に持って行ってくれるんだ。おれは外国の鳥のことはぜんぜんわかんない。水兵さんのかっこうをした男たちがあっちこっちで売ってるのは知ってるよ。ダファーっていうんだ。男の行商人のことだけどさ。近所にも一人いるよ。ロンドンから三〇キロ以上は遠くに行ったことがないみたいだけど、鳥を売り歩く時はいつもかならず田舎の人みたいな服装をするんだ。〔そうやって客をだますのである。〕

おやじが死んだ時には、動顚《どうてん》したよ。世の中のなにもかもがひっくり返っちまったようなもんだった。おれは救貧院に入らなくちゃならなくなって、四、五ヵ月はいた。いやあ、嫌なとこだったよ。あんなとこにまた入るくらいなら、一日に薄いパン一枚だけでも我慢できる。あれからは役所の近くには行ったことがないよ。何日も食べ物がないなんてことはよくあるけどさ。救貧院に入るくらいだったら、今よりももっと身体が不自由になって、アホのビリーって言われたほうがいいくらいだ。アホのビリーって呼ばれると、今は時々大暴れするんだけどさ。死ぬほど腹がへってね。でも、おれは大食いなんだって気づいたよ。肉を一シリング分でも食えるよ。めったに肉になんてありつけないけどさ。パンにバターをつけて、お茶を飲んで生きているんだ。バターがない時もあるけど。バターがあれば、三回の食事で四ポンドのパンを食っちゃうよ。その時の懐具合で決まるけど。健康はだいじょうぶだ。今はどこも痛くないし。初めて歩くようになった時は痛くて、痛くてひどかった。ビールは二、三ヵ月に一回も飲まない。こんなに暑い日が続いて、みんなが飲んでいると、誰だって一杯やりたくなるものだよ。みんな手足が使えるからいいさ。〔ここで小さな女の子が二人と男の子が一人、いきなり部屋に飛びこんできた。外からドアを開けるだけで入れるのだ。この哀れな男をからかいに来たのは明らかで、「半ペニーの鳥、ちょうだーい」と大きな声をあげた。お姉さんが子供たちを追い出すと、彼はまた話を続けた。〕

今だって子供たちにさんざんいじめられてる。大人にもだけど。酔っ払ってる時でもしらふの時でもな。大人のほうが悪質だ。口汚くばかにしやがってさ。なんでか知らないけど。おれに向かってなんて言ってばかにしているのかわからないんだけど、『偽善者野郎』なんて言葉が聞こえることはあるよ。どうして偽善者なんて言われるのかわからんよ。そんなことしか言えないんだろうな。うん、おれは信心深いと思ってるよ。着る物があれば、もっと信心深くなれると思ってる。礼拝には時々行ってるし」〔彼が鳥を売っている場所の近くに住んでいる人と私は少し話してみたのだが、確かに「ビリー」は上述の通り時々いじめに遭っているという。何年か前にライムハウスだったようだが、立派な身なりの男性が酔っ払って、ホブラー氏のところに鳥を売りに来たこの身体障碍の行商人に向かって、市長の屋敷に行け、行かないのなら地獄に行けと怒鳴りつけるのを耳にしたことがあるという。そのことを本人に聞いてみたが、覚えていないとのことだった。ホブラー氏のこともわかっていなかったくらいなので、覚えていなくても私は驚きはしなかった。〕

「日があたっている場所に坐って鳥を売るのは好きだよ。雨が降っていると商売にならないから、外にも出られないんで、死ぬほど憂鬱になる。家にいてちょっと本を読むか、薪を少し切ったりもするけど、やったといえるほどのことはできない。ご近所とは付き合わないよ。縁日に行くとかなんとか、そういう楽しみとは縁がない。今まで娯楽施設で金を使ったことなんて記憶にないね。うん、一日中、外で陽のあたる場所に坐っていることはあるよ。もちろん、いろんなことが頭に浮かんでくる。家に帰ったら、パンをいっぱい食ってもかまわないよね？　おれは来世のことを考えては、そこでは片端《かたわ》になんかならないって思っているんだ。それが慰めになってるね。この世はおれにはいいことないだろう。おれはこんな身体で、最後は救貧院で飢え死にするような気がする。貧乏人だってみんな結婚はできるけど、おれみたいなのはだめだ。それに今まで一度も恋愛なんてしたことないし」〔私が見るところ、浮浪者や乞食で彼よりも重度の障碍があるのに、結婚していたり、内縁関係にあったりする人たちがいる。〕

「ああ、そうですよ。おれはこの障碍はどうしようもないと思ってるんですよ。まあ、仕方がないとね。もう何年も前からそう思ってます。いやいや、今はもうどうにかしようなんて思っちゃいませんよ。ただ、食い物がなくて死にそうになるのと、救貧院だけはねえ。

親父が生きていた頃は、教区から毎週一シリング六ペンスと四ポンドのパンを一本支給されたんだけど、死んじまってからは、何ももらえないんだ。救貧院に入るのしか認めないのさ。あの施設から出て来た時には一ペニーだってもらえなかった。どうやって鳥をまた売るようにしたんだったか、あまり覚えていないんだなあ。捕まえる業者をたくさん知っていたから、その人たちがおれを信用してくれたんだろうね。みんな貧しいし。少しずつうまく商売をやったけど、天気のいい日しかだめでね。五年くらい前だったかな、恐ろしく景気が悪くなったんだ。特におれの場合はこの二年間がひどい。だんなはまた貧乏人にも景気が回復しそうだと思いますかね。労働者の人たちが金を持っていてくれたら、鳥みたいに他愛のないものを買っては、家で楽しんでくれるだろうけど、金がないと――これはおれに鳥の値段を聞いた時に、お客が言うの聞いたんだけど――金が使えないのは当たり前だってね」。

ここで彼の姉が言った。「ええ、ほんとにねえ、商売があがったりですよ。以前は夫とあたしが二人で薪を売って十八シリング稼いでいたのに、それが十五シリングになり、今は二人で奴隷みたいに働いても十二シリングにもならないんですからねえ。冬になるのがいつも怖いんですよ。もっと薪が必要になるかもしれませんけど、そうなると出費もかさむことになるでしょ。あたしたちみたいなものには厳しくなるんですよ」。

「夢はみることあるよ」と私の質問に答えて言った。「そうしょっちゅうじゃないけど。腹がへって死にそうになっている夢は何度も見たことある。それを覚えてるのは、ぶるぶる震えながら目が覚めたからさ。たいていの夢はすぐに忘れるのに。夢の中じゃ、こんな片端なんかじゃないみたいなんだよなあ。うまくは説明できないけど、手も足も自由にどんな風にも動かせるような感じなんだよ。一番多い夢は餓死しそうになる夢だな。それは腹がへったまま寝なくちゃいけなかった時だろうな。でもたいていはぐっすりとよく眠れるよ。食い物がたくさんあれば、それ以上しあわせなことはない。景気がまずまずってところなら、それでおれは言うことないな。ただ、そんなのは長くは続かない気がするけど。景気のいい時にはおれだって人並みに冗談は好きだけど、最近はほとんど冗談を言っている場合じゃないよな。

おれが街で売ってるのは小鳥ばかりだ。たまに違うときもあるけど。たまにっていうのは、コクマルガラスの時だよ。こいつはたまんないよ。おれが人に馴れるようにしたこともあるけど、とにかく素直な鳥で、犬みたいだ。姉ちゃんは鳥の扱いがめちゃくちゃうまいから、手伝ってくれるんだよ。いつだったかムネアカヒワに『ジョーイ』って喋るように教えたことがあるんだけど、それがもう人が喋ってるみたいに聞こえるんだよ。

いろんな業者から鳥は買うけど、上等な鳥を買えるほど金がないんだ。だいたい三ペンスとか四ペンス、せいぜい六ペンスで売らなくちゃならないからな。立派な鳥籠とみごとな鳥を買える金があれば、けっこううまく商売ができるとは思ってるよ。とくにこんな良い陽気の時にはな。おれは鳥を見る目があるんだよ。鳥の扱いなら誰にも負けない。おれがこの商売を始めた時にくらべると、鳥の値段が少し上がった。捕獲する人たちは遠くまで取りに行かなくちゃならないし、鳥の数も少なくなったんじゃないかな。だから捕るのにも時間がかかるんだ。おれが買い取っている業者は何人もいるよ。この前、まる一日いつもの場所で売っていて、九羽売れて、三シリングくらいだ。うんと安く仕入れられるといいんだけどなあ。死んじゃう鳥がいるから、いっつも損するんだ。ムネアカヒワの雛の四分の三も死んじゃったことあるんだよ。手を尽くしたのに。そんなに死ぬことはあんまりないけどね。死んじゃうと、食べさせたエサが全部、損になるからなあ。ムネアカヒワとカナリヤには菜種と亜麻《あま》仁《に》、ゴシキヒワには亜麻仁、ナイチンゲールには細かく刻んだゆで卵、ヒバリにはすり餌、ぜんぶ損することになるんだ。すり餌はたくさん必要な時には自分で作ったよ。エンドウ豆の粉と糖蜜と豚脂とコケの種で作るんだ。

一番よく売れるのはゴシキヒワ。銃猟に使うスズメをうんとたくさん売ったこともあるけど、この

八、九年はそんなことはないな。今でもスズメ撃ちはやってるそうだけど。きれいにさえずるナイチンゲールを育てて、一羽四シリングで売ったこともある。安すぎだよな。いよいよ売りに出すという時期がくるとよく死んじゃうんだよ。おれから仕入れた鳥を店では一羽一ポンドで売るんだ。おれが好きな鳥はベニヒワだけど、時期にならないと売れないからね。いちばん頭がいい小鳥だと思うよ。ゴシキヒワよりも賢い。

おれのお客はみんな労働者だ、みんな。それ以外には売ったことないよ。稼ぎは四シリングか五シリング。この時期は天気が良ければ五シリングだな。おれは嫁に行った姉ちゃんと住んでいるんだ。旦那は木樵《きこり》で、おれには棒きれ一本ないから、毎週一シリング六ペンス払っている。安いもんだよ。四シリング稼げると、一週間の生活費は二シリング六ペンスだけになる。冬は収入がゼロに近いのに、鳥を養わなくちゃいけないから、ひどいもんだよ。うん、そうだ、ほんとにひどいもんだ」。

16　金魚の行商人

この行商人については、ロンドン在住の者は七〇人ほどであるが、私が（七月上旬に）調査している間は、街なかには二〇人もいなかった。同業のある商人は生きた魚を販売している仲間を十人知っているので、二〇人以上はもっと遠い郊外で「商売して」いるのではないかと思うと言っていた。ブラックヒース、クロイドン、リッチモンド、トゥウィックナム、アイルワースなど、富裕層の別荘がある地域である。今は金魚売りが田舎へと売り歩く季節であるが、彼らはペットの鳥を売る業者とはまったく別の独立した集団を形成していて、中で金魚がぐるぐると泳ぎ続けている金魚鉢を売り歩く。金魚の呼売商人は、多くの場合、街頭商人の中では一番上等な人たちである。ある有名な金魚売りは、冬期には咳止めの飴、ニガハッカのキャンディ、棒状の薬用フキタンポポなどの薬用品を売り歩いている。いずれも自家製である。もう一人、これも有名な金魚売りだが、現在はパイナップルを売っている。さらにもう一人は「飲み屋に強力な伝手《つて》」があり、秋と冬には猟鳥と鶏・アヒル・七面鳥などの行商をしている。

ロンドンには金魚類の卸売業者は三人いるが、二人——一人はキングズランド・ロードで、もう一人はビリングズゲイトのすぐそばに住んでいる——は、特に行商人に卸していて、街頭での売上げは相当なものである。金魚は玄関まで売りに来られると買うが、「注文」までして買おうとは思わない商品の一つである。金魚のような目映《まばゆ》いばかりの生き物を不意に見せられたら、子供は欲しいと言って親にせがむものだ。それがこの行商を支える大きな力になっている。行商人は卸売商人のいちばんのお得意様であり、商品の四分の三くらいは彼らが買ってくれるのだ。

卸売業者は魚を水槽に入れて飼っているが、金魚はロンドンでは繁殖はしていない。ロンドンが市場となっているイングランド産の金魚は、大半がエセックス州の何ヵ所かの地域が産地になっている。隣接するボイラーなどから蒸気を送って水を温めた池で孵化させているところもあれば、自然のままでよく育っている場所もある。また、フランス、オランダ、ベルギーから輸入されるものもあるし、インド・インドシナ・東インド諸島から運ばれてくるものもあり、それがふつうは卸売業者の手に渡り、品種改良が行なわれる。品種改良には「外来種との交配が必要で、そうしないと鮮やかな色がでない」のだそうだ。しかし、インド産などの外国種は街頭でも売られている。卸売業者、というよりはエセックスの養魚業者は、よくロンドンに出てきているが、それぞれ自分の町の顧客たちを通じて「一番上等な」品種を入手しているのだ。

イングランド産の金魚は全体の四分の三近くを占めている。輸入するのが大変だからである。金魚がきちんと管理されなかったり、あるいは元気に到着した金魚には輸送費を支払い、死んだり死にそうな金魚の場合には支払わないということにして、船の船長や司厨員にもこの事業の責任を負わせなければ、船で金魚を送るのは非常に危険になる。金魚はきちんと面倒をみなければ、船で輸送中に全滅する恐れもある。

金魚はコイ科の魚で、中国原産だが、一六九〇年頃、ポルトガルから持ちこまれた。現在もなおポルトガルからも輸入されている。イングランドでよく見かけるようになって一二〇年ほどたつことになる。

このような金魚は、行商人の間では「鉢魚」と「池魚」と呼ばれている。それぞれ別種というわけでも、また同じ種の「変種」というわけですらなく、ただ、大きさだけが違っている。大きい方の金魚が「池」で、小さい方が「鉢」である。しかし、行商人に言わせると、大きな違いは池魚のほうが、景気の悪いときには遙かに手がかかるのだ。餌をやるにも、世話をするにも気をつかわなければならないからである。餌はかび臭いパンかビスケットである。「鉢魚」は行商人が餌を与える必要がまったくない。水中の微生物や小さな昆虫が餌になるからだ。行商人の金魚鉢には軟水や雨水、時にはテムズ川の水が使われ、売り歩いている時には、パブなどで一日二回、水を取り換える。軟水のほうが「餌が多い」ので、湧き水はふつうは嫌われる。しかしある行商人は、蒸し暑い時には道路脇にある公共の水ポンプを利用して、日に二回、時には三回水を取り換えたが、湧き水や井戸水は「ぜんぜんだめだ」という。ポンプから出る水がどういう水なのかわかっていなかったのである。

金魚の卸売価格は十二匹で五シリングから十八シリングで、「釣った魚」の場合には手間がかかっているので値段は高い。たとえば「大型の白っぽい金魚」は「大型の金魚」より珍しいので、小売商人に卸す場合でさえ、一匹五シリングの時もあり、三シリング六ペンス［約三千五百円］を下回ることはまずない。その呼売商人の場合——魚はほとんど呼売商人が売っているのだが、その呼売商人はたまたまその場所に来て売っていただけのようだった——小売りの値段の相場は、二匹で二シリングである。

現在、金魚は必ずガラスの金魚鉢に入れて呼売りされているが、直径三〇センチ以下の金魚鉢に十二匹くらい入っている。金魚鉢も呼売商人が売るのだが、注文を受けて次回に回ってきた時に客に渡すこともある。値段は二シリングくらい。金魚を客に見せるために入れておく金魚鉢の製造費は一つ六ペンスから一ポンド十シリングだが、行商で売られているものの値段は二シリングか二シリング六ペンスが上限である。

金魚は金魚鉢から何色もの細いロープ材でできた網ですくって客に渡される。網は必ず呼売商人が持ち歩いているのだが、製作費は十二個二シリング。この網につける取っ手は着色した木もしくは白木で、十二個で一シリング。卸売商人は素手で金魚を触らないようにしている。金魚も金魚鉢も十年前に比べると遥かに安くなった。もちろん、金魚鉢が安くなったのはガラス製品への税金が下がったからで、行商人の数は昔の二倍に増えている。

身なりも良く、言葉づかいもきちんとした二十一歳か二十二歳の若者から次のような話を聞いた。父親も祖父も呼売商人だったが、この青年が金魚を売る客層が通常の呼売商人の客層とは違うためであろう、ふつうの呼売商人の子どもよりも物腰が上品だった。

青年の話である。「わたしは六歳の時から、独り立ちできるまでは、父に手伝ってもらいながら街なかで商売をしてきました。ええ、嘘でも何でもなく、行商の仕事は好きですよ。父にいわれて壁紙の印刷屋に勤めたことがあるのですが、屋内の仕事には向いていないと思いました。嫌で死にそうになりましたよ。金魚は立派な商品ですが、わたしは呼売商人もやっていて、果物と魚も売ってきました。魚はサケとシタビラメですが。金魚は食べられませんから。好奇心から金魚を食べてみたことがあるんですが、まずいのなんのって。茹でて食べてみたんですがね。金魚は町にも田舎にも売りに行きます。ブライトンにもヘイスティングズにも行きました。持って行った金魚が足りなくなると、空気穴をあけた容器に入れて、鉄道で送ってもらいました。安い宿に泊まったことはないですよ。金魚の世話ができるようなきちんとした旅館です。出費は痛いんですが、仕方がないですね」〔ある呼売商人は、私の質問に答えて、時々田舎で金魚を売ったことがあるが、よくふつうの安い宿に泊まったという。ただ、金魚はそこには持ちこまなかった。というのも、実際にやってみたことはないが、十中八九、そういう宿は空気が悪いので、夏場は夜の間に金魚の半分が死んでしまうと知っていたからだ。〕

青年が話を続けた。「町中よりも田舎のほうが金魚は売れます。はるかにね。田舎の人の方が大切にしてくれますし。父はそれこそどこにでも売りに行きました。わたしは国産のも外来種のも売ってきましたが、イングランドの金魚の方が好きですね。国産の方が丈夫です、エセックスの金魚ですが。外国産のは、どこの国のものなのか知りませんが、ミルクの池で育てられたのか、もちろん、元気で可愛らしいのですが、こちらに連れてこられると、冷たい水の中に入れられて、すぐに死んでしまいます。エセックスでは冷たい水の中で育てられます。三年くらいは生きますよ。きちんと世話をすれば、それくらいの寿命はあります。金魚がどういう種類の魚かは知りません。最初は中国から来たと聞いたことはありますが。いや、わたしは字は読めません。とても残念に思っているのですが。今度の冬に時間があったら、習おうかな。上流の男性たちはわたしに坐りなさいとおっしゃって、魚とかその歴史（博物学です）について教えてくださるのですが、途方に暮れることがよくありますよ。文字さえ読めれば、そんな思いをしなくてもすむでしょうに。

一日の商売が終わって金魚が売れ残っていると、行商の時に入れておいた金魚鉢に入れっぱなしにしておかず、大きな平鍋に——桶のときもありますが——四分の三ほど水を張って、ゆったりと泳がしてやります。わたしのお客様は上流階級のご主人とか奥様ですが、バター屋さんとかお店の経営者に売ることもあります。店によく金魚とかお花を飾るんですよ。金魚はあまり小さな金魚鉢に入れると長生きしないのに、ただ子どもを喜ばせるために入れてしまう人がいるんです。ある紳士が屋敷の庭の池で飼うとおっしゃるので、一度に二十四匹も売れたことがあります。少し郊外でしたが、それが今までで一番の売上げです。わたしは毎週、六ダース売っています。一匹一シリングです。六ダースは町と田舎の両方を合わせた数です。一年のうち四分の三は売り歩いているかもしれませんね。一年中、売り歩く人もいますが、冬場はあまり商売になりませんよ。ええ、まあなんとか生活はしております。天候が良ければ、金魚が毎日二シリング六ペンスから三シリングかそこらになりますので」。

ベテランの金魚売りだと紹介された男性が、ロバの曳く車に載せて新ジャガやエンドウなどを販売して帰ってきた時に私は会うことができた。今季はまだ金魚売りは始めておらず、昨年、ほとんど金魚売りをしなかったのは、野菜の呼売が安定していたからだという。ただ、奥さんが金魚売りのほうが儲かると思って、いつも旦那にくっついて歩いていた。だから、また金魚売りをするかもしれないそうだ。

彼は若い頃、召使をしていて、ある年配の女性に仕えていたのだが、彼女は何種類かペットを飼っていた。その中に金魚もいて、彼女はそれがご自慢で、いつも最高の金魚を手に入れようと躍起になっていたので、ふつうよりも大きいとか色が濃いとか鮮やかだとかいう金魚がいれば、いいお客になることは間違いなかった。女性は庭にある石で造った水槽と小さな池で金魚を飼っていて、屋敷の中にはガラスの金魚鉢でも飼っていた。その金魚たちの世話を彼がしていて、管理がみごとだとよく褒められていた。女性が他界後、彼は不遇を託《かこ》つことになった。最後に仕えていた主人はなにかギャンブルと手形割引にかかわる取引にからんでいて、突然、国外に行ってしまったので、保証人を失うことになったのだ。この主人の前に仕えていた雇い主は亡くなっていて、二年も前の人物証明書など役に立たなかった。そんなものを見せても、「しかし、その後はどこにいたのかね？　それをきちんとすべて話してくれ」といわれるのが関の山だ。彼はどうしたらよいかわからなくなった。所持金もすぐに底をついた。

「金目のものは上等なコート以外、もう何も残っていませんでした。前のご主人のコートでしたが、給料を支払わずに出ていったため、譲ってもらったのです。ほとんどこんな家ばかりでしたから、召使の生活にうんざりして、軍隊に入ろうかと思いましたが、年も年でしたし、もし年齢はなんとかなったとしても、頭が薄くなってきていたので、採用されないだろうとわかっていました。坐りこんで、どうしたらよいだろうと考えこみました。当時はまだ独身でした。相談相手もいませんでした。その時、以前、あの女性宅で召使をしていた男が、金魚の呼売をしている声が聞こえてきたのです。びっくり仰天です。考えてみれば、私は金魚の世話がうまかったのですから、どうして自分も金魚売りをしようと思わなかったのか不思議です。そう悪い商売ではないのですから。それでその男に詳しく教えてもらって、コートを売って一ポンドを手にし、それをもとに街頭で商売することになったのです。私は緊張し、初めは恥ずかしかったのですが、すぐに慣れて、やがて果物なども売るようになりました。金魚に命を救われたのです。ほんとにそう思いますよ。もし何も仕事がなく、いつまでも食べ物も手に入らなかったら、だんだんやせて肺病になっていたでしょうからね」。

冬場は商売ができないことを考慮し、また行商が最盛期を迎える夏期にも仕事にならないことがよくあることも勘案して、既述の金魚売りの半数が半年間売り歩いて、毎週一人が一ダース二シリングで六ダース売るとして計算すると、六万五〇〇〇匹の金魚が売れて、三二七六ポンド［約六千五百五十二万円］の売上げになる。田舎でもロンドンの呼売商人が商売をしているので、商品はロンドンから運ばれていく。その分を入れると、数字は二倍、十三万一〇四〇匹が売れ、売上げは六五五二ポンドとなる。

17　犬を売る街頭商人

以前、街頭での犬の販売について説明した際に、商人については触れなかったことに読者はお気づきであろう。私が示した情報は、議会の委員会で提示された証言を要約したものであり、委員会の調査は、盗難にあった犬を捜査して発見し、持ち主に返還したということに関連するもので、販売にかんする証言はついでみたいなもので、主眼ではなかった。しかし、現在と同様にその時点でも、街頭商人は犬の盗難とも返還とも無関係であった。「ただ、例外として、どんな群れにも厄介者が一人や二人はいるものだが」とはある人の言葉である。この業界の厄介者は「発見」よりも返還の方にかかわることが多かった

もうひとり、街頭で犬を販売している知的な男性——この人は昔の事情については最初の情報提供者ほどにはわかっていなかったが——は、犬泥棒が街頭の呼売商人《ホーカー》をしていることはないと断言した。（ホーカーという言葉はこの業界の商人が使っている言葉。）その理由は、彼自身の経験にもとづく判断に

加えて、なるほどと納得できるものだった。

「それはありえないです。理由はこうです。おれたちの業界は大人数じゃありません。売り歩く時には、みんな同じ地域に出かけていきます。警察にはともかく顔はよく知られてます。毎日、出くわしていますからね。もし、犬がいなくなったら、あるいは盗まれたか、どこかに迷いこんだかしたら――まあ、人になついてるペットの犬は、どうしてかはぐれたり、知らない人のあとをついていったりすることがありますから――飼い主も家族も召使も全員がまずどこを探しますか？ おれたちが売り歩いている犬を見ませんか？ 盗むなんて、できるわけないですよ。おれが知ってる限り、そんなこと聞いたことありません。やっちゃだめでしょう。怪しげな犬で五ポンド稼ぐより、問題のない犬で五シリング稼ぐほうがいいですよ。たとえ危ない目にあわないとしてもね」。別の筋からもこの話の通りであることが納得できた。

この業界の街頭商人は現在二十五人ほどである。しかし、他の副業を抱えていたりして、家から出られない者が必ずいるので、街頭に立っている実数は二〇人程度だろう。彼らの行き先は主にクウォドラント〔リージェント・ストリートの弧を描いている部分〕とリージェント・ストリートだが、クウォドラントのほうが遥かに多い。柱廊が取り壊される以前〔つまり一八四八年十二月以前〕は、犬を売るロンドン商人の少なくとも半数が雨の日にはクウォドラントに行っていた。雨をしのげるし、たいていは大勢の人が集まっていて、暇つぶしに散歩をしていたり、「適当な相手を」待っていたりするので、犬を眺める暇があるのだ。ほかにはウェストエンド地区、サーペンタイン池のほとり、チャリングクロス、王立取引所、イングランド銀行、ハイドパークやリージェント・パークがある。彼らは買ってくれそうな人たちが催しなどで集まってくる公共の場所にも売りに出かける。ただ人が集まっているだけでは、犬は売れる見込みがないそうで、たとえば、女王陛下が議会の開会宣言や閉会宣言を行なう時に、上流の男女がホワイトホールの窓や議会通り《パーラメント・ストリート》に群がってくる場合など、金を持っている人が集まっていなければならないのだ。このような時の見物客は、路上の大衆がいなくなるとすぐに、議会の通りと近衛騎兵隊のいる公園にどっと集まってきて、犬を売る街頭商人にたっぷりと商売をさせてくれるのである。

きれいに洗って櫛を通したりブラシをかけたりした二匹の犬を、商人は両腕に抱きかかえて売り歩く。小ぎれいな首輪には細いチェーンがたいていはつけられているので、長時間歩かずにいるとおこる脚の痙攣はおこさずにすむ。このように売りものの子犬を連れている時には、いちばん見映えがするように気を遣う。毛並みの良い長い耳、ぱっちりとした黒い目と黒い鼻、そして華奢な前脚をできるだけ目立つようにして、みんなから「絵みたい」だと言われるように見せるのである。これはスパニエルの見せ方なのだが、街頭で売られている犬の半数以上はスパニエルで、「キング・チャールズ」と「ブレニム・スパニエル」がほぼ同じくらい売れている。スパニエルはペットとして飼われて、愛玩用にされたり、馬車で出かける時や散歩の時のお供をさせられ、頭が良くて優しいことも多い。毛色は黒、黒と薄茶、白と茶褐色、栗色、黒と白、真っ白もいるが、これらの色で濃かったり薄かったりで色合いはさまざま。また、これらの色が混じっていたり、灰色が混じっていたりもする。

しかし、小型のテリアがだんだんと流行ってきていて、呼売商人の言葉を借りると「流行」になろうとしている。ふつうは黒で、鼻と足が薄茶色。目が鋭く、毛は短かくて、肌触りがよい。しかし、毛が長めで、少し剛毛ぎみ、色は灰色の強いほうが好まれる場合もある。小型で威勢の良いスコッチテリアはもちろんのこと、同じく小型のアイル・オブ・スカイテリアも時々町なかでも見られることがあるが、ただ、本物のスカイテリアがわかる人はほとんどいないとのことである。同じ母犬から同時に生まれたテリアの子犬が何匹かいる場合には、街頭商人はいちばん可愛い犬を必ず選んで売りに行く。というのは、いちばん可愛いのが、最悪だからなのだ。どうしてなのかは情報提供者もわからないそうだが、そのとおりだと断言する業者がほかにもいた。「最悪」というのは、闘争心の点から判断して理解しなければならないのだが、とくに勇気があるかどうかが問題なのだ。ネズミいじめの競技場での活躍に関して言えば、テリアには教育が施されていない。もし、「ネズミは殺せるのか?」と聞かれれば、答えはノーである。しかし、これは商品価値を損なうものではない。なにしろ、犬は女性のペットとして買われるのであり、ネズ

犬の呼売り商人

ミを殺すとか、「同じ体重の犬と闘う」のが目的ではないのだ。

パグ〔ブルドッグに似た小型犬〕は、四〇年から五〇年前に「大ブーム」になり、三〇年前にもかなりのブームがあって、恐ろしい面構えをしているパグが大人気になったこともあるのだが、現在はまったく街頭で売られていない。ある名の知れた業者の話では、二年間に街頭で一匹だけ売ったことがあるというくらいになってしまった。犬好きではあるが業界とは何の関わりもないある商人が私に教えてくれた話だが、パグはすぐに食ってかかるオールドミスにぴったりの相棒と見られるようになってきたため、「女の人たち、とりわけオールドミスはもうあの犬を買おうとしなくなったんだ」という。

フレンチ・プードルもまた街頭ではめったに売られない。二、三年前だが、ある商人のところに白いプードルがいたのだが、まるまると太っていたので、ある上流の女性が値踏みをしていたところ、一緒にいた紳士が、その頭と短い手足を取ってしまって、身体の中身をくり抜いたら、恰好のマフになるじゃないかと冷やかしたほどだった。そのプードルでさえ五〇シリングでは買い手がつかなかった。

イタリアン・グレイハウンドは、どんなに暖かい日でも寒そうで、冷え冷えとしているように見え、呼売商人が両腕に抱えて歩く。歩いて後をついて行っている場合には、震えながら悲しげな表情をしているので、まるで心の中で天気に文句をぶつぶつ言っているみたいに見える。

サーペンタイン池の畔《ほとり》とか、リージェント・パークのような場所では、呼売商人は犬を両腕で抱えずに、一緒にちょこちょこと集団で歩かせる。そのほうが人目につくからだ。さもなくば、商人は坐っていて、あたりで犬が遊んだり寝たりしている。ある業者の話では、子どもが可愛いスパニエルをすっかり気に入ってしまって、母親だろうが家庭教師だろうが乳母だろうが、もう引き離せなくなり、夕方に自宅まで来て欲しいとたのまれて、犬を連れて行くこともよくあったという。こういう場合はたいていは犬を買ってくれるので、無駄にした時間の穴埋めになった。ところが、数人の卸売業者がいうには、金持ちの中にもとんでもないケチなやつがいて、さんざん面倒をかけた挙げ句に、何の見返りもなく、一言の礼も詫びもいわないで、無駄金をつかわされただけということもあったとのことだ。生きた動物を扱っているある卸売業者は、「この商売には一つメリットがあるんです。必ずご本人に直接会って商売をします。奥様がいちばんのお気に入りの女中に犬を選ばせることは絶対にありません。だから、チップが要らないのですよ」。

　私が列挙した犬は大半が現在も行商人が扱っているが、売っていないのは「プラム・プディング」[「一〇一匹わんちゃん」で有名になったダルメシアン] と呼ばれる馬車犬（白い毛並みに黒い斑点があり、馬車について走らせる犬）とブルドッグ、ブルテリア、それから「雑種」の犬はすべて。犬の街頭商人は猟犬の販売とも関わっていて、街頭での商売を通じてかかわりを持つことも多い。詳細はまた次のセクションで扱うことにする。

　愛玩犬の街頭販売には一つ大きな特徴があり、他の行商と違っている点がある。客がすべて富裕層なのだ。それが街頭商人の身だしなみや作法に影響を与えてきた。彼らは多くの場合、穏やかで腰が低く、それでいて卑屈ではなく、言葉にもほとんど嫌味がない。つまり、ここで私が言葉といっているのは、イングランド人のいう「甘言」、アイルランド人のいう「おべっか」のことだ。こういう特徴はこの商人たちの多くに共通してみられ、たとえば、社会的な地位からいえば自分よりも遥かに上の人たちと頻繁に接している競走馬の優秀な調教師は、腰の低さを崩すことがない。しかし、調教師は競馬にかんする知識一般はもとより、このあまり楽ではない仕事にかかわるすべての点で、殿下（一度だけだが）も妃殿下も、閣下も、サー・ジョンも自分よりは格下だと思っている。だから、彼の示す敬意の中にはかすかに軽蔑の念、あるいは優越感が混じっていて、私が大雑把に示した彼らの物腰にはそれも含んでいるのだ。

　犬を売る街頭商人の顧客は上流階級の人たちで、感心して心を奪われるような犬を買う。富裕層に囲われている愛人たちが往々にして上得意客になる。「あの人たちはみんなスパニエルに夢中なんです。愛人のために犬を買う男性たちを知っていますよ。わたしが犬をお届けしたのですから、誤解のしようがありません。お届けするのも約束の一つでしたから。たとえば二ギニー〔約二万一千円〕かそこらの犬だったとしても、召使にも誰にも値段をさとられるようなことは言わないように口止めされていました。理由はわかりますよ。女性を喜ばせたいけれど大金は使いたくない男が、ほんとうは二ギニーだったのに、二〇ギニーだったと言えますから」。

　労働者階級の人とか小売店の主人が街頭で犬を買うとしたら、たいていは「ペットの飼育」の心得があって、何匹か犬を育てていて、売って儲けようと思っているのだ。

　私が確認できた限りであるが、犬の行商人の家庭は居心地がよくて、とてもきれいにしてある。私が拝見した家はどれも同じようなものだった。小型のスパニエル、テリアなど――ここでは猟犬にはふれない――はたいてい裏庭の犬小屋か犬専用に造られた木造の小屋で飼われている。このような小屋は何もない路地とか街角、並木道など風通しのよい場所にたいてい建てられている。夏の夕方、犬を売っている商人を訪ねて、少し待たされた時のことだが、一人の年輩の男性が自宅の戸口に坐っていて、こんなことを私に教えてくれた。となりに越して来た人（呼売商人）の飼っている犬がぜんぜん吠えないので、何週間も犬を商売にしていることに気づかなかったという。男性本人は神経質で、うるさい音とか悪臭には我慢がならないという人だったのに。

常に清潔さを保つのは、小型の愛玩犬を育てたり飼ったりするには必要である。清潔にしておかないと犬が臭くなり、女性客が寄りつかなくなる。犬を売っている商人たちが、犬は「馥郁と香る」と評することも珍しくない。犬を売る業者が公明正大な商売によって、そこそこの生活を送っていることを私が説明してきたことは覚えておいていただきたい。

スパニエルやテリアなど呼売商人の売る犬は、呼売商人が自ら繁殖させるか（彼らは大なり小なり犬を繁殖させ飼育している）、犬の卸売商人（街頭商人ではない）から買うか、あるいは良種の「キング・チャールズ」とか「ブレニム・スパニエル」を飼育していて、一腹分の生まれた子犬を呼売商人に売ることにしている人たちから買い取るのである。呼売商人は「商売として」持ちこまれる犬も買い取るが、あとで「面倒」なことにならないように、盗難の可能性がある犬を買わないように用心している。

十年ほど前だそうだが、彫り物と鍍金《めっき》を生業《なりわい》とするある職人が、「黒ぶち」のスパニエルで大儲けをしたという。その犬はいずれも目の上の方に大きな黒いぶちがあり、犬の飼育者や繁殖者らにとりわけもてはやされていた犬で、街頭商人などに売る場合には、自分で描いた下手くそな犬の肖像画をおまけにつけていた。さらに、犬の絵をちょっとした額に入れて売ってもいた。私は最近ではないが、街頭でそれを売っているのを見たこともあるし、貧しい人たちの部屋に架かっているのを見たこともある。この職人が住んでいたのはヨークシャーで、当時はあまり知られていなかったコロシアムの裏手に住まいがあった。現在は再開発されてマンスター・スクエアになっているが、犬を売る商人も、犬の肖像画をくれる者もしばらく前から姿を消してしまった。

街頭で売っているペットの犬の値段はだいたいはどれも同じくらいである。十シリングから五ポンド五シリングだが、十シリングとなると「みすぼらしい子犬くらいしかいない」ので、めったに見られない。スパニエルと小型のテリアは二ポンド三ギニーがふつうだ。すでに述べたことだが、売られている犬の半分以上はスパニエルである。その他については、半分以上がテリアで、残りはこれまで挙げた各種の犬がそれぞれ同じくらいの数だけいる。犬の輸出は議会の委員会で決めた数の二〇分の一を超えてはいないが、フランスとベルギーの業者がロンドンに犬を買いにやって来ることは時々ある。

犬を売っている街頭商人の利益については、何割の儲けになるのか算定はむずかしい。犬を飼って育てる費用も考慮しなければならない。需要の多さだけでなく、流行《はや》り廃《すた》り、あるいは——こういう話の場合、もっとふさわしい言葉を使うと——「気まぐれ」に左右される商売には確実な売上げはない。呼売商人は特別な努力もしないのに、一日に三匹の犬が売れることもあれば、同じ売り方で、まったく同じ場所に行っていても、三日で一匹しか売れないこともある。冬場には、パブに売りに行くこともあるが、高額の犬はなかなか売れるものではない。

手もとの信頼できる資料によると、どうやら呼売商人が売るのは平均すると「こんな言い方をすると、犬を引き裂いてるみたいだけれど、一年をとおして毎週三・五匹だね。景気も良くて日が長い夏場は週に四匹か五匹で、あまり景気が良くない時とか冬場は二匹か三匹になってしまう」ようである。そうすると、一人の呼売商人が二週間で七匹の犬を、平均一匹五〇シリングで売るとして、二〇人が一年中この商売をしていた場合には、年に九一〇〇ポンド［約一億八千二百万円］もの売上げがあることになる。週の利益は一人で二十五シリングから四〇シリング。イタリアン・グレーハウンドも含めて、犬の八分の七以上はこの国で繁殖し飼育されている。

犬を売る呼売商人が私に話を聞かせてくれたのだが、大きな出来事もなく変化もあまりないので、手短かにまとめて記すことにする。その呼売商人は初めは父親の手伝いをしていて、跡を継いだそうだ。実直で酒も飲まずによく働く人で、コップ一杯のビールもめったに口にすることがなく、穏やかな人生を歩んで、商売にも成功した。

次に、犬の呼売商人と「賭け事《スポーティング》」あるいは「動物愛玩者《ファンシー》」の世界とのかかわりについて述べ、行方不明犬の捜索の現状について説明し、議会の委員会の調査以降、どのように変わったかを明らかにしよう。

この業界では、「愛玩《ファンシー》」には二つ意味があると言ってよいだろう。その美しさなどの特徴からペットにむいているとされる犬は「愛玩」動物である。また、どんなに醜かろうが不細工であろうが、闘犬とかネズミいじめに使われる犬もまた同様に愛玩動物であるが、こちらのほうはしだいに「猟犬《スポーティング・ドッグ》」という呼び方が普及してきている。一番目の「ファンシー」の意味はこじつけでもなければ、他に類をみない独自の用法でもなく、辞書によれば、「理性よりは想像力によって育まれる見解、嗜好、好み、気まぐれ、気質、思いつき、心任せ、とりとめのない企て、むら気」と定義されている。

18 猟犬の街頭商人

猟犬あるいは闘犬は、昔に比べるとまったく活用――活用と言ってよいなら――されていないに等しい状況である。現在は消えてしまったスポーツ――数多くの野蛮な残虐行為に対する呼称であるが――はたくさんあるし、とうの昔になくなったものもある。たとえば、この国には、犬にいじめさせるためにだけ膨大な頭数の熊が飼育されていたことがある。王族のお祭り騒ぎの一翼を担っていたことさえあったのだ。これはヘンリ八世の気質にぴったりとはまったスポーツで、娘で当時のメアリ女王が妹のエリザベスをハットフィールド・ハウス――現在はソールズベリ侯爵の屋敷――に訪ねた際には、ミサの後で娯楽に熊いじめを行なっている。

エリザベス女王は即位した時には、熊いじめと牛いじめが大好きだったようで、外国の大使を迎えるときにはしょっちゅうその催しを行なった。当時の歴史家たちは、エリザベス女王が晩年になるとこの荒っぽいスポーツをそれまでになく好んだとほのめかしている。晩年だからこそ、宮廷の者たちや家臣たちには自分がまだ元気いっぱいで健康であると見せたかったのである。ラナム［Robert Laneham。Langham などの表記もある。その書簡集はエリザベス時代の娯楽を知る貴重な資料とされる。一五三五頃～一五八〇頃］――サー・ウォルター・スコットは彼をばかな伊達男と評してはいるが、その手紙の内容については疑義をもたれたことはない――は女王陛下臨席のもとで行なわれた熊いじめの競技について記しているので、ここでその文章を引用して終えることにしたい。現在の猟犬とどのように扱い方が違うかがわかるように引用してみよう。

> 見ていて非常に楽しいスポーツで、熊が敵どもをピンクの目で睨みつけながら近づいてくる。犬はうまくつけこもうと敏捷な動きを見せたり待ってみたりする。熊はその力と経験を発揮して犬の攻撃をかわそうとする。あるところで噛みつかれると、逃れようと別の場所にもぐりこむような動きを見せる。もう一度つかまると、今度は噛みついたり、引っ掻いたり、唸りながら頭を振ったり転がったりして、犬をふりはらおうとする。犬から逃れると、両耳を二回、三回と振り動かすので、顔には血とよだれが広がった。

この競技の大きな楽しみとなるのは、動物の苦しむ姿であるが、牛を使った場合にはさらに残酷になった。熊なら犬をくわえて振り回したり押し潰したりするが、牛の場合には、犬を角で突き刺したり放りあげたりして殺してしまうことがよくあったからだ。

このような残虐きわまりない競技が行なわれたのは、主にサザークのセント・セイヴィア教会からそう遠くないパリス・ガーデンだった。殴り合いの有無はともかく、こういった場所での騒がしさ、口論、怒鳴り声が発端となって、「熊園《ベアガーデン》さながらの騒々しさ」という表現が生まれたのだ。闘技場は単に「ガーデン」と呼ばれてもいた。

この遊びは特に日曜の午後のお楽しみとなり、国民の娯楽の中心となった。「ただし」とヘンリ博士が当時の歴史家の意見をまとめた上で書いている。「それは演劇の上質な娯楽が一般大衆の心をとらえ、この時代の道徳観を改善したとまでは言えなくとも、少なくとも野蛮で残虐な行為を舞台から追い出してしまうまでの話である」。

アン王女時代のこのスポーツについては、ストラット［ジョゼフ・ストラット。イギリスの古物研究家・彫刻家で『イングランド人のスポーツと娯楽』などの著書がある。一七四九～一八〇二］がホックリー・イン・ザ・ホールおよびウェストミンスターのタトル・フィールズで行なわれた熊いじめと牛いじめの闘技、さらに同じ場所で行なわれた闘犬の広告を丹念に蒐集した。メリルボーンも同じ娯楽で有名な土地だったが、マスチフ犬の繁殖飼育でも知られていた。マスチフは熊いじめによく使われた犬であり、ブルドッグは牛いじめに使われた。観察力に優れたゲイ［ジョン・ゲイ。イギリスの詩人・劇作家。一六八五～一七三二］は、詩集『トリヴィア』にもよく表われているとおり、ロンドンの街なかもよく観察していて、ある寓話の中にこの土地柄をこう読みこんでいる。

ホックリー・ホールもメアリ・ボーンも
わが犬の格闘を見知っている。

ホックリー・ホールはスミスフィールドの市場からわりと近いところにある。

いずれの場所でもこのような残酷な娯楽は年々下火になっていったとはいえ、十八世紀半ばまで残っていた。田舎になると牛はいくらでもいるが、熊はあまりいないので、牛いじめの方が熊いじめの二〇倍は行なわれていた。古い田舎町で牛いじめをした闘技場の跡が残っていないところはないだろう。歩道に大きな石があり、丈夫な鉄の輪がその石に通されているのは、いじめられる牛がつながれていた名残である。あるいは、闘技場の跡地がどこかを知る手がかりくらいはあるものだ。犬がどんな戦いぶりをしたかは庶民が長く語り継いでいた。このようなスポーツと闘犬が、昔は猟犬の大きな需要を支えていたのである。

現在、需要のある猟犬はテリアとブルテリアだけである。もちろん、ここでは街頭販売——フォックス・ハウンド、ハリヤー、ポインター、セッター、コッカー等々の犬は扱われない——に話を限っているので、狩猟と銃猟(いずれも動物をいじめたり殺したりした昔の野蛮な娯楽の名残であるが)に使われる犬は含めない。ブルドッグは現在では猟犬とは見なされず、愛玩犬とされている。これは口が小さすぎて、猟犬としての資質に欠けるからだそうだ。

猟犬がどのように街頭の商売とかかわっているかを説明しよう。猟犬が街頭で売られることは時々あるが、その場合にはもちろん、直接、客にその場で売り渡す。一方、小型犬を求めている紳士からブルドッグ、ブルテリア、あるいはネズミを捕獲できるテリアの値段を聞かれた場合に、街頭商人はすぐに犬の手配をしますと答えて、取引先の卸売商人のところまで案内して、犬を買えるようにするか、さもなくば、自宅で「てきとうな動物」を見せる。ある犬の卸売商人が、どうしてこんなに大勢の紳士たちがブルドッグを好きなのか、しかも凶暴そうで険しい顔つきの犬ほど好まれるのだから、理解に苦しむと言っていた。たしかに、ブルドッグはもう闘犬として用をなさないし、「命がけで頭をめがけて飛びかかった」というブルドッグへの大讃辞も、もう飛びかかっていける牛がいないので、成立しなくなった。

また別の卸売商人が教えてくれた話によると――馬に関する話の信憑性について私には判断できないが、犬の購入についての情報は正確である――イブラヒム・パシャ［オスマン帝国の大宰相。一四九三?～一五三六］はロンドンに来て、馬を見てもなんとも思わなかったのに、ブルドッグにはご満悦で、「本人の顔も似ていないこともなかった」とある愛犬家が評している。イブラヒムはロンドンで、大型の立派なブルドッグをビル・ジョージから二匹買ったようで、二匹で七〇ポンドも支払った。現在、街頭商人が売る、あるいは上に述べたような仲介者を通して販売されるブルドッグは、一匹五ポンドから二十五ポンドである。最高のブルテリアもだいたい同じくらいだが、十から十五パーセントくらいは安いこともあるだろう。上限の金額になることはめったにない。

すでに述べたとおり、ブルテリアが現在は主に闘犬になっているが、この種の競技――古代ローマのコロセウムの野蛮な闘技をごく小規模に模倣したもの――に集まってくる客たちは、娯楽の衰退を嘆いているだろう。十八世紀初めから終わりまで、「猛犬二〇匹、大激戦」といった宣伝文句がよく見かけられた。もちろん、初めの方が終わり頃よりははるかに流布していたが。十二年くらい前までは、犬を使った試合はロンドンでは珍しくなく、日曜の午前中がお楽しみの時間だった。ウェストミンスターなどに闘犬場はあったが、顔を知っている者しか入れてもらえなかったから、入場はそう簡単ではなかった。経費はかかるし、処罰される危険性も小さくはなかった。この日曜の競技を支援していたのが貧乏人や労働者階級でないことは明らかだ。現在では闘犬はめったに行なわれない。「公開されている闘犬はないんだ。パブにある闘技場でもほとんどないが、貴顕の自宅では相当やってるんだよ」と聞いたことがある。「貴顕」というのは、この業界で金持ちを意味するのによく使われる言葉であることは言っておこう。

ところが、賭博場では時々闘犬が行なわれている。競技のようすについてこんな話が聞けた。

「まあ、今はもう一騎打ちの闘いになっていて、二匹の犬がそれぞれ闘技場のコーナーに配置されて、そこから中央の線が引いてあるところまで出ていって闘うんだ。二匹とも動けなくなるまで闘うんだけどさ。相手から離れたら、スポンジが投げ入れられて中断する。それからまた闘いが再開だ。倒れても、手を貸しちゃだめだ。自分のコーナーまで逃げこんだら、一分でも三〇秒でも、一分以上でも、決められた時間だけはコーナーにいられる。もしそのままコーナーから出て行かなければ、負けだ。闘いが続けば、決着をつけるためには、相手を殺さなければならなくなるけど、そこまですることは、まあないかな。こっぴどくやられると、コーナーにすごすごと行って、出てこないから時間切れになって、それで試合は終了ってことになるからな。飼い主が犬の代わりに負けを認めても良い場合もあるし、認められない場合もあるけど、それは試合前に決めておくことだ。でも、そういう闘犬は、貴顕の間でひっそりとやっているのを別にすれば、ほとんど見られなくなったよ」。

実生活ではやさしい人なのであろうが、狩猟に打ち興ずるスポーツマンというのは、雷鳥や雉《きじ》を仕留め損なうと、バタバタと苦しんでいる鳥をつかんで銃の台尻で頭を一撃して、腕自慢のために与えてしまった苦しみの帳尻あわせをするものであり、遠くから鳥を撃ち落としても、持って帰ろうという気はないものだとされている。同様に、撃たれて走れなくなったウサギが哀れな女性のような鳴き声を出しても、可哀相だとも思わないものなのだ。それはともかく、自分の気に入っている犬を試合に出す場合、哀れみを感じないように気持を抑えてしまえることはないだろう。このような楽しみに身を任す人たちは、動物に苦痛を与えることにはまったく何の痛みを感じることはなく、苦しんでいる姿を眺めては、束の間の昂奮を楽しんでいるのだ。金持ちだけでなく、このような金持ちに娯楽を提供している側の人間もすべて動物の苦痛には無頓着になっている。そこにはもうひとつ別の感情もからんでいる。この手の娯楽に特有の感情である。つまり、この種の連中は誰しも自分の馬なり犬なりの手柄は自分の手柄と見なすという、自分本位の感情である。

しかし、犬がかかわる現在の娯楽といえば、ネズミ狩りが中心である。「狩り」とは呼ばれているが、ネズミはすべて闘技場の中に閉じこめられているのだから、単に殺すだけというのが現実だ。この遊びについては、すでに「ネズミ取り」の項で述べた。犬はすべてテリアであり、所有者が街頭商人であることも珍しくない。このテリアの中で最高の成績を上げたのが有名なビリーである。現在、ビリーは剥製にされケースの中に入れられている。所有者はセント・ジャイルズ教会裏手のセブン・ベルズに住むチャーリー・ヘスロップで、ビリーが死ぬまで一緒にいた飼い主である。ビリーの偉業は五分で一〇〇匹のネズミを殺したこととされているのだが、じつは関係筋では五分を何秒か超えていたとかいないとかが今も問題にされているのだ。ごくふつうのテリアでも闘技場の中で八分に五〇匹は容易に殺すことができるので、それを遥かに上回るテリアはいくらでもいる。ある業者の話では、体重が五キロくらいしかないメスのテリアでも六分で一〇〇匹は殺せるという。テリアの値段はブルテリアと同じである。

ネズミ狩りは明らかに盛んになってきていて、現在ではかつての闘鶏に匹敵するほどの人気である。ロンドンには闘技場が七〇ほどあり、それ以外に仮設の施設も多少はある。この種のスポーツに通じているロンドン自治区《バラ》のある闘技場の所有者は、ネズミが不足しないように、もうじき自分たちで繁殖させなくちゃいけなくなるだろうと言っていた。

決まった時間内に大量のネズミを殺す競技の相手は犬だけではない。必要なネズミも商品となり取引されている。ネズミの使い道は、次のような試合の案内をみるとわかる。

死闘！　対イタチ戦

ファン待望の一大決戦ここに火蓋を切る

於　ニュー・ロード、――――通り

日時　五月二十七日（火）夕刻
主催者　————氏
W・B————氏のイタチと一騎打ち。仕留めるネズミは双方六匹ずつ。要別途十シリング。
————氏はロンドンにて他のイタチとの対戦にも一ポンドから五ポンドにて応談
同夜、テリア戦も二試合予定。

試合は毎〇〇夕刻。貴顕紳士の愛犬の腕試しにネズミは随時手配可能

ご用命は————まで

ネズミを仕留める能力から言えば、イタチは犬とは比べるべくもないのだが、犬には入れない穴の中でネズミを殺したり、ネズミを穴から外へと追い出して、殺しやすくしたりするといった使い道があるのだ。イタチの値段

ネズミ狩り

は一ポンドから四ポンド。街頭で売られている動物ではない。

　この種の催しは、犬を売る街頭商人が主に仕切っている。彼らは犬の取引全般にかかわっていて、繁殖・飼育・卸売・販売を行なっているのだ。金持ちは郊外の自宅で犬を求めたりしようとしないので、彼らの関心をひくために、いわば犬を街頭に並べなくてはならないのである。ネズミ狩りなどの夜の仕事のおかげで、既述の街頭販売だけの収入の二倍は実入りがあるようだ。

　ロンドンでの猟犬の年間「売上げ」は、ある業者が計算してくれたところによると、一万二〇〇〇ポンドから一万五〇〇〇ポンド［約三億円］になる。しかし、ブルドッグやブルテリアなどは肉屋・革なめし業者・パブの主人・馬の卸売業者などが飼育して、密かに処分することもあるので、正確な統計を出すことはできなかった。

　犬の売買にかんする以前の状況について述べた際には、犬の盗難と発見を主に取り上げたが、これは現在ではもうほとんど問題にならなくなった。議会の調査を受けて、法改正がなされたために、大きな変化が起こったからである。特にヴィクトリア女王の治世八年目から九年目までの議会で制定された条例の四十七章六節が大きな影響を及ぼした。「盗まれた犬もしくは他人の所有する犬を取り戻すべく支援するとの口実のもと、直接間接を問わず不正に金品を受理する者は軽罪により処罰されるものとする」。

　現在、犬を盗んではやくざな生活を送っている者が数人はいるらしい。彼らは犬を売っている商人の邪魔にならないようにしているが、商人にしてみれば、お客が犬を購入してからも安心していられれるほうが商売はやりやすいので、犬泥棒を非難している。ある犬泥棒は石灰を造る職人のようないで立ちで——たいていは技術者のように見える——犬をおびき寄せようとしている姿が目撃されている。町なかをうろついている不良も、迷子の犬を手当たりしだいに捕まえて、はした金で売りさばくことがあるという。ある業者の話によると、今でも少し怪しいやり方で犬を「取りもどす」ことがあるようだ。そういうことをしている者の生活は、議会の調査で明らかになった悪事ともいまだにかかわりはあるのだが、昔にくらべればもう問題になるほどではない。

犬関係の業界に詳しいある男性から以下のような話を聞いた。この情報提供者は現在は闘犬によるネズミ狩りの仕事にかかわっていないが、いわゆる「三度のメシより好き」なようだった。若い頃はボーイをしていたことがあり、パブの店員だったことから、バーや九柱戯場の常連の中に「遊び人」もいて、その影響で賭け事が好きになったのだ。彼はある友人が飼っている犬に少しばかり投資して、パブの客たちに犬を売った。「ついにのめりこんで犬を商売にしちまったのさ」という。「ところが、ぜんぜんダメだった。やり方ってものがあるんだろうし、顔が売れるのを待たなくちゃいけないんだろうけど、待ってるうちに腹がへって死んじまうかもしれない。はじめ、スミスフィールドに行ってみたんだ。ちょっと前の話だけどな。どれくらい前だったかな。うちで育てた見ばえのする小さいテリアを二匹連れて行った。さっさと金にしたくて、まずは安い値段でと思って、一匹十二シリングにしたんだ。ああ、もちろん雑種だよ。ところが、こいつがぜんぜん売れないんだ。牧畜をやってるやつとか肉屋とかいろいろ、見ては値段を聞いて、『十二シリング〔約一万二千円〕だって！　十二シリング以下の犬なんて何の価値もないよ！』そこで、ある紳士に一ソブリン［約二万円］でどうだって言ったら、近くにいたガキが『なんだって、さっきは十二シリングって言ってたのに。からかってんじゃねえのか』なんて大声で言われちゃってさ。それでもうやめちまったんだ。

　商売をはじめた時は犬が五匹いて、現金は一ポンド八シリング六ペンス、それなりの服も持っていた。でも、ぜんぜん売れないもんで、金はすぐになくなって、借金だ。犬にはちゃんとエサを食わせないと、すぐに売り物にならなくなっちまう。だんだんと商売にならなくなってきたから、犬どもにも肉やらパンをけちってさ。あいつらは腹いっぱい食ってても、おれは腹ぺこだったからな。なりがすっかりみすぼらしくなっちまったから、町に出て行ってもだめだった。盗んだ犬だろうと思われてさ。それでとにかく一匹ずつ売って、一匹五シリングくらいだったと思うよ。みんなおれの足もとをみやがってさ。

　それからは、食い物もないことがしょっちゅうだった。闘犬場の助手をしたり、どんな仕事でも食うためには探して、パブでナイフやスプーンを洗ったりなんてこともやった。許可をもらって厩《うまや》とか外の建物にネズミ取りをもって入って、一晩中起きていては捕まえたネズミを業者に売ったことも何度かあるよ。一晩に元気なネズミを三匹捕まえれば上出来で、一シリングにはなったから悪くない仕事だ。ネズミ取りはいつでも貸してもらえた。おれみたいな助手たちを相手にネズミ狩りで賭けをしてはビールを一杯とか六ペンスとか儲けたことが時々あったけど、顔が割れているから入れてもらえる闘犬場は何ヵ所もなかった。だって、おれは犬を見る目があるからさ。

もし、もう一回商売が出来たら、犬を売ってそこそこの儲けは出せると思うよ。うん、やってみたいとは思うけど、ちょっと金がないとやってもだめだよ。おれはずーっと独り身だったけど、それでもかつかつだった。納屋の屋根裏とか馬小屋とかに寝させてもらったり、公園で寝たこともあるよ。いつからそんな生活をしていたのかな。もうあんまり気にならなくなっていたんだ。それから、パブのボーイが足をけがして速くも歩けないし長時間歩くのも無理で、毎日当番が五回もあったから、ビールを運べないということで、おれが代わりを務めて朝から夜までビール運びをした。服装にも気をつかってエプロンと上着を貸してくれたよ。それで、正式にボーイに採用されたんだ。いや、もうあんまり闘犬のネズミ狩りにはかかわっていないし、試合を見ることもあんまりなくなった。だって、そんなチャンス、めったにないからな。でも、上等なスコッチテリアを一匹飼っているんだよ。もし欲しいんだったら売るよ、だれか友だちで欲しがってる人いないかな。安くしておくよ、三〇シリングでいい。一歳くらいだ。うん、たいてい一匹は飼っていて、そいつを人と交換したり、売ったりするんだ。どこの主人でもそれくらいのことはやらせてくれるよ」。

19 ジンジャービア、シャーベット、レモネードなどの街頭販売

今ではかなりの売上げを誇っているジンジャービアの露店は、三〇年ほど前まではまったく見られなかった。

そのころ（一八二二年）、うだるような暑さが続いていた時期に、ある男が王立取引所のそばで、「冷えたジンジャービア」と「粉末ソーダ」を大量に売りさばいた。三、四週間も猛暑が続き、毎日三〇シリング、週に九ポンド〔約十八万円〕の売上げを記録したのである。炭酸水は「粉末で」販売し、客は水の入ったコップを持っていて、その中で酸とアルカリが混ざって泡がぶくぶく出ているのを飲むのである。値段は「質によって」ジンジャービア一杯が二ペンスか三ペンス、ソーダ水は三ペンスか四ペンスということだったが、実際には質に違いなどまったくなく、値段が違うだけだった。それ以来、この商売に手を出す者が徐々に増えていったが、近年は減っている。

「自前でビールを醸造している」街頭商人はふつう一回に半グロス（六ダース）分のビールを製造す

る。「良質」のビール、つまり「ペニーボトル」と呼ばれるビールの成分と作り方は以下の通り。水三ガロン〔約十三・六リットル〕、ショウガ一ポンド〔約四五四グラム〕で六ペンス、二ペンス分のレモン酸、二ペンス分のクローブ・エッセンス、二ペンス分のイースト菌、粗糖一ポンドで七ペンス。これらを混ぜ合わせて、最後にイースト菌を投入し、二十四時間寝かせてから、瓶詰めする。十二時間後に飲めるようにするには、イースト菌の量を二倍にする。瓶には「肩」までしか注入しないが、標準的な半パイント〔約〇・二九リットル〕グラスには泡と一緒にあふれるほど注がれる。「泡は半分だけにしておけば問題ない。それは店でも同じだ」そうである。道具の費用と人件費は別にして、七十二本で経費は一シリング七ペンスだけで、一本一ペニーで売ると、売上げは六シリングになる。

もっと安い飲み物で、業界で「劇場用ジンジャービア」と呼ばれているものには、砂糖ではなく、「民間醸造所」の糖蜜が使われている。「民間の」醸造所というのは密造をしている施設のことで、ある人の話では「そういうのをジガーって呼んでいて、ここから十分歩くうちに百ヵ所はあります」という。密造者から糖蜜を三ペンス分買えば、ジンジャービアが六ダース作れる。他の成分は半分の量しか使わず、クローブはまったく入れないが、イースト菌は標準の分量を入れる。この「ビール」はグラス一杯半ペニーで飲める。

五年前からジンジャービアの「噴水型」販売機が街角でよく見られるようになった。戸外でのジンジャービア売りは夏期だけで、天候によって四ヵ月から七ヵ月の開きがある。昨年は四ヵ月ほどで終わってしまった。街頭には二〇〇台もの噴水型販売機が登場したが、そのうちに二〇から三〇台を除くと、すべてジンジャービアで儲けている製造業者から借り出されたものだった。一人でも動かせるように、手押し車にしゃれたフレームか台を乗せてあるタイプが多いのだが、この販売機の値段は七ポンドで、繁忙期には賃貸料が週六シリング、閑散期には四シリングになるが、昨夏は平均が四シリング六ペンスだったとのことである。

ロンドンでいちばん大型で立派なジンジャービアの噴水型販売機は——昨夏の場合であるが——イーストエンドで使用されていたもので、ふつうはペティコート・レーンに出ていた。この所有者はある舞踊の先生である。マホガニー製でアップライト型ピアノに車輪がついているような形をしている。ポンプを二基装備していて、真鍮製のポンプのハンドルとガラス製の容器はいつでもぴかぴかで清潔に保たれているので、光が当たると全体が美しくキラキラと輝いて見える。この販売機を二人が「受け持って」いる。天気の良い日曜日には、午前六時から午後一時までのいちばんの稼ぎ時に、半ペニー銅貨で——「ビール」は一杯半ペニーなので——七ポンドから八ポンド、日曜以外には一日二ポンド稼いでいる。この機械——機械といってもいいだろう——は二頭のポニーがひいている。ポニーは一頭十ポンドだという。公称では総額——かなりの誇張はあるかもしれないが——一五〇ポンドかかったとされている。その界隈でほかにも同じくらいの大きさの噴水型販売機があったが、高級な「二頭立て」ではなく、どちらもポニーは一頭だけで、見映えがしなかった。

販売機のジンジャービアには非常に安い材料を使っている。十ガロン〔約四十五リットル〕のジンジャービアを造るのに、二クォート〔一クォートは約一・一四リットル〕のライムジュース（とはいわれているが、実際はレモン汁で三シリング六ペンス）が機械の凹んでいて見えない部分に入っていて、そこに一ポンド分の砂糖（四ペンス）を加えることもある。少量のジュースに二ペンス分の硫酸を加えると、「ライムジュースの切れが引き立つ」。あとは水を加える。醸造や発酵が不要なのは、圧縮した空気をポンプで液体に注入して、機械から注ぐときちんと泡立つからである。噴水型の機械を操作したことのある男性の話では、「ポンプを強く押せば、押したぶんだけ激しく泡が立つ。大きなグラス――大きくても見かけほどたくさん入らない――になみなみと注いだように見えても、泡がおさまると四分の一パイント〔約〇・一四リットル〕しか入っていない」のだという。

販売機を借りるには担保が必要である。といっても、ある種の商売のように保証金を預けるわけではない。借り主は機械の返却や紛失した場合の補償の責任はもちろん、機械が受けたあらゆる損害への責任を書面で明確にしなければならないのである。街頭でジンジャービアを販売する者だけが、販売機の賃貸の責任を負うのだ。ただし、このように信用されるのはすでに知っている男性だけである。貸し出された販売機のうち五〇台は、近隣の縁日とか競技場に行けば見られる。ジンジャービアの販売人はライムジュースなど必要な材料を持ち歩いており、「ビール製造」を仕上げるのに必要なのは水だけなので、販売機を移動させるのはむずかしいことではない。

別の種類の「ジンジャービア」もある。こちらは「酸性の粗酒」と言った方がよいしろもので、露店で樽からグラス一杯半ペニーで売られている。二・五ガロン〔約一一・四リットル〕を造るのに、酒石酸などの酸を半ポンド〔約二二七グラム〕、一シリング分とアルカリ（ソーダ）を同じく半ポンド、十ペンス分、細かく砕いた砂糖を四ペンス分、そしてイースト菌を一ペニー分使う。この「樽売り」をする業者は現在百人ほどいる。

さらに製造者からジンジャービアを仕入れる露天商もいる。露天商相手のジンジャービア製造者としては最大級の規模を誇る業者のひとりがラトクリフ・ハイウェイの近くに住んでいて、もうひとりはコマーシャル・ロードに住まいがある。卸売業者に支払う代金は一ダースで八ペンスだが、顔見知りの取引先と、即金で支払う場合には、一ダースに付き一本おまけがつく。しかし、ビールは信用貸しの場合もよくあって——噴水型販売機の場合のように担保が必要なこともあるが——空瓶はきちんと返却しなければならない。一度に二グロス〔二十四ダース〕のビールを出荷するのも珍しくはない。行商の場合、ビールを並べる棚が四段ある手押し車に積みこむ。この手押し車も呼売商人の二輪手押し車と同じように貸し出される。

ビール販売専用に仕立てた露店もあり、板のまん中に水の入ったタンクのようなものがはめ込まれていて、その水でグラスをゆすいだり洗ったりするのである。露店の台の下にはビールの予備と水の入った小さな樽が置かれている。繁盛している露店はホワイトチャペル、オールド・ストリート・ロード、シティロード、トテナムコート・ロード、ニューカット、エレファント・アンド・カースル、コマーシャル・ロード、タワーヒル、ストランド、そしてウェストミンスター・ブリッジ附近に出ている。

ビールの露店が出ている場所は人通りの多い地区で、たとえばホルボーン、オクスフォード・ストリート、コヴェントガーデン〔青物・草花卸市場〕、スミスフィールド〔肉市場〕、ビリングズゲート〔魚市場〕の市場などである。一方、日曜日には盛況となる行商は――露店をかまえている商人の中にも行商にも出る者はいるが――郊外の方が多く、ヴィクトリア・パーク〔バースの公園〕、バタシー・フィールズ、ハムステッド・ヒース、プリムローズ・ヒル、ケニントン・コモン、カンバーウェル・グリーンには、日曜日にビール売りの行商人が集まってくる。

ベテランの話では、ロンドンでジンジャービアを売っている街頭商人は三千人くらいで、その三分の一が女性だという。しかし、五千人はいるという話もよく聞くし、中には三千というよりは、少なくとも五千の方に近いと力説する者もいる。私としては、その少ない数のさらに半分くらいが実態ではないかと思いたい。ロンドン市内のすべての通りの長さから判断し、果物売りの露店とジンジャービアの街頭商人を比べてみて、ジンジャービア売りの数を一五〇〇と見ても実数を下回ることはないと考えている。五年前には現在よりも十五～二〇パーセントは多かったのだが、噴水型販売機が導入され、石炭販売店や小規模な商店主――店先にジンジャービアの売店を出した――が進出するようになって、街頭商人は減少してしまった。

一八四二年には、ジンジャービアを売る街頭商人が一、二〇〇人いて、露店や手押し車に、《オッドフェローズ共済会》の会員であることを示す――あるいは会員と思われるような――ラベルを貼っていた。これは他の共済会の会員よりもお得意様を増やそうという狙いがあったのだが、期待通りにはいかなかったので、ジンジャービアのオッドフェローズ共済会は消滅した。

噴水型販売機を利用しているのは二〇〇人で、あとは露店を出している商人と、行商している商人の割合はほぼ半々である。しかし、専業にしているのは全体の八分の一を超えることはなく、ふつうは果物、お菓子、貝など、屋外で売られている商品も扱っている。天候がよければ一晩中露店なり手押し車なりを出して売っている者は三五〇人ほどいて、特にコヴェントガーデンなど、夜間や夜明けに人が集まる市場の入り口で商売をしている。この場合は夜八時から翌日の午前八時から十時まで商売をして、寝てから午後三時に起きて、「九柱戯をやりにいったり、酒を飲みに行くやつが多い」という。

ジンジャービアの街頭商人がどのような人たちかについては、すでに述べた呼売商人と同じようなことが言えるし、そもそも売り物の違いはあっても、街頭商人の特徴はみな同じようなものである。つまり、落ちぶれた職人、零落した上流階級の召使、屋内に閉じこめられてする仕事には堪えられない人たちや、「街頭販売に慣れ親しんで育った」人たちが従事しているのである。信頼できるベテランのひとりが私に教えてくれたのだが、彼はジンジャービアの行商をしている「古典語のわかる人」を二〇人は知っていて、そのうちの四人は「牧師」だった（あるいはそう言われている）という。二人は同じ姓（S――氏）だが、このベテラン氏は血縁関係があるのかどうかまではわからないとのことだった。女性は行商人の妻だったり、娘だったり、なんらかの関係者である。

ジンジャービアを売っている露店の中には、石炭販売店や雑貨屋と同じように、派手な飾りつけをしているところもある。露店の脇には板に貼った絵を掲げているのだが、その絵にはまっ青な上着に、まっ白いズボンをはき、まっ黄色のベストを着こんで、時計から大きな鎖をぶら下げていたり、大きな眼鏡をかけていたりする紳士が、ジョッキの黒ビールのように泡立ったジンジャービアの入った一パイント半もあろうかというグラスを、流れるような白いドレス、あるいは派手な紫かオレンジ色のドレスに身をつつんだ女性に渡そうとしている姿が描かれている。

この商売を始めるためには総額で十八シリング三ペンスが必要で、その内訳は、グラス六個に二シリング九ペンス、台板に五シリング、小さな樽が一シリング、（自分でビールを製造していない場合には）ビール十二ダースに八シリング、タオルなどに六ペンスである。自家製のビールがある場合には、必要なのは六ダースですむから、五シリング六ペンスになり、材料費は私の計算では一シリング七ペンスとなった〔一シリングは約千円、一ペンスは約八十円〕。

夏の飲み物はジンジャービアだけではない。ほかにもいろいろあるが、中心になるのはレモネードで、その消費量はその他の飲料をすべてあわせた量に相当する。「神酒《ネクター》」とか「ペルシャ・シャーベット」といった名前をつけられている飲み物もあるが、少し色や形が違うだけで、じつはレモネードの別名に過ぎないのである。

レモネードの製造法は次の通りだが、最高の品質のレモネードを売っている行商人が造っている。炭酸ソーダ一ポンド〔四五四グラム〕で六ペンス、酒石酸一ポンドで一シリング四ペンス（ある情報提供者の話では、「少なくともポセケアリーズ・ホール〔正確にはApothecaries' Hallで、ロンドン大火後の一六七〇年に再建された薬剤師協会の本部〕では一シリング四ペンスするけど、一シリングでも買うことは可能だ」という)、砂糖の塊一ポンドで五ペンス半、レモンのエッセンスが三ペンス。これらを混ぜた粉末を容器の中に入れておいて、水は街頭商人のいう「石樽」――石製の容器で、よくある濾過器のようなものに蛇口がつけられている――から注いで、グラス一杯の水にスプーン一杯の粉末を入れると、泡だった一杯一ペニー［約八十円］か半ペニーのレモネードのできあがりとなる。ある人曰く、「時どき、唖然とするようなとんでもないことが起きるんですよ。どんな商売にもそりゃあつきものですがね。それにしても、硫酸を使うやつがいるとはねえ」。

　上記の通りの材料で作ったレモネードは、街頭商人が瓶詰めにして、ジンジャービア同様の売り方をする。ジンジャービアを造っている商人が――利益は同じなので――街頭で売るために買うこともあるが、それは全体の売上げの二〇分の一にもならない。樽の中の水は湧き水で、附近から汲んでくるのだが、暑い時期にはできるだけ冷たい状態でお客に「提供」できるように頻繁に汲みに行く。レモネードの粉末を使用することもある。薬局で一ポンドあたり一シリング六ペンスで買える。「シャーベット」も材料は同じだが、酒石酸のかわりにクリーム状の酒石が使われている。「ラズベリー」には皮を剥かずに少量のラズベリーを加えることもあり、さらにコチニールの食紅を入れ、一般にはレモネードよりは多く甘味料を加える。ある人の話では「コチニールで色をつけると、日に当たった時に茶色に変色して売れなくなっちまうことがあるんだ。レーキ［深紅色の顔料］を少し入れた方がいい」という。「レモンジュース」というのもこれまたレモネードで、黄色あるいは薄いオレンジ色にするために少しサフランを加えている。「神酒《ネクター》」はソアイエ［Alexis Soyer：フランスの料理人でロンドンに来てReform Club のシェフとなり、当時最高の料理人といわれた：

［一八〇九〜五八］の真似をしたしろもので、レモネードより糖分が多く、酸は控え目、シナモンのような香料で香りをつけ、レーキとサフランで色づけする。

　このような「清涼飲料水」は既述の通り、粉末をそのまま使って売る場合もあるし、容器に入れておいて売る場合もある。また、噴水型販売機を使うことも、瓶詰めにしておいて売ることもある。噴水型は全販売量の一割以下である。ネクター以外は、いずれもグラスに入れて半ペニーと一ペニーで売る。ネクターは一ペニーを下回ることはない。客層はジンジャービアの場合と同じだが、私が話をした「レモネード売り」は自分たちの方が「ステイタスが高い」と思っているようだった。男の子たちが――ビールを買う客よりも――いいお客になっているのは、「色としゃれた名前にひかれてくる」からである。

「清涼飲料水」の季節は、ジンジャービアの場合と同様に、天候で決まり、この夏はわずかに四ヵ月だった。私の計算ではレモネードなど単品だけ売っている者は主に男性だが二〇〇人おり、さらに三〇〇人はジンジャービアも一緒に売っている。これは他の人たちからの確認も得られた話だが、ある人によると、天気の良い日には三シリング六ペンス分のうち二シリングから二シリング六ペンス分は売れたそうで、兄弟たちも天気がよいと同じくらいの売上げがあって、雨で売れない日を差し引いても、週に十シリング［約一万円］稼いだとのことである。この街頭で売られるこの贅沢品の売上高――十七シリング六ペンスの売上げで、利益は十シリングになる――は、この夏のような場合には、ジンジャービアを一緒に売らない商人たちは二八〇〇ポンドになる。ジンジャービアも合わせて売っている商人の売上げの半分がレモネードと見積もると、総額は四九〇〇ポンドになる。売上げが最高なのはスミスフィールドで、市日には六シリングから九シリングになる。

露店などについてもジンジャービアの場合と同じことが言える。商売を始めるさいに必要な資金は、真鍮の蛇口がついた石製の樽に五シリング六ペンス、それを載せる台が六シリング、タンブラーが六個で二シリング三ペンス、タオル二本に六ペンス、運転資金に二シリング六ペンス、容器が二シリング、瓶が（使う場合には）十二本で三シリング六ペンス。以上、総額で一ギニー［二十一シリング 約二万一千円］になる。

ジンジャービアの売上げを示す際には、大きな利益が正確には街頭商人と呼べない人たちの懐に入っていくことを忘れてはならない。つまり、先述した噴水型販売機の持ち主のことだが、儲かりそうなことなら行商だろうと何だろうと資金を投資しようと構えている投資家とでもいうべき人たちがいるのだ。ほかに儲けと大きなかかわりをもっているのは卸売をするジンジャービアの製造者たちで、彼らは噴水型販売機の貸し主でもあり、一人でだいたい九台の販売機を一度に貸し出している。ジンジャービアが瓶で三グロス売れれば、今では一週間の売上げとしては上出来とされていて、この場合の売上げは三十六シリングで、製造者から仕入れている場合には、売り手の利益は十二シリングになる。自分で作ると、人件費と道具代や瓶代を差し引いても、利益は二十シリングになる。通常は週に二グロス［二十四ダース］が売れ、売上げは二十四シリング。売り手の利益の割合は上述の通りである。景気の悪い週で、「ほそぼそと他の商品にも手を出さなくてはならない」ような時には、一グロスも売れない。

噴水型販売機は、自分の機械を持ち出すにせよ、賃貸しするにせよ、販売機の所有者がいちばん儲かる。しかし、賃貸ではない販売機の数は八分の一ぐらいのものだろう。週に四シリングとして、一シーズン二〇週で三シーズン販売機を貸し出すと、初日だけは販売機の代金七ポンドがかかるが、総額で十二ポンドとなる。二〇〇台の販売機では二四〇〇ポンドとなり、利益は一〇〇〇ポンド〔約二千万円〕で、販売機の値段をはるかに上回る。もちろん、販売機の代金を支払ってしまえば、翌年からは四ポンドの純益を手にできるのだ。街頭商人がきちんと商売をしていれば、「一台の噴水からの上がり」は週に平均十八シリングになるはずだと私は見ている。

樽売りの商人は週の売上げは平均六シリングであろう。

一シーズンの長さは昨年の場合、わずかに六週間だった。私が入手した最も信頼できる資料によると、瓶売りのジンジャービア売り二〇〇人がこの期間には（天気が悪くて売上げがのびなかった場合も考慮して）週に一人三〇シリング稼いだようだ。また、大半が一本半ペニーで売っている業者三〇〇人は一人二〇シリング、「ほそぼそと」売っている残り四〇〇人は六シリングと見られる。街頭販売の瓶詰めジンジャービアの売上げは一万一四八〇ポンドということになる。販売機と樽売り――樽売りは十週間しか続かなかった――の売上げを加えると、街頭での年間売上げは一万四六六〇ポンドである。街頭販売される瓶詰めのジンジャービアは年間で四七九万八〇〇〇本で、これは年間約二五万ガロン〔一一三万六五〇〇リットル〕になる。

20 水の販売人

現在もなおロンドンには水を売り歩く商人がいて、中にはそれを生活のためにしている者もいるし、近所の「日雇い」がパブや食堂の経営者に――近くの給水所まで水を汲みに行かせる召使がいないとか、客に食事といっしょに新鮮な水を提供する必要があるので――湧き水を桶に汲んで運んでいる者もいると知ったら驚く人が多いかも知れない。私が確認したところ、その数は一〇〇から一五〇人で、料金は桶一杯で一ペニーである。一日の稼ぎは六ペンスから一シリング。その仕事だけで生活している人はいないかもしれない。

ただし、ハイゲイトとハムステッドは事情がちがって、男女ともに水を売り歩いて日々の生活を支えている。ハムステッドでは、水は「暗渠《コンジット》」と呼ばれている井戸から汲んでくる。地面には敷石が敷かれ、高さ二・四メートルの壁をめぐらして、その上には鉄製の手摺りがつけられている。水は壁の四隅から見える。井戸にはふたがされているが、隅の部分は開いているので、一歩か二歩下に降りて、桶で水を汲めばよい。水はロンドンならどこででも見られる牛乳売りと同じように、「天秤棒」を使ってかついで運ぶ。ハムステッドで水が汲めるこの井戸も土地も教会のものだが、水は売ろうがなにをしようが「許可なく」いくらでも使うことができる。日照りの時や凍結したときには使えないが、水を汲みに来た水売りたちは、何時間も「順番」を待っては、洗面器で桶に水を入れることもある。水を運んでいくいちばん近い通りまででも八〇〇メートルはある。一キロメートルほど運ぶ必要がある場合もあるし、一・五キロ以上運ぶことも（時々は）ある。

二つの桶にいっぱい入れて、三十二リットルほどになるが、それを一・五ペニーで売る。重さは三十二キロほどになる。十七年前の値段は三ペンスだった。その後、二・五ペンスになり、さらに二ペンスとなり、この五、六年は一・五ペニーになってしまった。今では、近くになら二桶一ペニーで「運んでいく」という業者さえ三、四人いる。井戸から湧き出る水は（旱魃の時と凍結時は別として）一時間に二五五リットルである。一番の客は洗濯担当の女中だが、雨が降ると水槽も盥《たらい》もいっぱいになるから、その時は水売りは暇になる。水売りの儲けは、一年を通して平均すると週に五シリング。

七〇歳の男性が二人いる。ハムステッドまで行く中間地点にはベンチがひとつあって、そこで水売りたちは休むのである。天気の良い日は必ずと言っていいくらい、彼らといっしょに中風の老兵がひとり坐っている。八〇歳くらいの年金生活者で、毎日のようにヴィネガー・ヒル［アイルランドの反乱軍がイングランド軍に敗れた古戦場］やジェレミー・オブライエン（密告者）をネタに、一七九八年のアイルランド反乱の惨劇について長広舌をふるっている。この老人（アイルランド人である）は反乱の間じゅう、軍務についていたのだ。

ハムステッドには水売り人が男性十四人、女性六人の都合二〇人がおり、ハイゲイトにはその倍の四〇人が集まる。もっと条件の良い仕事が見つかるとやめる者もいるが、四分の三は水売りが専業である。女性は水売りの男性の妻か未亡人。男性は職人か労働者だった人たちだが、六人か八人（私に教えてくれた人物はどちらかよくわからないという）の若者は「幼い頃から水売りを見て育ったが、できることなら喜んで足を洗いたい」という。

言葉づかいが丁寧で知的な顔をして、古くて油で汚れてはいる「が水を運ぶには打ってつけの」厚手のファスチアン綿布の上着を着ている男性が、次のような話をしてくれた。

「銅板刷りの印刷屋をしていたのですが、一〇年前には週に二十五シリング［約二万五千円］も稼げました。ところが、失業しましてね。石版刷りが悪いのですよ。それでほとんど仕事がなくなっていって、ついにはゼロになりました。もう水売りを三年から四年ぐらいやってますね。義理の父がこの商売をしていたので、それで私もと思いましてね。いちばん実入りの良い日で、二シリングですね。十六回水を汲みに行くことになります。それ以上は無理ですよ。それが毎日続けば、結構なことなのですが、雨が降りますとね、私は洗濯をしている女中さんが相手の商売なので、水が必要なくなってしまいます。週に一シリングも儲かりません。日照りの時と凍結したときには、順番待ちで長時間待たなくてはいけませんから、一日に六ペンスにもならないのですよ。雨が降らない春が最悪です。この三月には、六回順番待ちをしなければならない日が何日もありました。一回の順番にたっぷり一時間も待つ羽目になるのですよ。井戸のそばに坐って、待っている間おしゃべりです。

ハムステッドにもハイゲイトにも給水会社はありますが、わたしらの井戸水（ハムステッドの）のほうが買ってもらえます。ハイゲイトのほうもそうですよ。洗濯にも飲むのにもいい水です。飲むときにはちょっとアルコールをたらしたほうが良いかもしれませんが、わたしはそんな飲み方はしません。疲れがひどくて、長い一日が終わったらちょっと一杯やらなくてはいられないことはありますよ。いやいや、水と混ぜたりはしません。そんなことしたら、せっかくの水もアルコールもどちらもまずくなりますから。

夜明けと同時に井戸に行ってますが、夏場は一晩じゅう、井戸で水汲みです。とくに決まりはないのですが、みんな、順番があることは認識しています。時々もめることはあって、待たなくちゃいけないというので腹を立てる人もいますが、喧嘩になったことはないですね。

女房と子供が三人おります。女房は洗濯専門の女中で、一日二シリング六ペンス稼いでいます。週に二日が出番ですが、時々は臨時で出ています。ハムステッドでは女の方が稼いでいると思いますよ。うちの家賃は、家具無しの一部屋で週一シリング六ペンスです。日曜日は商売はしませんが、天気の良い夏の日曜には○○さんが井戸のところで、冷たい水をコップに入れて売っていますよ。何日かそうやっていて、二シリング六ペンスというところです。あの人は料金を請求するわけじゃありません。いくらでもその人の気持ちだけもらうんです。誰が売ってもかまわない場所ですが、おれの持ち場が荒らされる、なんて文句を言うでしょうね。

ハムステッドとハイゲイトの二ヵ所で水売りの数は六〇人、稼ぎの平均は週に五シリングというところでしょうから、年間の売り上げは総額で七八〇ポンド〔約千五百六十万円〕くらいのようです。商売を始めるのに必要な資本は、桶が二個と天秤棒が一本で、九シリングです」。

夏の日曜日、午前中に水を売り歩く年輩の男性は、たいてい礼拝の時間になると商売をやめる。彼の話では、いちばんのお客は早朝に散歩している上流の方々で、喉が渇くからではなくて、「ちょっと田舎の生活みたいだから」買ってくれるのだという。そういうお客は近所に住んでいるわけではないので、道を聞くのに近づいてきたり、その界隈のことをあれこれ聞こうとしてやって来るのである。「一晩じゅう羽目を外していたような顔をした」男たちに水を分けてやることもあったそうだ。「ある旦那がそわそわとあたりを見まわして、黒っぽい色のついたもの——どうもブランデーらしい——をコップに二、三倍の水に入れては、毎週日曜日に飲むんだ。いや、飲んでいたといったほうがいいな。この夏は一度も見かけなかったから。手がぶるぶる震えていたけど、たいていおれには六ペンスくれた」。

水売りを商売にしている人たちは、若い連中、時にはいい年をした大人たちにも腹を立てていることがある。というのも、連中は日曜の午前中に井戸に行っては、「持参した自分の缶で水を汲んで飲む」のだそうだ。

21 ジンジャーブレッド、ナッツなどを売る街頭商人

すでに述べたように、ジンジャーブレッドを売る商人の姿は、以前は今よりもずっと広く街のあちこちで見られた。かつてはジンジャーブレッドの「人形焼き」として知られていた商品も今では姿を消して、たまに近所で市《いち》が立つと、その時に売っているのを見かけるくらいになってしまった。しかし、そういう市の時でさえ、主流は、というより時には唯一、売られている人形焼きは「半ズボン姿の雄鶏」で、金ぴかのズボンをはいたおぞましい恰好の鳥なのである。一、三十年前は「馬にまたがった国王ジョージの勇姿」が人気のジンジャーブレッドだった。国王陛下は金の王冠をかぶり、金の拍車をつけ、金の剣を持ち、金の鞍をつけた駿馬にまたがった姿で、幼い臣下たちに旨そうに食べられていたものだ。ほかには羊や犬などの動物もあり、みな同じように派手な装いをしていて、まるで初めて子供が描いた動物の絵をそっくり真似して作ったようないで立ちである。このいわば食べられる人形は、「茶色」だけでなく「白」も当時は売っていて、白いジンジャーブレッドは、作るとき

に糖蜜の代わりに砂糖が使われただけで、あとは茶色のものと同じである。

現在、自家製のジンジャーブレッド・ナッツを街頭で売っている商人は、ロンドンに二人しかいない。この種のジンジャーブレッドを街頭商人は、略して「ナッツ」とだけ呼んでいる。大ベテランの街頭商人から次のような話を聞いた。その人物は知的で礼儀をよくわきまえた、言葉づかいも丁寧な男性で、笑ったり微笑んだりすると、なんとも見ていて心が浮き浮きしてくる表情をした。彼はジンジャーブレッドの作り方について、秘法の手ほどきをしてくれて――それはまた別に詳しく述べることにしよう――から、こう切り出した。

「ナッツを売るようになってから、もう二十五年かそこらになります。手作りになってから二〇年です。当初はジンジャーブレッドを焼いている業者から買っていました。その頃は業者がたくさんいましたからね。利益も生活するには十分でした。五シリングで仕入れて、十六シリングで売れましたから、十分ですよ。おれはブレッドを焼く職人のところに弟子入りしていたんですが、年季奉公があけるとすぐに、自分でナッツの行商を始めました。利幅がどのくらいか知ってましたから、業者の言いなりになる奴隷よりはマシだと思いましてね。朗々とした売り声をあげるジンジャーブレッド売りの話を書いていらっしゃいましたが、それは二〇年前に、おれの相棒だった男だと思います、いや、きっとそうですよ。二〇年以上前かな、正確には覚えていませんが」〔読者諸賢は、街頭商人の話には このように日付や時期については忘れたという言葉が多いことに気づかれることだろう。彼らはみな時間にはあまり気にとめないのかもしれない。〕

「当時、あの男と一緒に豚を商売にしてましてね。養豚っていうのかな? いや、ぜんぜんそんなことはありません。外側の肉はペーストにして、内臓はぜんぶミンチになりましたから。目はスグリの実みたいでしたよ。おれたち二人が豚を売りはじめたんです。道ばたで豚を売ってるのは二人だけ。二人でよく一日に十五シリング〔約一万五千円〕稼ぐこともありました。豚だけですよ。歌心のある男、と先生は言ってらっしゃいましたよね。ある日、大きな売り声をあげながら道ばたで倒れて死んじまいました。あれこそ、のたれ死にですわ。声を張りあげながら墓場行きですから、哀れなもんです。よく、こんなふうに売り声をあげていましたよ。

ながーい尻尾の豚が一頭～ぉ、短～い尻尾の豚が一頭～ぉ、
　巻き毛の尻尾の豚が一頭～ぉ。
ヨークシャーの豚がいるよ～、ハンプシャーの豚がいるよ～、
　尻尾のな～い豚も一頭～ぉ。

初めてこの商売をした時には、今の二倍はナッツが売れましたが、あの頃は十二個で一ペニー。今は四〇個で一ペニーですからね。十二個の頃は少し大きかったんですが、少しだけですよ。土曜日には何度も二〇シリングから二十四シリングくらい稼ぎました。それから、必死に売り続けて、週に二ポンドから二ポンド十シリング稼ぐようになったので、貯金ができるくらいにまでなったんです。グ

リニッジ・フェアの時には三日間で七ポンド〔約十四万円〕から八ポンド、ひとりで稼いだこともありましたからね。この前の復活祭の時には、女房と二人で──女房もおれに負けない働きぶりなんで、同じくらい稼ぐんです──あわせて五ポンド稼ぎました。でも、ジンジャーブレッドが儲かったのは昔の話で、おれは「ナッツ」だけじゃなくて「かたまり」のほうも売っていたんですが、今はもうかたまりは売れません。市《いち》ではだめです。

この商売を始めてから、ずーっとやめずに続けてきましたけど、ほかにもいろいろと手は出しましたよ。税関関係の会社の仕事をしていた時には、その会社が密輸品で面倒なことになって、国税庁ともめましてね、そしたらやっこさんたち、アメリカに高飛びですよ。金を相当持って逃げたんじゃないかな。それで、おれが財務裁判所に告発されて、それまで法廷になんて入ったことなかったのにですよ、ある日、一五八〇ポンドとさらに何ポンド何シリングだかを国に支払えという命令がきました。なんでそんなことをされなくちゃいけないのか、さっぱりわかりませんでしたが、とにかく密輸がからんでいました。訴えられたのはおれだけだったと思います。キャンディー氏をはじめ、シティのお偉方は悪事が露見しても、うまくやりましたからね。なにがしかの金を払って、儲けは分捕ったそうですよ。

いやあ、おれみたいな下っ端なんかに支払えと言われたって、だってねえ、先生、ハッ、ハッ、ハッ！　千五百何十ポンドなんて無理ですよ。それで十二ヵ月と二日間、刑務所に入りました。ちょっとはそれで金を使わずにすみましたし、刑務所はそんなに居心地は悪くありませんでしたよ。

食うには困らなかったし。出所後に、ナッツ売りをはじめました。手に職があったので良かったですよ。もし、財務裁判所の件で、身の潔白を証明できたとしても、雇ってもらえる仕事はなかったでしょうね、絶対に。おれは街に救われたってことです。ナッツのおかげで食えることになったんです。

今は、おれが週に九シリング稼いで、女房は一シリングか、二シリングまではいかないかな、そんなところですよ。女王様が議会を開いたときは、二人で十シリングになりました。女王様はいいかたですよ、とにかく。もし、開会が宣言だけだったら（と彼は三、四回その言葉をくり返した）、わざわざ出かけていく値打ちはないでしょう、ぜんぜん。大勢の人がいないと、警察がしゃしゃり出てきて、「止まるな！」と命令。おれは女王様が好きですよ。だって、ご自分で議会を開くんですから。それがお仕事なんでしょうけど。警察はほんとに厄介なもんです。先生がおれを見かけた場所（どことは言いませんよ）では邪魔されないんですが、ほかの場所じゃさんざんですわ。悪人に平安なし「聖書の「イザヤ書」四八章二二節の言葉」なんて言われますが、街なかじゃ正直に生きようとしているのに平安なんてありません。おれはほんとに正直な商売をしてますよ。昔はどこにでも店開きできたのに。

お得意さんはだいたい労働者の人たちで、家にいる子どもさんのお土産にうちのナッツを買ってくれるんです。パーティのためとかデザートに売れることはないですね。男の子もめったに買ってくれません。町なかの奥さんたちもほとんど買いません。豚を売っていた頃、ブランズウィック・スクエアあたりの街頭ではずいぶん豚が売れたんですがね。奥さん連中なんか、いいお客さんでした。払いも良かったし。でも、それはみんな昔の話。みなさん値切ることはありませんでした」。

この男性の場合、五十六ポンド〔約二五・四キログラム〕のジンジャーブレッド・ナッツを作るのに、糖蜜二十八ポンドで七シリング、小麦粉四十八ポンドで十四シリング、ショウガ半ポンド〔約二二五グラム〕で四ペンス、そして香辛料のオールスパイス半ポンドに四ペンスがかかった。小さなナッツが十八ダースから二十ダースで重さが一ポンドになる。この分量で、重さ一ポンドにつき十八ダース作れるとし、四〇個で一ペニーと計算すると、重さ一ポンドあたり約五ペンスになる。つまり十一シリング八ペンスの元手で約二十五シリング儲かることになる。しかし、焼くのにかかる経費と「道具」の費用で、利益はトントンになってしまう。

ほかにナッツを売る街頭商人の中には、「アーモンド・ナッツ」を売る者もいる。この商人たちは一五〇人以上はいる。その一〇〇人は製造業者（材料費四ペンスで、卸値は一シリング）から仕入れているが、残りの五〇人は手作りである。原料はジンジャーブレッドと同じだが、それに一ポンド〔約四五四グラム〕で八ペンスのバターが四ポンド、アーモンドが一ポンドで一シリング四ペンス、そして二ポンドで八ペンスの炭酸アンモニウムが追加される。この原料から六〇ポンドの「アーモンド・ナッツ」が作れる。割ったアーモンドがそれぞれのナッツのまん中にのせられる。ジンジャーブレッド・ナッツの三倍の大きさなので、値段は一ペニーで十二個。一日に三十六ダース売れて、二シリングの儲けがあれば、「とても実入りの良い一日」とされる。雨天で売れない日もあるので、アーモンド・ナッツの儲けは平均すると週に九シリングで、ジンジャーブレッド・ナッツの場合と同じくらいになるだろう。

アーモンド・ナッツを売る商人は大半が行商人で、売る地域は「ケーキとタルト」の場合と同じである。彼らは商品をきちんと紙に包んで、肩からぶら下げたトレーに載せて売り歩く。ジンジャーブレッド・ナッツは大きなカゴに入れて持ち運ぶが、それぞれきちんと紙袋に詰めてある。「アーモンド」売りはパブにも売りに来ることがあるが、パブなどではあまり売れない。ナッツを自分で焼いている商人は、大半がパン屋や菓子屋で製造の訓練を積んでいて、この種の職人は一般に行商の世界に入って順応しやすいようだ。焼き方はブリキのトレーに並べて、ふつうに焼くだけである。専用のオーブンを備えるとなると五ポンドくらいかかるが、大半の商人は賃貸の借り物を使用している。

五十六ポンドのジンジャーブレッド・ナッツを作るのに必要な材料と、その費用が十一シリング八ペンスかかることは既述の通りである。それに加えて商売を始めるのに必要な資本として、カゴ代が六シリング、ベーズの布が一シリング、生地をいれる皿が一シリング、のし棒が三ペンス、焼き型が一シリング。全部で約二十一シリングになる。「アーモンド」売りを小規模に始めるには、出来合いのナッツを仕入れるとして、必要になるのが、トレーの二シリング、革製の紐が六ペンス、ベーズが一シリング、運転資金が一シリング六ペンス、都合五シリングとなる。一年中、販売はできるが、暑い日はナッツが柔らかくなるので好ましくない。

一五〇人の商人が毎週十七シリング（純益九シリング）を稼ぐとすると、年間にロンドンの街頭で「香辛料入り」ナッツに六六二〇ポンドが支払われることになる。

22 マフィンとクランペットの街頭販売

マフィンとクランペットの街頭商人は、古い行商人に分類される。その数は判断しにくいのだが、私の計算では冬期には五〇〇人と見ている。その大部分は少年、青年、あるいは年配者で、中にはよぼよぼの老人もいる。少女も少しはいるが、大人の女性はほとんどいない。

マフィン売りがリンリンと鳴らす鈴の音――この音に楽しい思い出のある人は少なくない――は最近の条例で禁止されたが、呼売商人に太鼓の使用を禁じた条例と同じく、効力は発揮されていない。マフィン売りの鈴の音は相変わらず街中で鳴り響き、郊外では盛大にとどろいている。マフィンとクランペットを売る商人は、さまざまな種類の人たちで成り立っているが、パン屋ないし落ちぶれたパン屋の子どもが多いという話である。よく売れるのは郊外である。あるマフィン売りの話では、「おれが知ってる限りじゃ、ハックニーのほうが最高で、それにストーク・ニューイントン、ダルストン、ボールズ・ポンド、それからイズリントンだな。あのあたりだと、銀行勤めの旦那たち――まじめな連中だ――が軽くなにか食べに家に帰ってくるから、奥さんがマフィンを買っておくんだよ。まあ、これはおれがそう思っているんだけど」。

自家製のマフィンやクランペットを売っている街頭商人がいるという話は聞いていない。採算が合うように必要なぶんだけ少し作ることはできないだろう。マフィンは製造業者から仕入れて、一シリングにつき四ペンスの利益がでるように値段を設定する。業者によっては、顔なじみの商人には一ダースと言いながら十三個を入れてくれることもある。マフィン売りはカゴにマフィンを入れて持ち歩く。フランネルの布にていねいに包んで冷めないようにしてカゴに入れるのだ。「温かいのが好まれるからね」とある年配の商人が私に言った。「出来たてだってことをお客に納得してもらわないとだめなんだ。たいていはほんとに出来たてなんだけどさ。温かいのはそんなに大事なことじゃない。また温めればすむことだから。質の良いバターがもうちょっと安いとありがたいんだけどなあ。そうすりゃ、マフィンだってもっと売れるのに。バターで勝負が決まるよ」。

カゴとフランネル地で二シリング六ペンスから三シリング六ペンスかかる。鈴が四ペンスから二シリングまで、「金属の材料によって変わる」。街頭商人が売っている大きなマフィンの値段は一個半ペニーで、クランペットは四個で一ペニーである。もっと安いこともあるが、その場合、たいていは小さいか小麦粉の質が悪いのだ。街頭商人の大半は、一ダースで十三個入れてくれるが、十四個もくれる場合もある。とくにその日の早い時刻に買うと、マフィン売りは必要と思えばそれからもっと仕入れることもできるから、気前よくくれる。

以下は十四歳の利発なロンドンの少年から聞いた話である。父親はパンを焼く腕利きの職人だったが、母親（未亡人となっていた）は小さな雑貨屋をやっていた。

「十月にマフィンとクランペットを売り歩きはじめて、春になってしばらくするまで、天気によるけど、ずーっと売り続けるんだ。とびっきりのやつを売るんだよ。ほんとにそうだよ。味見してくれたら、わかるさ。半ペニーのマフィンが三ダース売れて、クランペットがその二倍売れてくれれば、まずまずの一日ってことになるんだ。まずまずだよ。それ以上になれば上出来の日ってことだ。三ダースとクランペットがそれだけ売れて、儲けは一シリング。でも、それで母ちゃんは大助かり、ほんとにめちゃくちゃ助かるんだ。だってさ、うちの店を支えているのはおれだけなんだから。儲けは週に四シリングくらいかもしれないなあ。もっとかも知れないけど、それより少ないかも知れないよ。でも、まあだいたいそんなところだよ。それよりずっと儲けてるやつもいるけど、まったくお話しにならないやつだっているんだ。とくべつ売り上げがよかったりすると、母ちゃんはおれに三ペンスくれて、劇でも見に行ってこいって言ってくれるんだけど、こいつは若いやつには励みになるんだよ。売れ残りがあっても、喫茶店に行けば安く買い取ってくれて、それを翌朝、また安くお客に食べさせるんだよ。

おれのいちばんの客は、品のある上流の人たちが住んでいる屋敷だ。おれだって品のある食べ物を売っているんだからさ。雨の日がいちばんだ。召使をおいていない上流の奥さんたちが、買い物にでかけなくてすむように買ってくれるからね。おれたちは上流の女の人たちには重宝されているんだ。

一級品のお茶みたいに、すごく重宝されてる。一日で一シリング八ペンス稼いだこともある。それが今までの最高かな。二ペンス半しか売れなかったことがあるよ。なんでかわからんけど。これが最低だな。商店からは嫌われているよ。そりゃあ客を横取りされるわけだからさ。日曜日だからといって平日より稼げるわけじゃない。字は読めるけど、もっと読めるようになりたいね」。

マフィン売りが五〇〇人いるとして、週に四シリング稼ぐと、ロンドンの街角で一週間に一〇〇ポンドのマフィンが売れていることになる。二〇週間で二〇〇〇ポンド。商売を始めるのに必要なのは五シリングと、カゴなどを買うのには三シリング六ペンス以上がかかる。

23 《糖菓》の街頭販売

ある同業の人物の計算によると、この商品の販売にかかわっている商人は、二〇人か三〇人のユダヤ人少年を除いて二〇〇人いるという。売っている商人の大多数はみずから製造もしている。彼らはみな親がやっていた商売だったので、小さい頃から身についているか、あるいは職人（特にパンなどを焼く職人）だったが、すでに述べたような理由から販売をはじめたかのどちらかである。自分で作らない者は、安い菓子屋から仕入れる。

街頭販売に四〇年かかわってきた人たちから聞いた話によると、現在売られている商品は、彼らが販売をはじめた頃の商品と実質的には変わっていないという。

糖菓の商売を両親——なお、父親は酒飲みだったために家族はいつも貧乏だったという——から引き継いだ、非常に頭の良い男性が、私に商売道具を見せてくれて、商売のやり方を説明してくれた。繁華街にある家の三階に借りている部屋には、これまで私が労働者階級の人たちの住まいでよく見かけたものがあった。すなわち、折りたたみベッドである。家具はついていないが広い部屋で、部屋代は週三シリング六ペンス。鳥を十羽か十二羽飼っていて、部屋は明るい雰囲気になっていた。大型の柳細工の籠の中できれいなツグミが飛び跳ね、四方に置かれている小型の籠からムネアカヒワとウソがよく動く明るい目を見せていた。この鳥たちは売るためにではなく、ペットとして可愛がるために飼われていた。飼い主はめったに部屋から出て行くことができないからである。この男性の両親は、二〇年前、当時は砂糖が一ポンド［約四五四グラム］で六ペンスか七ペンスという時代だったが、甘い菓子を売って週に二ポンドから三ポンドは売り上げを得ていた。その半分は露店で売り、残りの半分は小さな商店や露店の店主たちに卸していた。

しかし、インタビューに答えてくれたこの男性はロンドンでも――一番とは言わないが――トップクラスの繁盛ぶりを見せていて、十月から五月までは週に二十四シリングか二十五シリング、「みんな甘い物よりも冷たい新鮮な果物を買いたがる」夏場には週十二シリングそこそこの売り上げがある。この商売は全体で平均すると、利益は週に十シリング六ペンスから十二シリングを超えることはないだろう。住まいは分散している。

糖蜜と砂糖はあらゆる種類の糖菓の基礎となる素材である。「アーモンド入り砂糖菓子《ハードベイク》」「アーモンド・タフィー」「半ペニー・ロリポップ」「黒飴《ブラックボール》」「ブルズアイ［ミント味の飴］」「スクイブ」はいずれも糖蜜を使う。なによりも糖蜜の飴を一番売っていたある商人は、大きめの半ペニー分を固まりにして売っていたのだが、そういう作り方をしている者はほかにはいなかった。ペパーミントの丸い飴と棒状の飴をこの商人はたくさん作っていた。

街頭で小売りされている半クラウン［二シリング六ペンス］の飴には、一ポンドで四・二五ペニーの粗糖が四ポンド、香料（ペパーミントのエッセンス）に半ペニー、焼くのに一・五ペニー、総計で一シリング八・五ペニーが必要となる。茹でたり作ったりするのに必要な人件費と時間は計算外である。アーモンド飴《ロック》だけはアーモンドが高いので、利益は一シリングにつき二・五ペンスにはならないが、他の製品の場合、その割合で儲けられる。

ブランデー・ボールは砂糖・水・ペパーミント・少量のシナモンで出来ている。ローズ・アシッドというのは、「透き通った」糖菓で、一ポンドあたり六・五ペンスの角砂糖で作り、コチニールで色づけしている。「棒状」のものが売られているが、これはフックに引っかけて、白っぽい色あるいはまだら模様が出るまで引っ張って延ばして作る。たとえば、四分の一ストーン［約一・六キログラム］のこの材料を四〇分間煮て、それを十五分間引っぱって延ばし続けると、パリッとしてきて、無駄なく形を作ることができる。風味――業者が「匂い」と言っているのを聞いたことがある――をつけるには、ペパーミントがいちばん良く使われる。

ジブラルタル・ロックとウェリントン・ピラーはショウガで香りをつけていたものだが、この「キャンディー」はともに姿を消した。

ペレリア博士は「食餌論」の中で、食用にされる糖や糖を使用した製品を十種類もあげている。すなわち、（一）精糖　（二）赤砂糖ないし粗糖　（三）糖蜜――これは液状の糖　（四）水溶液状の糖――

―つまりシロップ（五）煮沸した糖――菓子類の柔らかい糖（六）砂糖――氷砂糖すなわち結晶化した蔗糖（七）焼き砂糖つまりカラメル（八）固形の糖菓（九）甘草（十）ジャム、である。ここでは五番目と八番目の糖だけが関係ある。

煮沸した糖の調整法について博士はこう述べている。「少量の水を糖に加え、糖が溶けるまで熱を加えて、水分の一部を飛ばすようにすると、固まりにくくなり、場合によってはまったく固まらなくなる。この状態を引き出すために菓子職人は沸騰させながら少量の酒石英を加える。このように加熱しておいて、時にはさまざまな香りをつけると、菓子屋が売っている製品となる。大麦糖と酸味のあるドロップは白砂糖からこのようにして作る。この場合、酒石酸の粉末を砂糖が柔らかいうちに加えるのである。アーモンド入り砂糖菓子とタフィーは赤砂糖から同様の手順で作る。タフィーがアーモンド入り砂糖菓子と違うのは、バターが入っている点である。

砂糖を使った飾りつけのカラメル・トップは、菓子職人がタルトなどに用いるが、作り方は同様である。煮沸してまだ柔らかい糖をすばやくくくり返し伸ばして、フックにかけて引っぱると、透明感が出て白くなり、それがペニドと呼ばれる砂糖菓子になる。砂糖菓子は風味と色をつけられ、菓子職人の手でさまざまな形にされて売られる。

ペレリア博士はこう述べている。「この固形菓子に関していうと、菱形飴《ロレンジ》、ブリリアント、パイプ、ロック、コンフィッツ、ノンパレイユなどの名前がつけられて売られているさまざまな固形菓子の基本になっているのが砂糖である。砂糖以外に、粘りを出すための小麦粉などのほか、味をつける素材と、着色料もよく使われる。キャラウェー、果物、アーモンド、松の実が主役になっている菓子もある」。

以前、取り上げた街頭商人の部屋で私が見かけた菓子屋の道具の中に、議会の条例文があった。棚の上に積まれていて、三〇センチ以上の山になっていた。飴などを売るときの包み紙にするのである。菓子職人（彼らが糖菓職人と呼ばれるのは聞いたことがない）はその紙を書籍商、すなわち古本屋から買ってくる。時にはまだページがカットされていない（盗まれたものもあるのではないかと彼は思っていた）ものを買ってくることもあり、それをとっておいて仕事の短い合間に読んでは、商品を包むのに使っていた。そうやって彼はイングランド史を二冊通読したという。妻と二人の子供、それに妹を養っていた。妹は露店に出てくることもあった。妻は菓子作りの手伝いをした。彼は毎年、平均すると週一ハンドレッドウェイト［五〇・八キログラム］の砂糖、二分の一ハンドレッドウェイトの糖蜜、香料は一オンス［二八・三五グラム］八ペンスのものを五オンス使った。

ロンドンの街頭商人としては最高に繁盛している男性は、二年ほど前に――さんざん勉強したそうだが――商品の菓子に短い文章を書きこむことを始めた。彼はその秘密について得意げに話している。棒になっている菓子のどこを折っても、色のついた文字が出てくるのである。私が見たのは四種類で、まず「愛している？」、次はあまり心に響かない文句で、「ニシンは好きですか？」。あとの二つは「ロンドン市長就任日」と「サー・ロバート・ピール」［首相も務めたイギリスの政治家。一七八八〜一八五〇］。この人は、私のインタビューに答えてくれた立派な商人の二倍稼いでいる。

24 アイスとアイスクリームの街頭商人

今度は街頭ではめったにお目にかかれなかったアイスクリームに目を向けることにしよう。

ある頭の切れる街頭商人――「食料品」は扱っていない――とアイスクリームの話をしていると、こう言った。「街頭でアイスだって！　それじゃ、今度はゼリーが売られて、その次はニセウミガメ〔『不思議の国のアリス』に登場する頭が仔牛のウミガメ〕、しまいには本物のチケットだな。おれには本物とニセ物の違いなんてわかんないけどよ、いつだったか食堂で安いなんだかかのニセ物を食わされたことがあってさ、牛の胃のシチューにちょっとニカワでも入れたような味がしたんだ。万博に行って、よく目を皿のようにして見るといいよ。そしたら、街の中にも新しい動きが一つや二つ出てくるのがわかるからさ。ほんとだよ。グラス一杯一ペニーのシャンパンなんて出てきても、驚かないよ」。

この人は威勢も良く、先の見通しを口走っているが、街頭でのアイスの販売は今のところ大して根気よく広めようという段階にはない。

去年の夏までは街頭でアイスが販売されたことはなく、菓子の製造業界に詳しく、ホルボーンの糖菓製造業者からアイスを買った男が一か八かで最初に売りはじめたのである。この贅沢な食べ物を街頭商人――時には二〇人、たいていは十二人くらい――に毎日転売していた。しかし、儲からず、ジンジャービアなど他の商品も扱わなかったら、とても生活を支えるのは無理だったはずだ。街頭商人に卸していたこの男性は、夏にはグリニッジ公園に自らアイスクリームを売りに行ったり、誰かを売りに行かせたりしたが、売り上げは鉄道の交通費をまかなえないことさえあった。三、四週間やってみてから、男性はこの商売から手を引いて、アメリカに移住してしまった。

この初の試みから何ヵ月もしないうちに、ペティコート・レーンのある街頭商人がまた乗り出してきたそうで、その商人は《マスター冷凍器》を持っていたという。自分では二、三週間たらずしかアイスを売らず、しかも商売は日曜の午前中だけだった。しばらくして、四、五人の街頭商人のためにアイスを製造すると、中には製氷を彼独自のすばらしい発見とみる商人もいたのだが、すぐにこの商売をやめてしまったのである。

アイスを街頭で売るには数多くの問題があった。客はどういうふうにアイスを飲みこめば良いのかよくわかっていなかったので、商売は徐々にしか広がっていかなかったのだが、積極的な商人は菓子職人からアイスを仕入れた。とはいっても、街頭商人らはアイスの扱いもわかっていなかったので、ある菓子職人が私に教えてくれた話では、街頭で客にアイスを売ると言っておきながら、実際には溶けてしまって水しか渡せなかったこともあったのだ。アイスはふつう一個一ペニーで街頭で売られていて、「無駄なく」売れば一シリング当たり四ペンスが儲けになった。中には量を少なくして、儲けを五ペンスにまで引き上げる者もいたが、利益が「ゼロ」になることもあった。街頭商人のいう「半儲け」にはなかなかならなかった。

以下はある商人から聞いた話である。

「初めてアイスを売ったときのことは、そりゃあよく覚えてるよ。通りで売っても大して売れるようにはならんと思っとるけど、まあ、わからんな。お客が初めてアイスを口に入れたときの、あの鳩が豆鉄砲食らったみたいな顔ったらなかったなあ。おれだって同じようなもんだったけど。歯の間に入ると、歯が痛いような感じになるんだ。おれが売ってたのはほとんどイチゴのアイスばっかりだった。どういうふうに作るのかはぜんぜんわからんけど、夏場は最高だよ。あんな具合に果物を凍らせるなんてな。アイルランド人の若いやつ――帽子と恰好から印刷屋か出版屋の小僧だろうと思う――がおれのアイスを買って、スプーンを使ってすっかりかき氷にしてから、ビールでも飲むみたいにぐいっとやったのさ。当然、あっという間に歯のあいだにも冷たさは広がるから、若僧は一瞬固まって、それから大声を出して、『やばい！　やられた。体じゅうぞくぞくしてくる！』でも、おれが『ああ、そうだよ。そうなるさ』。すると若いのが『なんだって、ろくでもないやつだな、こんなものを売りものにしやがってさ。我利我利亡者め、お前みたいなやつはとんでもねえよ』」

商人はなおも話を続けた。「アイスをいちばん楽しんでいたのは、陰で一口こっそり食っちまう女中だろうなあ。女中がみんなそうだというわけじゃねえけど、買いに行ってはこっそり味見ばかりしていたやつはいただろう。街なかにはいろんなごかましが横行している。いろんな。おれの知ってた女中は抜け目がなくて、若い男——どうやら付き合ってるらしかった——にアイスを買ってもらったんだけど、男の方はすぐにアイスが歯にしみて足をばたばたさせはじめたんだよ。ところが、女中はちゃんと食べ方がわかってて、スプーンをまっすぐ口のまん中まで持って行くと、さっと呑みこんでこう言うんだ。『あら、ジョゼフったら、どうしてアイスの食べ方を教えてくれって言わなかったのよ』。若い女中のうぬぼれた言い種ときたらあほらしくなるよ。そう思わんですかね。でも、結婚したら、アイスの食い方よりも、スープの作り方を考えなくちゃならんから、そんな気取ったことも言えなくなるんだけどね。

いつだったか暑い日の十一時頃でしたかね、やせた背の高い紳士が、あまり若くはなかったけど、一ペニーをおれにぽんと投げて、『これでできるだけのアイスをくれないか』って言うんだよ。食い方はちゃんとわかっていてね。食い終わると、『いやー、助かったよ。一晩じゅう呑み騒いでいたもので。ちょっと寝ただけで、喉が焼けついたみたいで死にそうだったけど、一ペニーしかなくてね。胃が気持ち悪くて、焼けるようで、もうテムズ川に顔を突っこんであの汚い水を飲むところだった』——その時はテムズ川のそばにいたもんでね——『お前さんは命の恩人だ。また、来るよ』。それからは姿を見たことはないけどね。立派な紳士だったとは思うよ。黒い服を着ていて、黒と金の大きな指輪を一本だけしていた。

ほかにアイスを買ってくれたお客といえば、興味本位で買う人やら、上流の屋敷の召使で、中にはひどく幼い召使もいたし、医者の使用人や、若くて抜け目がなさそうな職工、小学生みたいな男の子。それから数は少ないけど街の女も。ただ、おれが売ってた場所はあんまりあの女たちがいる所じゃないからな」。

私が得た情報からはこう言えるだろう。つまり、街頭でのアイスの売り上げ――儲けではない――は、二〇人が一日一シリング六ペンスで四週間続くと計算すれば、ほぼ正確な数字になりそうだ。そうすると、街頭ではアイスに四十二ポンドが使われることになり、売り手の利益はその十〜二十五パーセントになる。たとえばルバーブなどもそうで、街頭でも市場でも初めはうまくいかないのが行商・街頭販売の特徴で、あとから順調になって利益も上がるようになるものだ。

アイスの販売に必要な資本としては、少しばかりの現金が必要だった。「元祖アイスの街頭販売人」は正真正銘の商人ではなく、投機が目的だったので別だが、露店を出さなければできないし、他の商品も売らなくてはならなかったから、多少の資金が必要だった。まず、壺のような容器が必要で、中にアイスを入れておくのだが、きちんと蓋がされるわけでも、溶けないほど保冷ができるわけでもなく、冷水の入った「クーラー」なる器に浸けておくだけのもので、これに一シリング、カップが三個で三ペンス（あるいはグラス三個で一シリング）、スプーン三本に三ペンス、それに運転資金が二シリング。グラスを使うとしたら、合計で四シリングだが、冷水を入れる容器がさらに五シリングかかる。

25　犬猫用の肉を売る商人

犬と猫の餌は一般に思われているよりも遙かに規模の大きな商売である。ある商人が私にこう言ったことがある。

「ロンドンには何人ぐらい人がいるか知ってるかい？」

私が、二〇〇万人以上はいる、と答えると、

「何百万というのはなんだかわかんないが、人間十人に対して猫は一匹いると思う、いやもっとかな。そうすると何匹いるか計算できるよな？」

そこで私はロンドンには二〇万匹の猫がいることになると教えた。しかし、ロンドンで住人がいる家屋の数はそれよりさらに十万戸は多く、家主だけでなく間借り人も猫を飼っている者は多いから、ロンドンの猫の数は人が住んでいる家屋の数と同じくらい、つまり三〇万にはなるかも知れないと思うと付け加えておいた。

「犬は猫の半分もいないな。犬猫どもはみんなおれをわかっているからさ、こっちもそれくらいはわからなくっちゃ。おれがエサを届けているのは、猫が二〇〇匹、犬が七〇匹だ。まあまあの商売をしているよ。もっともっと繁盛しているやつもいるけど。猫のエサは一日に半ペニーというのもいるし、一日おきというのもいる。一ペニーってのはめったにいないな。犬は、伝手《つて》があれば儲かるよ」。

猫と犬の餌を扱う商人は、「配達屋」と自称していて、廃馬解体場で肉を仕入れるのが一般的である。

ロンドンには同種の解体場が二〇ヵ所以上あり、ホワイトチャペルに三ヵ所か四ヵ所、ウォンズワースに一ヵ所、カウクロスに二ヵ所――その一ヵ所はロンドンで最大の解体場――そして、バーモンジー界隈に二ヵ所ある。解体場では生きている馬も死んだ馬も買い取る。馬を買い取るため、醸造会社、石炭の小売商、辻馬車や乗合馬車の大会社など大規模な会社と契約を結び、通年で老馬と死んだ馬を一頭ずつ買い取るのである。値段は死馬一頭が二ポンド［約四万円］から五〇シリング［約五万円］まで。田舎にも契約先（馬具職人など）があり、生きた馬や死んだ馬をロンドンまで連れてきたり、送ってくれたりする。

死んだ馬は、一台の荷馬車に二頭か三頭、時に五頭も載せられて運ばれる。生きた馬はその荷車のうしろに数珠つなぎにされる。一度に十四頭とか十五頭がつながれて長い列をなすこともある。生きた馬は屠畜のためだけに買い取られる。このように仕入れた馬の中にたまたま若いが状態の良くない馬がいたら、厩に入れて育ててから、屠場の荷馬車を曳かせたり、売り払ったり、貸し出したりする。このようにして命拾いする馬も時にはいる。十五シリングで仕入れた馬を、育てて一五〇ポンドで売ったという人もいる。前に進もうとしないなど、辻馬車には使えない若い馬がよく解体業者に売られてしまう。屠場で育てて、立派な馬になることも珍しくない。

生きた馬は「解体屋《ナッカー》」と呼ばれる担当者によって処分される。この担当者の収入は一日に平均四シリングである。深夜十二時に作業を始めるのだが、これは午前六時よりも前に一部の肉を煮る必要があるためであるが、相当量の肉は六時前には、商人たちに渡される。解体される馬はたてがみをできるだけ短く刈っておく（馬の毛は貴重だから）。それから血に染まった古い前掛けで目隠しをされる。処分される時に、屠畜担当者の姿が見えないようにするのである。馬を苦しめないように、柄の長い斧と一本の棒を使って処分する。屠畜がすむと目隠しを取り、肉を大きな塊のまま骨からはずす。肉は部位によって臀部、前躯、クラムボーン、のど、首、胸、背、バラ、腎臓、心臓、タン、レバー、ライトと呼ばれる。骨（解体屋は「ラック」と呼ぶ）は切りきざんで、脂肪を取るために煮る。脂肪は馬具や馬車の車輪の油に使用する。骨そのものは肥料になるので売れる。肉は直径二・七メートル、深さ一・六メートルの大きな銅釜あるいは鍋に放りこまれる。この大釜一つにはかなり大きな馬三頭分の肉が入る。醸造所から買った大きな馬なら二頭でいっぱいになることもあるが、貧弱な辻馬車の馬なら四頭分も入る。

煮る時間は「屠殺された」馬の肉なら一時間二〇分ぐらい、死んだ馬（老衰でも病死でも）なら二時間から二時間二〇分ぐらい。煮たら銅釜から取り出して、石の上にのせ、水をふりかけて冷ます。

それから重さを量って、一一二ポンド〔一ポンドは約四五四グラム〕、五十六ポンド、二十八ポンド、十四ポンド、七ポンド、そして三・五ポンドの塊にわける。わけられた肉は荷車にのせて「配達屋」に届けるか、もしくは五時頃に配達屋が仕入れにやってくる。この作業が昼の十二時まで続く。肉の価格は冬場はハンドレッドウェイト〔一ハンドレッドウェイトは約五〇・八キロ〕当たり十四シリングで、夏場は十六シリング。内蔵は十二ポンド当たり六ペンスで卸されるが、すべて犬と猫用である。

配達屋すなわち街頭商人らはそれぞれの「持ち場」へと肉を運んでいくのである。販売価格はポンド当たり二・五ペンスで、小さく切って串に刺して、一本一ファージング〔四分の一ペニー〕、半ペニー、一ペニーの三種類がある。一日に五〇キロ以上も売る強者《つわもの》もいるが、ロンドンでさばける量としては、一人平均二十五キログラム程度である。また、値段もずっと安く売る商人もいる。

この商人たちは前日に別の商人が肉を買ってもらった家を見ていて、その家に売りに行くというやり方をすることがよくある。同じ料金で量が多いところをアピールするのである。この商売をしている者は、雇ってもらえなかったから自分でやっていることが多い。若いときに雇われ、主人の助手となって荷車を押して売り歩いた経験のある筋金入りの者もいる。つまり、雇われて売っているうちに、自分で「持ち場」を見つけて、初めはカゴを持って売り歩き、最後には荷車を持つまでに出世するのだ。多くは一ポンドあたり二オンスから四オンス〔一オンスは約二十八グラム〕は目方をごまかしている。ある屠場だけで一〇〇人以上の業者が肉を仕入れて、毎週平均一五〇頭の馬が解体されている。一ヵ所の屠場につき週に六〇頭の馬がさばかれているとみてよいだろうから、ロンドンでは、十二ヵ所の屠場で週に七二〇頭の馬が扱われていることになり、一年間ではざっと三万七五〇〇頭になる。

ロンドンで猫と犬の餌として肉を売る行商人は、ほとんど男性ばかりだが、少なくとも一千人はいる。

屠畜業者は短期間で莫大な財産を築いてしまうと言われ、商人からは金を造っていると言われている。彼らは多くの場合、何年かすると辞めて、大農場を経営する。十二年務めた後に、数千ポンドの財産をもって退職し、今は三ヵ所に大農場を所有している者もいる。配達屋といわれる商人は大人の男性も女性も少年もいる。男性と肩を並べるだけの稼ぎをあげられる女性はほとんどいない。この商人たちは「みんなどうしようもない大酒呑み」で、五〇〇人のうち少なくとも三〇〇人は、週に一人一ポンドは酒につかうと言われている。ある同業者の話では、一回呑みに行ってよく十シリングも使うやつを知っているという。

肉を売って商人が得る利益は一ポンドにつきわずかに一ペニーである。夏場はそれが半ペニーになってしまう。肉の供給量が少なくなるからである。しかも、ツケで売ることが多いので、現金収入はわずかである。家に帰るときには二シリングもない日もある。まずまずの商売をしているある商人は肉の仕入れに一日七シリング六ペンスかかる。それで半ハンドレッドウェイト〔約二十六キログラム〕の肉になる。売り上げは十一シリング六ペンスになるので、利益は四シリングである。これはこの商売の平均的な利益といえる。ある商人は一〇〇〇ポンドたくわえたと言われている。この人の場合、毎日、午前中に一・五〜二ハンドレッドウェイトは売っていたので、利益は一日十六シリング〜一ポンドになったのである。

しかし、現在はずっと状況は悪くなっている。商人が増えすぎて、誰ひとり食べていけない状況だという。ある商人によると、毎日行商する距離が五〇キロを切ることはめったになく、六〇キロ以上歩くこともよくあるという。よく売れる地区は小売り商人、職工、労働者の住んでいるところである。路地裏の馬屋にいる馭者はよく買ってくれる上得意客になる。「あそこには儲けが埋まっているんだ」とは私のインタビューに答えてくれた商人の弁である。オールドミスは大勢いるが、客としてはだめだそうで、値切るのでとても商売にはならないとのこと。「半ペニーだけ払って、残りの半ペニーはツケにして、一日二日すると忘れられてしまうんだ」というありさまで、猫の餌を売る商人は借金を払ってもらえないおかげで損をするとこぼしている。

一ポンドもツケにする客もよくいる。「ある客なんてもう十五シリングだよ。十シリングのつけは大勢いるよ。肉を現金で買うお客はほんとに少ないんだ」とある商人が教えてくれた。

一日に一人十ペニー分もの肉を売ることもよくある。

毎朝、二匹のニューファウンドランド犬のために二キログラムほどの肉を買う紳士がいる。また、以前、ある黒人女性は、毎日十六ペニー分の肉を買っていた。この女性は家の屋根に上がって、瓦の上の猫たちに向かって肉を放り投げていた。近所から何百匹もの野良猫を集めてくるので、近くに住む人たちは大迷惑で苦情を言っていた。いつも午前十時前には肉を配達させるか、さもなくば肉屋に買いにやらせていて、十時から十一時の間は、集まってきた野良猫の大群の鳴き声と騒々しさは「おぞましい限り」だった。屋根上の猫どもに肉が投げられると、その喧噪と混乱、争いは筆舌に尽くしがたいほどだった。「ビール屋は店の壁から猫を追い払うのに、犬を五匹も六匹も飼わなくちゃならなくなったんだ」という話も聞かされた。

イズリントンには毎日六・五キロ近い肉を買う、正気とは思えない女性もいた。そこに肉を売りに行っていた商人は、一度の支払いが二ポンドとか三ポンドだった。家の中で三〇匹も飼っていることがあった。野良猫が来るたびに家に入れては餌をやっていた。悪臭がひどくなって、立ち退かざるを得なくなった。

猫の餌になる肉がよく売れるのは月曜、火曜、土曜である。土曜日には二倍の肉が売れる。週に一度買う客は、この三日間のうちにたいていは支払いを済ませる。

ある販売人から聞いた話である。「親父はパン屋だったんです。ところが、心臓の肥大でパン屋をやめなくちゃならなくなって。前のめりになってパンのこね鉢に向かっていると、病気が悪化して、よく倒れるようになって、家に連れ帰らないとだめになりまして。それで親父は犬猫用の肉を売りはじめたんです。商売は親父に教えられました。ちゃんとやってますよ。商売はうまくいってます。子どもの頃からやってますからね。ひどい借金をかかえ込んでいなければ、ずっとうまくいってたはずですよ。信用していたお客で、家を出て行ってしまった人もいて、しかも出て行く前日に肉を二倍も買われてしまって。今、ツケの総額は二〇ポンドもあると思うんですけど、まあ、払ってもらえるとはぜんぜん思ってませんけど」。

この商人たちは光沢のある帽子をかぶり、黒いフラシ天のベストと袖、青い前掛け、コーデュロイのズボンといういで立ちで、青と白の水玉模様のハンカチを首に巻いている。二枚とか三枚のハンカチを首に巻いている者もいるが、これは彼らの間の流行なのだ。

私に話をしてくれた「猫用の肉屋」は、これまで見たことのある貧しい人たちよりは豊かな暮らしをしていた。見通しの良い、きちんとした人たちの住んでいる地区で、三階の大通り側の部屋に住み、狭いながらも申し分のないほど清潔で快適な暮らしぶりだった。私がその家に到着したのは、夜になってからだった。猫の餌肉を売っている主人と家族が夕食の用意をしているところだった。モロッコ革の大きな安楽椅子に主人が坐っていた。「青い前掛けと黒い光沢のある帽子」はなく、燕尾服に黒いサテンのベストを身につけていた。奥さんはとても美人で、しぐさも非常に魅力的で、「ドリーバーデン」の帽子［花飾りのついた派手な流行の帽子］を後頭部にのせ、地味な茶色のメリノのドレスを着ていた。部屋には心地よい絨毯が敷かれ、一角には籐細工をめぐらせたマホガニー材の子供用ベッドが置かれていて、子どものひとりが眠っていた。テーブルには白いきれいなテーブルクロスがかけられていて、部屋にはステーキと火にかけられているマッシュポテトの香りが漂っていた。私は貧しい人の住まいで、これほどまでの豊かな暮らしぶりを目にしたことはない。その部屋の清潔感と健全さは、主人の商売から連想される不快感とはきわだって対照的だった。

この商売に二十五年間たずさわってきたある人物は、毎週九〇〇～一、〇〇〇頭の馬が大鍋で煮られていると考えている。一頭あたり平均すると二ハンドレットウェイト［一一二ポンド。約一二〇キログラム］になる。ということは、ロンドンで消費される犬猫用の肉は毎週二〇万ポンド［約九万一〇〇〇キログラム］となり、一ポンドあたり二・五ペンスで売ると、犬猫用の肉にかかる費用が週二〇〇〇ポンドになる。一年にすると十万ポンド以上で、一人の商人が毎年一〇〇ポンド分の肉を売っていることになる。利益は年に五〇ポンドくらいと見積もれそうだ。

この商売を始めるのに必要な資金は一ポンドから二ポンドのあいだ。運転資金は五シリングから十シリング。手押し車とカゴ、重量計、包丁と鋼砥あるいは砥石が新品で揃えると二ポンド、中古なら十五シリングから四シリングになる。

26 ルバーブと香辛料を売る街頭商人

肖像画の街頭商人から、以下の話を聞いた。この男性は非常に正直で優しい心の持ち主のようだった。

「あたしゃ、モロッコのモガドール［エッサウィーラの旧称］出身で、アラブ人です。国を出たのは十六歳か十八歳の時です。忘れちまいましたがね。どっちだったかわからんです。十八歳でしたかね。おとっつぁんは市場を仕切るようなことさやってて、みんなからショバ代を取っとりましたよ。市場をね、まるごとお役所から借りとって、みんなから露店を出すのに金を払わせとりました。あの人たちが何と名乗ってたかはわかんねえなあ。おとっつぁんが市場をいくらで借りてたかもわかんねえっす。でも、おとっつぁんに出店《でみせ》の金を一ペニー払っとる人とか、半ペニー渡してる人とかがいたのは覚えとりますよ。何でも安《やしゅ》くてね、今のイングランドとは違《ちげ》えますわ。ショバ代を払えば一日中そこにいてもいいし、市場が終わったら出ていってもいいし。

おとっつぁんはあんまり金持ちじゃなかったけんど、そんなに貧乏でもなかった。なんせ家族を養っとったからね。パンも肉も、そいから鶏肉、リンゴ、ブドウ、旨いもんはなんでも食っとりました。おとっつぁんには奥しゃんが二人いたんです。同時にじゃないですよ。一人目の埋葬が終わってから、もう一人と一緒になったんで。あたしゃ、その二番目の奥しゃんの子です。二番目のが息子四人、娘三人で、七人産んだんです。一人目の時は、五人、息子二人に娘三人だったかな。

あたしが生まれた時にゃ、ほとんどみんな結婚してて、それぞれどっか遠いとこさいなくなってました。今、みんなどこさいるのかわからん。兄貴が一人だけは何してるかわかってるけど、あとは生きてるか死んでるかも、どこにいるかもわかんない。で、その兄貴はアルジェリアにおるんで

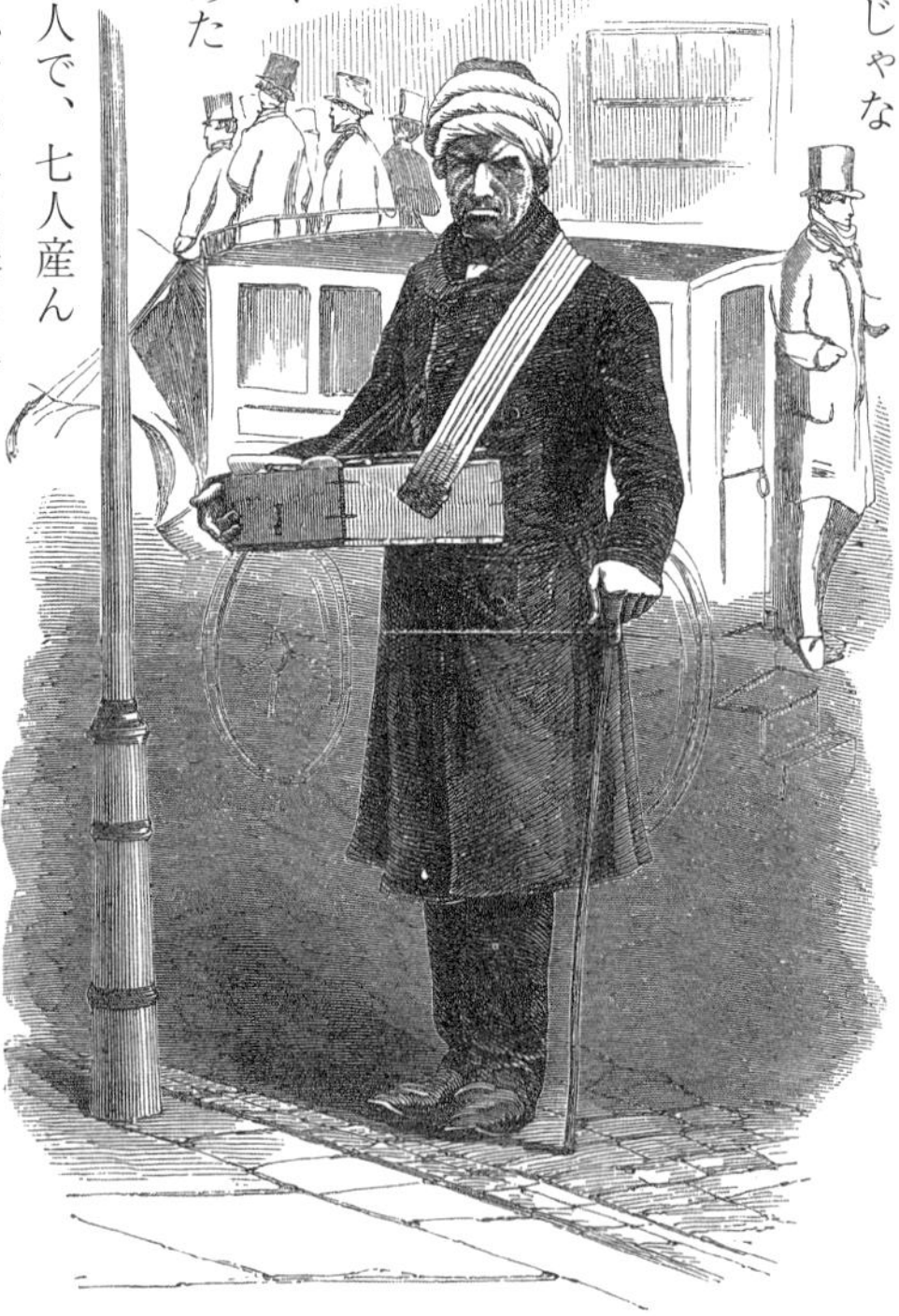

ルバーブと香辛料売り

す。商売をしてるんで。

どうしてあたしがここにいるのかって？　よくある話だろうけど、若くてバカだったんですわ。若いもんはみんなそうだけど、外国を見たくてね。モロッコじゃ、政府は国民が出ていくのを嫌がってて、国外に出るにゃものすごい金がかかるんですわ。だから、あたしに行ける港はジブラルタルだけだったんす。海を三〇キロ渡るだけで、すぐ近かったもんで。密航するみたいにジブラルタルさ行って、船長さんに話せば手を貸してくれるんで。

おとっつぁんは、あたしが国を出る何年も何年も前に死んじまって。死んだのはあたしが十歳くらいの時だと思うんだけどね。あたしゃ、ずーっと学校さ行ってて、大きくなってから靴屋になったんだ。室内ばきを作るんすよ。ああ、そうそう、おっかさんはその時は生きてました。死んだのはあたしがイングランドに来てからなんで。

国にいるときゃ、室内履き一足を一ペニーで売ってたんすよ。ペニーはここでいうと、大体シリングと同じですわ。一日に三足とか四足とか五足は作れたんで。その頃は、自分の稼ぎで、ここで十二倍働くよりもいい暮らしができとりました。その頃はね。今はどうかわかんないけど。うん、おっかさんがどこでも好きなところさ行っていいよって言ってくれたんだ。それからはもう会ってません（溜息をつきながら）。ああ、そりゃ大好きだとも。あたしゃもういい年になっちまったけど、おっかさんを忘れたことなんてないんだから」。

ここでいきなり泣き出して、何分間もハンカチに顔を埋めた。

「いや、ちがうちがう、あたしが出て行ったらもう会えなくなるなんておっかさんは思ってなかったんです。私だって思わなかったんだから。ジブラルタルに行くよって話はしたんですけど。それから、兄貴に会いにリスボンにも行くってね。兄貴は酒屋をやってたんです。また帰ってくる話はしなかったけど、すぐに帰るつもりだったんだ。もう会えなくなると思ってたら、世界中の金《きん》をもらったっておっかさんから離れることはなかったですよ。やさしいおっかさんだった。あたしゃ、下から二番目でね。兄貴たちがおっかさんのめんどうをみとったんです。国じゃ、ここととは違って、誰か家族の一人の稼ぎがしっかりしてたら、あとの兄弟たちは無駄になにかを欲しがったりせんのです。あたしの国は法律で、自分の家族よりも、おとっつぁんとおっかさんの世話をしなくちゃならんことになっとるんです。家の中で面倒をみんとだめなんです」。

ここで彼はヘブライ語でその法律をくり返し唱えた。

「モガドールの市民はイスラム教徒だったけど、あたしらはユダヤ人だったから。ユダヤ人が最初に子どもに教えることは、おとっつぁんとおっかさんにしてあげなくちゃいけないことなんすよ。ユダヤ人は金《きん》よりもお互い同士を大事にしてて、民族愛が強いんだけど、どんな民族よりも金を大事にする気持ちも強いんです。金は大事ですもんね。国じゃ政府がユダヤ人を迫害しとるから、ユダヤ人は身を守るためにお金をためとるんですわ。政府はユダヤ人からお金を巻き上げて、それから殺しちまうんです。だからユダヤ人はみんな秘密の場所にお金を隠しとるんですよ。金を壺に入れて地面に埋めて、大金持ちでもおれと変わらんような恰好して出歩くんです。

おっかさんと離れるときにゃ、キスしてから、二人とも三〇分も泣いて、それからジブラルタルに向かったんです。着いたら、兄貴がリスボンからジブラルタルまで来てくれとった。戦争中で、フランスがリスボンまで攻めてきてたから、みんな走って逃げてた。モガドールから来た時にゃ、一〇〇ドルくらい持っとりましたよ。おっかさんからもらった分と、自分で貯めた分と。ジブラルタルに着いたら、小さな露台にシルクのハンカチとか綿のハンカチとか商品を並べて商売を始めたんです。それでもうかったんで、町を行商する許可証をもらって、そのあとで店を持つようになったんですがね。ジブラルタルには六年くらいいました。そのころ、五〇〇ドルか六〇〇ドル持っとりました。いい暮らしをしとりましたよ。ずーっと兄貴と一緒でね。ジブラルタルに行って六年たつと、イングランドの方が儲かるんじゃねえかと思いはじめたんです。もっとお金のあるところに行ったら——世界でいちばんの金持ちの国ですもんね——もっと儲かると誰でも思いますやね。

それで出発して、ここにやってきたのは一八一一年だったと思います。その時に初めて三シリングの硬貨が出たんじゃなかったかな。あたしゃ、そん時にゃ、一三〇ポンド持っとったんです。しばらくロンドンにおって、食うのに金を使っちまいましてね。それでどうやって暮らそうかと仕事を探しはじめたんです。何ができるかと探しとったんですが、何しろまったくの右も左もわからんのです。十四、五ヵ月してから、やっと仕事をはじめました。劇場に行ったんですよ。それまではそんなものを見たこともなかった。ここに来てからは、ほんとに天国にいるみたいなもんです。こんなに店があって、こんなにきれいなものがいっぱいあって。

最初にここに来て、メアリ・アックス教区に住んだんです。今も住んどる教区ですが。そん時、同郷の人たちが通りでルバーブと香辛料を売って、いい暮らしをしとったんです。その人たちと知り合いになってね。いい時代だった。ここのゴミに負けんくらいいっぱいお金があったんだから。その頃は六、七人のアラブ人がルバーブと香辛料を街頭で売っとりましたが、五人はモガドールから来て、二人もその近くから来とりました。ほかにも五人くらいがこっちにやって来てましたよ。みんな同じものを売っとりました。当時はルバーブと香辛料だけ。それまではそういうものが良かったんですがね、あとからシルクとかほかの物も売らんとだめになって。どうしてルバーブと香辛料を売りはじめたのかは知らんのです。ターバンを頭に巻いとる男たちからトルコのルバーブを買いたいと思ったんですかね。あたしが小さい子どもの時にゃ、お国の人たちが、ロンドンの街なかでルバーブを売って、儲けてるって話は聞こえてきましたよ。

　ここさ来た時にゃ、ずいぶん年取ったアラブ人がひとりおって、みんなソールさんって呼んどった。四〇年、商売をしとる人で、長い髭を生やして、トルコの服を着ておりました。よくシープサイド［チープサイド］のボウ教会《シャーシュ》のそばに立っとりました。町の人たちはみんな知っとりましたよ。昔なじみになっとったんです。もう亡くなりました。ええと、何年になるかなあ、うん、二〇と六、七年かな。ジブラルタルで亡くなったんだけど、ひどく貧乏で年もずいぶん取っとりまして、九〇歳くらいになっとりましたね。ルバーブ売りの商人はみんなユダヤ人でした。もうひとり、ベン・アフォリアットという人もおって、その兄弟も二人おりましたし、アズリって名前の人もおりましたね。アフォリアットの兄弟たちはセントポールズ・シャーシュヤード［チャーチヤード］によく立っとりました。有名な人でしたよ。ほかの連中はみんな、あたしもそうだったけど、町の中を行商してまわっとりました。もう、みんな死んじまいましたね。

今、イングランドにいるのは、あたしら四人だけですわ。四人ともロンドンにいて、田舎には行きません。二人はメアリ・アックスに住んどって、もうひとりは、なんていったかな、スピタルフィールズだ。そんで、あとのひとりはペティコート・レーン。スピタルフィールズにいるのはじいさんで、たぶん七〇ってところだな。ペティコート・レーンのほうは三〇歳ちょっとだ。あたしゃ、七十三になったばっかりで、メアリ・アックスのもうひとりは四〇くらい。あたしがこの商売ではいちばん長くて、三十八、九年くらいになりますかね。

あたしがここに来た時にいた人たちは、みんなロンドンで死んじまいました。さっき話したあのソールじいさんだけは別で、ジブラルタルで死んじゃいましたがね。あたしがイングランドさ来てから、十三人か十四人は死にましたよ。マイル・エンドにあるユダヤ人の病院で死んだのもおるし、家で死んだのもおるけど、金がなくて死んだのはひとりもおらんかった。六人は年をとっておって、六〇～七〇の間くらいだったし、三〇歳のも四〇歳のもおった。だんだんと弱って死んだのもおるよ。背が一八五センチほどあって頑丈な男がおったけど、寝こんでから、やせ細ってしまって、手が透けて見えそうなくらいになって、骨と皮だけになっちまった。黄疸ってやつで死ぬのもおったし、熱病で死ぬのも。でも、寿命だったたってことだよ。みんな死ななくちゃならんのだ。

この国に初めて来た時、通りでルバーブを売ってずいぶん儲けました。二十五年前、一日で一ポンド稼ぐこともあったんだ。毎週、生活費を払っても三〇シリング儲かることもありましたよ。それなのに、今じゃ週に十二シリングも稼げないし、そこから食費もかかるんだからなあ。毎週、売り歩いて、十二シリングも儲からんのですよ。今はなんでも安くなっちまって、店も多すぎて、みんな買い物できる金をもっとらんのです。何でも値段が高くなったら、あたしももっと稼げるのに。そしたら、暮らしもよくなるし、金も儲かるし、もっと物も買える。もっと旨い物を食って、いいところに住んで、いい服も買えるのに。なにが悪いのか知らねえけど。わかるのは、あたしは前よりも儲かってないし、みんなも儲かってないってことだ。それしかわかんないすよ。

パンは安くなったけど、一個が一シリング九ペンスだった時は、それが買えるだけ稼げたんだ。それが五ペンスになっちまったら、その五ペンスも稼げないんすよ。もし、市場で牛が一ペニーしかしなくても、その一ペニーぽっちを稼げなかったら、何になるってんです。

ここに初めて来てから二年間ルバーブを売って、一五〇ポンドくらい貯めこみました。同郷の三人みたいにエクセターで店を開くのがいいんじゃないかと思っとりました。三人ともあたしとおんなじルバーブ売りで、やっぱり相当な金を貯めとりましたよ。ひとりは七〇〇ポンドも持っとったけど、こっちに来る時に三〇〇か四〇〇ポンド持って来たのでね。別の三人は二〇〇ポンドくらいで、もうひとりは一〇〇ポンドくらいだった。みんなルバーブで儲けて貯めたんすよ。

五年くらいはみんなで店を持ってたんだけど、その後はすっかりポシャッちゃってだめなんだ。信用したばっかりに、すっかり金をなくすことになっちまってね。ほかのみんなも店を持ったことなんかなかったし、あたしらは誰もイギリスの学者でもなかったからね。人をひとり雇わざるを得なくて、それで金を全部なくすことになった。みんなバラバラになって、自力で生きていくしかなくなった。

そんで、みんな田舎にもロンドンにもルバーブを売り歩きにいったんですわ。あたしゃ、それからというもの胸をはれなくなっちまいました。ルバーブをまた売りにもどってきたら、もう時代が悪くて、金を貯めるなんてできやしません。金目の物はぜんぶ箱の中に入れてあるんですがね、合わせても十シリングにもなりゃしません。先週なんて、家《うち》にゃ一ポンドの肉もなかったし、仕入れるのにベストとハンカチを質入れしなくちゃならんくなった。質入れは簡単だけど、出すのは大変だ。

女房にしたのは二人だ。こっちさ来て二、三年してから、最初の結婚をしたんです。子どもは二人生まれたんだけど、二人とも小さいうちに死んじまいました。ひとりは五歳くらいで、もうひとりは三歳くらい。田舎を回る時にゃ、最初の女房はどこにいくんでもついてきました。全国をまわっとりましたよ。スコットランドにもウェールズにも。でもアイルランドは行かんかったな。この国じゃずいぶんアイルランド人は見ましたから、もう見たくないんですわ。あたしの国の者はアイルランドにゃ行ったことのあるもんはいないでしょ。スコットランドにもあたしを別にして、ひとりしか行っとらんでしょ。行ってもむだでね。スコットランド人は香辛料が何かわかっとらんのですから。スコットランドにいる間、パンを食えませんでした。大麦と豆の食事だったけど、酢みたいに酸っぱかった。パンを作る小麦粉も手に入らんかったのです。だから、来る国を間違ったとだんだん思いました。

　イングランドをまわっとる時には、間借りしたことはありません。いつもパブに泊まっとりました。そこで商売もするもんで。それにパブの奥さんがあたしの香辛料を買ってくれるかもしんないですから。一度、トーントン［イングランド南西部のサマセット州の町］で間借りしたことあります。宝石とか貴金属を売り歩くユダヤ人向けの宿をやってる女の人の家でした。あとはどこの町さ行っても、パブに泊まっとりました。客もいて、あたしゃ、商売になりましたから。

　ルバーブと香辛料は大きな薬問屋から仕入れとりました。同郷の商人から仕入れることもありましたよ。あたしたちゃ、香辛料の良し悪しがわかるんですよ。そうだ！　ナツメグの見分け方を教《おせ》えてあげますよ。ここに少しあるでしょ。固い針を一個に刺すと、油が出てきますね。これは油分を抜かれていないからで、エッセンスを作るためにアルコールに浸けられていないちゅうことです。だめなナツメグは油がアルコールに浸けて抜かれてしまっとるんです。だから香りもしなくなっとります。安い店で買ったらそうでしょ。

　あたしゃ、東インドとトルコのルバーブ、クローブ、シナモン、メース、唐辛子、白コショウを売っとります。仕入れる金がある時にゃ、少しずつ全種類をそろえとります。重さをごまかしたりは絶対にしとりません。「目方を量って、その目方を渡す」ってのが法律で、それが鉄則で、決まりになっとるんです。目方を少なくごまかしても、いいことはありゃしません。混ぜ物をしたことだって一度もありませんよ。本当です。あたしゃ、白コショウは自分の手でちゃんと挽いとりますが、ショウガは挽いたやつを買ってきますので、そいつには混ぜ物が入ってるのをわかっとります。豆の粉を入れとるんだと思います。それだと匂いはせんけど、色は同じなんで。ショウガが二オンス［約六〇グラム］あれば、豆の粉一ポンドに匂いがついてしまいます。パブでは安いショウガを買うでしょう。あたしも買うけど。あたしゃ、嘘は言わんですよ。嘘なんてついたら、とんでもねえ目にあうでしょ。それが神様の御心だ」（ここで彼は空を指差した）。

「ユダヤ人は年取った家族に、とっても優しくするんですよ。うちの古女房がいなかったら、わたしゃ、今ごろはマイルエンド［ロンドンのイーストエンドにある地域］の病院に入れられてたはずですわ。わたしゃ、キリスト教徒の女と結婚したんで、そりゃ、裏切り行為なんだけど、そいでもぜったいにわたしゃ別れませんよ。世界中の財宝をやるって言われてもね。わたしが貧乏だとしても、貧乏なのはわたしだけじゃない。休暇の時にゃ、申請書を送ったので、病院からあたしに五シリング来てるかもしんないですよ。ユダヤ人病院には十人しかおらんのです、そのう、ポルトガル系ユダヤ人ってのがね。わたしらには、自分ら専用の病院があるんですよ。そこさ行けば、年寄り——みんな六〇歳を超えとります——はみんな貴族みたいなもんで、立派な服を着て、食べ物もたくさんあって、どこでも好きなところに行けて、欲しいときにはパイプタバコももらえてね。でも、あたしゃ、女房から離れて病院なんぞにゃ入りたくないんです。できる限りは女房のために稼ごうと思ってね。もう、それもあんましできなくなってるけど。誰だって思いやりってものはある。わたしゃ、生きてる限り、女房には思いやりを持ち続けますよ。

天気がかんばしくないと、わたしゃ、リューマチがあるもんでね。いやあ、そりゃひどいもんで、ほとんど立ってられなくなったり歩けなくなったりすること、あるんです。七十三歳になりましたから、あたしにゃ悲しい時代になっちまいました。それでも、楽しい時もあるんですよ。懐具合で決まるんですがね。懐が温かければ、あたしの心も温かくなるんです。懐に一シリングしかなくて家に帰ることもあるんですけど、そういう時は何もかもがどんどん悪くなっていくように思えて、いったいあたしはどうなるんだろうなんて口走っちまいます。でも、それも神様の思し召しなんだから、あたしゃ神様を信じてます。ほかにもっと信じられるもんなんてありますか？　時どき、国に帰れたらなあということがあるんですけどね。もう死んじまったおっかさんを思い出すと、悲しくなっちまいます。ええ、どうしようもなく悲しくね！」

27 文具・文学・美術の街頭商人の資金と収入

これまで扱ってきたどの街頭商人ともまったくちがう独特の商人をここで取り上げることにする。ここまでは主に教育を受けていない街頭商人を扱ってきた。大半が野蛮人とかわらないような幼稚で粗野な状態にある人たち、欲求と本能と情動だけに突き動かされている人たち、善悪の基準も同じように未熟なまま混じり合っている人たち、砂漠の遊牧民《ベドウィン》と同じような気前の良さと攻撃的性質を兼備している人たち、アメリカインディアンと同様、復讐心に燃え苦痛をものともしないが、往々にして優しくされると脆く感謝をする人たち、さらに、ブッシュマン、カリブ人あるいはインドの殺人強盗団と同じように、女性の貞節には無頓着でその弱さにつけこむ、神様をまったく知らない人たちを取り上げてきたのである。

しかし、既述の呼売商人など多くの街頭商人が問題なのは、彼ら自身の性質が歪んでいるからというよりも、われわれが自分本位であるところに原因があるのだ。彼らに人間として邪悪な側面があるのは、彼らの責任ではなく、われわれの責任なのである。心の中の悪しき性質を抑えて、良い本質を大切にして守るように他人から教わらなかったら、われわれも彼らと同じような人間になっていただろう。

しかし、文具・文学・美術の街頭商人たちは、幅広い教養教育を受けたわけではないが、これまで扱った商人たちとは違っている。彼らは主として街頭で弁舌をふるい、かつては「大道《だいどう》香具《や》師《し》」と呼ばれ、昨今では「口上師《パタラー》」の名で知られている。この人たちは、ストラット［ジョゼフ・ストラット。イギリスの古物研究家。一七四九〜一八〇二］の言葉を借りると、「たいそうな言葉づかいにのせて、品物を売りさばこう」とし、言っている内容が「本当か適当かなど気にしない」のである。口上というのは、俗語で、しゃべるという意味。むろん、このように大げさな言葉で誉めあげるには、多少は頭を使わなければならない。自分らは頭を使っているという意識があるので、彼らは呼売商人を見下し、同類と思われるのを嫌がっているのだ。「口上師」がふつうの呼売商人を軽蔑する態度は、ちょうど掏摸《すり》が乞食を軽蔑するのに似て、相手を完全に馬鹿にしきっている。

最低の口上師ですらこのようなプライドを持っていることを実感したことのない者には、どんなに大したことのない技術であれ、なぜ熟練工が非熟練工に対して横柄な態度をとるのかもよくわからないだろう。「おれたちは路上の貴族なんだ」と路上で占いをしている人物が私に言った。「みんな、おれたちの売ってるものじゃなくて、しゃべくりに金を払ってくれてるんだよ。先生、あんたとおんなじで、おつむを使って生活してるんだよ。先生は書きもの、おれたちはしゃべくりだ」。

口上師の自尊心とは別に、私は彼らが他人から親切にされるとすぐに感激してしまい、やさしさに弱いという点では、彼らの軽蔑している呼売商人たちと似たようなものではないかと思うようになった。コノリー博士によれば、精神異常者の場合でさえ、教育のある者は、愛情を通じて感動させたり言うことを聞かせたりするのは非常に困難だという。彼らは常に疑心暗鬼になっていて、動機がおかしいと見るや、裏になにか利益がからんでいると考えるので、彼らの災難について知れば感動するような人びとが同情を示しても、心を動かされることがないのである。

私自身の経験からいうと、同じことが街頭の口上師についても言える。彼らの力になろうとすると、まず決まって疑惑の目で見られてしまう。彼らの生き方もまた不安を小さくしてくれるようなものではない。どんなに自分たちの生活が決めつけとぺてんで成り立っているかわかっていても、彼らは他の連中がなにかいわゆる「ごまかし」、あるいはなにか下心をもって、彼らに善をほどこそうとしているのだと勘ぐってしまうのだ。しかし、直情径行の呼売商人は、もっぱら自分の感情に突き動かされる原始人に近いのだが、傷つけられると獣性をむき出しにする反面、ちょっと優しくされると、たちまち人間らしくなってしまう。

口上師は確かに知性はあるが、不道徳な点では呼売商人とさほど選ぶところはない。智慧がまわるだけに、自らの悪行を正当化するだけの弁も立つし、とりわけ言い逃れには長《た》けているが、悪行を抑えるために智慧は活かされていない。かくして、良心が無くとも知性は伸ばせるという、社会学者に気が重くなるような実例を提供することになっている。つまり、美しさを感じ楽しみ、醜さを嫌うように教えこまなくとも、道徳的に何が美しく何が醜いかを人に教えられる実例、言葉を換えると、悪智慧を刺戟し、個人の感情は抑えこんでいる実例になっているのだ。

口上師の間では呼売商人の場合と同様、正式な結婚は少ない。ただし、「街頭に出る前に結婚していたようだ」という年配者層は別である。しかし、幼い頃から口上師になれるような育てられかたをした者はほとんどいない。この点も呼売商人とは違っている。

呼売商人は大半が家業を継いで街頭に出ているようなもので、いわば生まれながら往来に出る生活をしてきたのである。確かに、魚・果物・野菜の行商人のうちのごく少数は、仕事がないので生活のために行商せざるをえなくなったのだが、それは言ってみればこの業界の「異国人」であって、「本国人」ではないのだ。

ところが、口上師は生まれながらにして街頭での商売に馴染んでいたわけでもなければ、やむを得ず目指したわけでもなく、いわゆる「移動生活」が元来好きだから始めた者がほとんどである。文明社会から離れて遊牧生活に向かおうとする性質——定住から放浪へと移行しようとする——が口上師たちの特徴である。ただ、このような傾向は決して特殊なわけではない。文明生活を捨ててこのような放浪生活に入る者は大勢いるが、遊牧民が放浪をやめて、定住生活をはじめることはほとんどないのだ。多くの街頭商人がその商売をはじめたそもそもの原因は、生まれつき「放浪生活が好き」だったことにあるとしているが、さらに加えてほかの要素もありそうだ。頑として曲げない「意地」、あるいはわずかな拘束でも嫌だという気持ちはとりわけ顕著に見られるし、政治的にせよ道徳的にせよ、あるいは家庭の中にせよ、あらゆる規制と管理に対する生来の反感、頑迷で反抗的な性質、継続的な労働や同じ作業を同じ場所で長時間行なうことができない点、ひとつのことにだけ集中していられない性格、娯楽とりわけバカらしいようなことに異常なほど熱を上げる傾向が顕著で、さらに何でも凝ったものが大好きで、巧妙なやり口とかいんちきが楽しくてしようがないのである。現在、街頭には口上師が二人（兄弟である）いる。きちんとした教育も受けているし、血筋も立派だが、二人ともそういう生活が何より好きで、やめられるとしてもやめる気は毛頭ないとあっけらかんと言っている。

信心深さとはまったく無縁だという点でも、口上師は呼売商人に負けていない。しかし、呼売商人に宗教心が欠如しているのは、恐ろしく無知だからであるが、口上師の場合は、生来の反骨精神と教育を受けたがゆえの懐疑精神によるものである。なにしろ、街頭の口上師たちのなかには、上流の血筋にあたる者や、ギリシア・ローマの古典の学識さえあるものも多くいるのだ。口上師のなかには将校や牧師の息子、医者になるべく教育を受けてきた男、クライスツホスピタル校［ウェストサセックス州の由緒あるパブリックスクール］の最上級生が二人、会社員、店員、とくに何かの職につけるような教育は受けたことのない人たち――この中には上流階級や貴族の庶子もいる――で、親や友人からの経済援助を失って、食べるために街頭に出てきた人たちがいる。洒落たいで立ちの若者は多くが街の女と同棲しているが、しかし、彼らは女性が身を売って稼いだ金をあてにして生活してはいないようだ。また、服装や外見は「紳士」とほとんど変わらない口上師も少なくない。口髭をたくわえている者もいれば、アンリ四世風の顎鬚《あごひげ》を気取っている者もいる。呼売商人たちに見られるお互いへの思いやりとか友情というものは、口上師たちの場合には見あたらない。感情の抑制と仲間意識の欠如が貴族の特徴だとするなら、政治哲学者らがいうように、口上師たちは街頭の貴族といえるかもしれない。

口上師、つまり弁舌をふるいながら街頭で商売する人たちのなかには、「紙仕事師」――さまざまな文藝作品を路上で売る商人をそう呼ぶ――のほかにも多くの行商人がいる。《チープ・ジャック》というのは市《いち》などで口上を述べながら商品を売る行商人で、口上師の中でも最も有名でユーモアがある。彼らの商才と冗談には頭の回転の速さが表われている。冗談の大半は昔ながらの定番で、舞台で演じられる「お笑い藝人」の口演をただそのまま真似ているだけなのだが、その時々の状況に合わせて臨機応変に商売に利用して、「低俗な喜劇役者」ごときには太刀打ちできない智慧の切れ味を見せている。

のど飴――歯痛などに絶対の効き目がある――の行商人も口上師の仲間に入る。この人たちは今は姿を消したイングランドの香具師《マウントバンク》、フランスの辻藝人《サルタンバンク》――その名前は熱弁が良く聞こえるようにと登った街頭の演壇などの台にちなんでいる――の末裔である。油除去剤、ウオノメ用軟膏、カミソリ研ぎ用クリーム、金属磨き用の玉、防水靴墨、ネコイラズを売る行商人や、賭博師相手ににせ物の金貨を売る行商人、口達者に物乞いする連中など、街頭のさまざまな策士たちはもちろんのこと、大道の曲藝師、役者、見世物師もまたしゃべり、すなわち「口上」を共通点とする言葉巧みな集団である。これらの人びとについては、それぞれの売り物やパフォーマンスに応じてグループ分けして説明することにしよう。

まずは文藝作品を街頭で売っている口上師、自ら「紙仕事師」と名乗っている人たちを取り上げればよいだろう。ここには「走り売り口上師」や「訃報追跡屋」が含まれるが、この男性たち（女性は一人もいない）は最期の言葉や臨終の告白を文書にして売ったり、新聞の「焼き直し」を呼売りしたり、さもなくば、業界用語でいう「いかさま《コックス》」と呼ばれる文書を売りさばく。これは、上品に言い直せば、上流階級の女性同士の荒唐無稽な争いとか、作り話の駆け落ち、分け隔てのない貴族の男とすぐ近くにいる若い針子との荒唐無稽な恋文、有名人の「でっち上げの」暗殺と急死、女王陛下と夫君の架空の痴話喧嘩（ただし、このような書き物はもう作られていない）、嘘っ八の殺人事件、でたらめな強盗事件、事実無根の自殺といった恐ろしい悲劇などの物語である。

しかし、このような文書を売る人たちは、「走り売り口上師」ないし「韋駄天書籍商」の名で知られるしゃべりの名人であり、売っている「書き物」の魅力を立ち止まらずに説明し続けるところからこのような異名がある。

さらに、彼らと区別されているのが「立ち売り口上師」で、彼らにはその驚嘆すべき説明を聞いてくれる大勢の人が必要であり、商品に収められている驚くべき話をしっかりと理解してもらうだけの時間がなくてはいけない。したがって、立ち売り口上師には「立ち位置」、つまりあんぐりと口を開けて聞いている群衆に向かって少なくとも何分間かは弁舌をふるえる持ち場が必要になる。怪しげな特効薬や街頭ならではのさまざまな「奇跡」を売り物にしているのはこの連中である。

ただし、（特に文学に詳しい）走り売り口上師は、時に立ち売り口上師になることもあり、街頭商人のいう「看板商売」をする。これは、売り物の冊子に登場する恐怖の場面を派手な色づかいで描いた大きな看板を棒に立てて、繁華街の街角で売るのである。冊子には「絞首刑執行人カルクラフト伝」とか「――博士の悪行　催眠術をかけられた患者たちの運命やいかに」「ソーホー地区ホワイトハウスの密事」といった怖い物見たさの心を惹きつける話が事細かに語られている。

この「看板商売」に似ているのが、「藁《わら》売り」で、街頭で藁を売り、それと一緒に本当に販売禁止のものや販売禁止と偽ったもの――猥褻文書や政治的な歌詞など――を客に渡すのである。ただし、この商売は現在はめったに見られないし、「秘密の文書」の販売のほうも公然と行なわれることはほとんどない。たしかに、卑猥な絵やカードが入った「封印した包み」を処分するふりをして稼いでいる口上師が三、四人いるが、これは一般に道楽者の老人とか、自堕落な若者、退廃的あるいは病的な趣味の持ち主から金をまき上げるために策略をめぐらせているのである。包みを開けてみると、現在はもうなくなった雑誌の端本くらいしか入っていないのである。ところが、いわゆる「パブ取引」ではこういった秘密の書類が相当数、流通している。「パブ取引」とは、街頭には絶対に姿を見せずに、パブのバーや談話室で商品を売って生活の糧にしている行商の「紙仕事師」（大半は女性）による取引のことである。

ひとつの欲望にのめりこむと、別の欲望が病的な状態になって生じることがよくある。大酒呑みの場合には好色漢が多いから、消耗した欲望を刺戟するものにはすぐに飛びついてくる。ひとつの獣欲がまた別の獣欲を引き起こすことは確実である。

口上師にはもうひとつ別のタイプがある。ふつうは立ち売り口上師の仲間にされているが、中間的な存在、つまり商品の説明をしながら、立っているわけでも、走っているわけでもなく、非常にゆっくりとした歩調なので、立ち止まっているとは言えないものの、とても動いているとも言えない人たちがいるのだ。それが時事を扱った政治的な対話文、疑似連禱文、さまざまな諷刺的な文書を朗々と唱える街頭商人たちである。その中には、街頭で謎かけの問答をする者や、本書の挿絵に描かれているような「一五〇の俗謡」を列挙しつつ売っている商人もいる。彼らと近い関係にあるのが、売り物の「作品」の内容を大声をはりあげずに、歌いあげる（と言うのは誇張がすぎるだろうか）「歌い人」である。

このような物売りたちが文学作品を売る街頭商人の中心、あるいは「口上師」のなかの「紙仕事人」の中心となっている。彼らのほかにも、人通りの多い街頭で「作品」を売る商人が大勢いるが、商品を売るのにただ大声を出すだけか説明するだけである。そういう商人は大半が貧しく、生きるのに精いっぱいの卑しくつまらない連中である。（彼らにかなり自由に販売を認めても）大げさに売り物を褒めることもないし、

「歌い人」

中身を偽ることもない。積極的に売り上げを伸ばそうという商魂のたくましい商人ではないのだ。この種の商人として、文具——帳面、封筒、ペン、インク、鉛筆、封蠟、封緘《ふうかん》紙——を扱う街頭商人がいる。この業種には、年鑑、手帖、メモ帳、会計簿を売る街頭商人も入る。さらに、定期刊行物や大判紙《ブロードシート》を売る商人とトランプ、質問ゲームのカード、速記カード［速記を覚えるためのもの］、そして（エプソムやアスコットなど競馬場のある土地では）競馬カードを売る商人がいる。これに加えて、詩が書いてある膠質のカードのほか、水晶宮や国会議事堂の版画をほどこしたカードを売る商人がいる。彼らは競馬カードの業者（これはふつう口上師の仲間とされる）を除いて、みな街頭商人に共通してみられる特徴を有している。

逆さにした傘に古い版画を入れて売る商人と、額縁に入れた色彩豊かな絵画の呼売商人もいる。それから、手書きの楽譜を売る商人はもちろんのこと、古本を露台や手押し車に並べて売る書籍商、古い歌の歌詞を壁にピンで留めて売っている商人——「ピン留め屋」と呼ばれている——もいる。この業種には芝居のポスターと「演劇の本」を劇場の外で売っている商人も含まれる。そして最期に、評論《トラクト》を売っていると称する西インドの水夫などがいるが、これは物乞いの態《てい》の良い隠れ蓑になっているだけである。

絵画を売る商人は、街頭で美術品を販売する業者の仲間になるのだが、《イタリア人の街頭商人》の項で扱うことにしよう。

28 街頭文具商の体験談

ある中年の男性が次のような話をしてくれた。彼は十二年以上この商売をしてきたとのことである。恰幅がよく、暖かみのある人で、厚手のだぶついたコートに身を包んでいた。商品を載せた台をダブルのベストに押しつけて持っていたが、ベストの生地の模様は薄れてよくわからなくなっていた。ベストのボタンがきっちりと顎まで留めてあって、まるでコートがだぶついているぶんを、そこで取りもどそうとしているようにみえた。口もとが左の耳の方へと少し引っぱられていて、一部だけ開いた口もとから（遠く離れた通りまで届くように）声を高くして売り声をあげているようだった。

「まずまずってとこだね。景気はね、おれの場合はまずまずなんで。もっと良かったこともあるかもしんないけど、もっと悪かったこともあるからさ。なんとか食っていってるよ。おれが商売を始めたときと比べると時代は変わったけどね。あのころは封筒なんてものはなかったし、便箋なんちゅうのもなかったなあ。少なくとも、おれのところにはなかったよ。それでも、今より暮らしは良かった。

ほんとに良かったんだ。あの一ペニーの切手が出来た時にゃ――何年だったか覚えちゃいねえけど――まだ商売を始めてそんなにはたっていなかったかな（一八四〇年だった）、封筒を売り歩いたよ。最初はでっかくて、絵が描いてあったんだ。象とかなんかがさ。なにかほかに一緒に買ってくれる人には、そいつを原価で売り歩いてたんだ。

いちばん初めの時に、おまわりが、『そういうものを売っちゃいかん。なんの権限があって売ってるんだ』と言うんで、『めしを食う権限だ』と言い返したけど、だめだった。もうひとり、おまわりがやってきて、また売り声を出したら逮捕するぞって言うんで、もうそれでおしまいだ。

お客は上流の人たちとか、女中、職工の人と、その奥さん連中だから、ほんとにもうだれでもだよなあ。立派な女の人が、おれを玄関までこっそり呼んで、ずいぶんケチなことをするんだよ。十二枚組の便箋を五冊、四ペンスにしろって言うんで、それは無理だって言ったら、『わたしは世間ってものを知っているのよ。初めに言われた金額はぜったいに出さないの』なんて言うんだよ。それでおれは、『奥さま、それでしたら、奥さまの買い方を存じ上げている商人に売ってもらってください』って言ったのさ。世の中を知ってるとかいうこの奥さんは、おれなら仕立屋に二十年は支払わなくちゃならないくらいのベルベットを身につけていたんだよ。すごいドレスだったんだから。おれは仕立屋なんかにたのめないし、自分で繕い物ぐらいはできるけどな。

二年間、馬具屋で働いたことがあって、馬用の腹帯と衣を作らされたことがあるからね。親方が死んでしまって、そこから万事、うまくいかなくなって、仕事はやめなくちゃならなくなり、でもたよれる人は誰もいないし。親は死んでしまってたしね。でも、まだ十六歳で若くて元気があったんだなあ。まず、貸し馬車屋とか馬を売る業者さん、貸馬屋の主人たちに、馬の腹帯とか包帯を少し売ってみようとしたんだけど、食えなくて死にそうになった。相手はみんな目利きだから、材料は高価で、儲けにならなかった。定価でなんて買ってもらえないからさ。それでやめちまったんだ。値打ちのある馬を見ている連中くらい良い物にうるさいやつはいないよ。金持ちが自分の馬に着せる衣にはえらく気にかけるけど、ただ同然の給料で働いている貧乏人の服装にその半分でも気遣いをもってくれたら、世の中はずいぶんよくなるんじゃないかとしょっちゅう思うんだよ。

で、ついにおれは素寒貧になっちまってね。エプソムまで行って、競馬カードを少し売ったんだよ。商売をするのに馬丁から一シリング借りたのに、返そうとしても受

街頭文具商

け取ってくれないんだ。あの封蠟は「安物問屋《スワッグショップ》」（この店については後で触れることになるかもしれない）と呼ばれる卸売店で売っている。ポンド〔約四五四グラム〕当たり八ペンスで、四十八本入り。それをきっかけに紙の商売をはじめることになったんだ。最初は変な気分だったけど、競馬をやってる時なんかに、馬に囲まれていないとますます変な気分になった。人間なんて、どんなことにでも妥協できるもんだけど、おれみたいな男には安宿だけは我慢できないよ。馬小屋なんてそれに比べたら宮殿だ。しまいには文具を売りはじめたんだ。これはちゃんとした立派な商売だよ。

　よくみんなが読み書きはできるけど、何の役にも立たないなんて言うのを聞くけど、おれにはちょっとだけど金になったよ。今もだけど。そこそこの読み書きしかできないんだけどさ。便箋なんかを買ってくれるお客に手紙を代筆するんだ。無心の手紙なんかじゃないよ。そんなことにかかわったらやばいことになるからね。きれいな封筒にヴァレンタインカードを入れて、宛名を書いてやって、よく追加料金をもらうんだ。この前、女中さんと話をしたんだけど。戸口に立っていたから、『今日はすてきな便箋がありますよ。彼氏のラブレターに返事はどうですか。お母さんに来週の月曜に結婚するので認めてくださいっておうちに手紙はどうですか』って声をかけてね。そんなふうに声をかけると聞いてもらえるんだ。それで、字が書けないとわかったら、ビール一杯で代筆しますよって言うのさ。もちろん、そしたら便箋を買ってもらえるし。

　文章の注文はいっぱいあったよ。大勢の叔母さんたちに愛情のこもった言葉を書いて欲しいとか、それこそありとあらゆることに、いろんなメッセージや質問やら。便箋にいっぱいになるくらいの話を聞き終わったと思ったら、おれを呼びもどして、『あ、トマスおじさんを忘れてたの』。それで、おれは便箋におさまる長さに縮めて書くんだよ。『お問い合わせ下さったみなさまへ』って書けば、トマスおじさんでも誰でもそこに入っちゃう。ちょっと昼飯でも食わせてもらえれば、代筆するんだ。前金をもらえば、ポストに投函することもある。そうじゃなければ、その次に通りかかったときに、手紙を置いていくんだ。別にそれは隠す必要ないことでさ。奥さんから『それ、なんなの?』と聞かれて、女中さんが『いなかに出す手紙なんです。自分では書く時間がないものですから』とか『奥さま、わたしは学がないので』って答えるのを聞いたことがあるよ。ただ、それはおれが誰か知られてる地域だけだがね。

一週間に一通も書かないよ。一年間で四〇通くらいかな。一ペニーか二ペンスもらうけど、すごく貧乏な人からは金はとらない。そうだなあ、ラブレターは書いたことないと思うよ。女の人たちは、女同士で書くんだよ。若い女中なんか、口は達者でも、あんまり文章が書けないとね。おれは知ってる人には冗談なんかも言って、ラブレター以外は何でも書くよ、ラブレターには、金の縁取りした高級な便箋としゃれた封筒、それに辞書が必要だよなんて言ってやるんだ。売れるのは便箋と封筒がいちばんで、とくに便箋だね。買うときにもう便箋をたたんで封筒に入れて欲しいって言われることもあるよ。自分じゃうまくいかないからってさ。稼ぎは一日で二シリングくらいかな。三シリング六ペンスも稼げる日もあるけど、特に雨の日なんか、一シリングにもならないことがある。でも、おれはそこそこ稼いでいるよ。平均よりは上だ。きれいな部屋に独り身で、週一シリング九ペンスが部屋代。

自分の家具もちょっとはあるし。仕入れはバッジローだったり、ドルアリーレーンだったり。安物屋（バーミンガム・ハウスだけど）にはめったに行かない。好きじゃないんだよ。ところでさ、おれみたいな貧乏人は《大博覧会》〔一八五一年にハイドパークの水晶宮で開催された博覧会〕の時に、パークじゃ、何も売らせてもらえないって聞いたんだけど。どうなんだい？」

　私はそれはなんとも言えないとだけ言っておいた。彼はなおも話を続けた。

「まあ、そんなとこかもしれないな。お偉いさんたちはみんな独り占めしたいんだろうからさ。日曜日にロイズ週刊新聞を読んだら、殺人事件や強盗事件がすごいんだよ。大博覧会が始まったらどうなっちまうんだろう。悪党どもは人混みの中でやりたいほうだいだろうよ。世界中からロンドンに大勢集まってくるっていうじゃねえか。まあ、いいさ。博覧会でなにか今よりもっと儲かりそうなことがあれば、路上とはおさらばだな。儲けは労働者から半分、民家に売りに行って半分かな。だいたいそんなところだ。でも、簡単に満足してくれるのは労働者の人たちだ」。

　この男性の話は必要以上に詳しく取り上げたので、手紙の代書についての話もここに載せることにしよう。代書屋は現在、たとえばナポリなど大陸の都市ではよく見られるが、かつてはロンドンでもお馴染みの街頭商人だった。今、ロンドンではこの仕事は街頭文具商の手に握られてしまったようだが、無教育な人たち――手紙を受け取ったり返事を書いたりはあまりしない――のために代筆されている手紙の大半は、私が思うに、かなり曖昧ながらもはっきりと「友人」と呼ばれている人が書いているのだ。

ロンドンには街頭販売の文具商が一二〇人いるそうだが、行商しているのは少数で、しかも決まった巡回地区をもっている人たちが多いという。日曜の午前中、たとえばブリルなどの地域では不定期ながら、日曜にだけ文具を売っている人が二、三人見かけられる。しかし、一二〇人いるとすれば、一人平均で利益は週八シリング程度だろうと私は見ている。最高級の便箋で、利益は五〇パーセントにしかならないこともある。しかし、この業界全体としてみると、利益率はもっと高いものもあるので、街頭文具商の懐に入るのは年間で四九九二ポンドになる。

29 無心の手紙と請願書専門の代書屋

窮状をでっち上げたり誇張したりした文章を書く「偽書状作り」は、「口上香具師」つまり人前で大げさに弁舌をふるう者がいれば、当然のことながら、あってしかるべき仕事である。

ここでその「仕事」について手短かに情報を追加しておくことにする。というのも、偽書状作りは、「働く気のない集団」に属するのだが、物乞いという街頭での商売と密接なかかわりを持っているので、ここで少しだけ触れておくのがよかろうと思ったのである。さらに詳しい学術的な側面からの見解は、「能力はあるが生活のために労働する気がない者」を扱った項で、プロの物乞いを取り上げる際に述べることにする。なお、プロの物乞いは、「労働する気はあるができない者」に分類される不本意な物乞いとは区別される。

さて、追加情報を提供してくれたのは、ここで扱っている業界の習慣としきたりに通じる数多くの機会に恵まれてきた人物であり、彼自身もこの仕事に就いていた時期があった。

イングランドとウェールズで投獄される放浪者の数は年間一万九六二一人にのぼる。投獄回数が生涯に十二度を超える者はそこまで多くはないし、刑務所とは無縁の者も少数ながらいる。浮浪者と乞食の人数は、イングランドとウェールズを合わせると最低でも二万二〇〇〇と見積もれそうだ。スコットランドから来る人数はわからない。この哀れな人たちには高齢者と病人が多い。貧乏のどん底にある孤児もいる。無一文で絶望的な貧困状態の者や、一時的な原因で貧乏に苦しんでいる者も少なくない。しかし、このような申し訳の立つ人たちはここでは扱わない。

物乞いを生業《なりわい》としている人たちには二種類あり、ひとつは「口八丁で」（つまり口頭で）、もうひとつは「偽書状で」、つまりありもしない理由をでっち上げて請願書や無心の手紙を作成するのである。その文書は二種類に大別できる。「無心状《スラム》」（手紙）と「如何様書」（請願書）である。いずれもそれを提出ないし送る本人が書くことはほとんどなく、一般市民にはその数も下劣さも想像しがたいような連中が捏造しているのだ。つまり、それが「プロの願い上げ状書き」である。

他人のために無心の書状を書く者が自ら無心することはまずない。多くの場合、文書を作成してやっている仲間が支援してくれるのだ。この種のプロは「たかり屋《カッジャー》」とか「うちの仕事師」と呼ばれている。彼らの経歴はその能力と同じで多彩である。全体としては事務職員、教員、店員、落ちぶれた紳士、貴族の庶子だったり、そうでなければ、教養教育を受けた後に親の管理下から逃げ出して、若いうちからこの仕事をはじめて、墓に入るまで続けそうな者などがいる。

さて、以下は私に情報を提供してくれた人物の話である。

「この手の文書に書かれているさまざまな口実をざっと見てから、文書を準備している時に状況を説明します。その文書には、聞くも涙のありとあらゆる不幸・災難がずらりと並んでいます。

まず、海難――難破という場合もありますが――にかかわる請願書を取り上げましょう。これは本当に船員の経験者なら別ですが、一人だけで作成することはほとんどありません。海軍の名誉のために言っておきますと、まずそんなことはないでしょう。詐欺行為を実行するとなると、水兵の格好をしたろくでもないやつら（陸《おか》水兵という）が五、六人、手を下すんです。そのうちの一人はほんとうに船乗りだった経験があるので、何か疑わしいと思われて、海に関係する質問をされても、ちゃんと答えられるってわけです。そいつが書類を持ち歩いていて、もちろん一味の代表です。連中はたいてい金を出した人の名前を書きこむ帳簿を持っていて、紙を一、二枚つけて表紙にしています。

ここでそのもっともらしい体裁の請願書がどんなものか、見本を示すのは悪くないでしょう。まあ、記憶をたよりにではありますが。お偉いさんたち（特に軍務の経験がある者）はその書類に将校をしている弟とか友人の署名があると、一ポンドの寄付金を出してくれるのです。

『本証書は関係諸賢に対してサンダラー号（ジョンソン船長）が、船長以下の将校を除き、女性を主たる乗客とする二〇名及び船員三〇名を載せ、茶・果実等を積載し中国より本国への帰途にあったことを証明するものである。当該船舶はニューファンドランド沖合にて烈風を受け、マストは破損、（ここに日にち、時刻、緯度など詳細が記入される）午前零時に坐礁するに至る。当該船舶は短時間にて浸水沈没し、二等航海士及び船員四名（本状持参の者）のみが水死を免れる。当該生存者らは難破船にて数日漂流の後、天祐神助により発見、ブリッグ船インヴィンシブル号（スミス船長）により救助され、ハンプシャー州ポーツマス港の当町にて下船す。当該港町及び当該州担当の本官こと税関局長並びに治安判事二名は当該海難事故が真性なること、ならびに、上記（ここに哀れな船員の名前が入る）が海難事故の当事者であることを証明すると共に、本日より二十八日間、各人の居地ないし再雇用の見込みある海港へ帰還するため必要な援助を暫時受ける目的にて、本証書を提示する権限を与える。加うるに本証書は、警官隊ないしいかなる官憲も旅程を妨げることを禁ずる。

署名

ジョン・ハリス　司令官　一ポンド

ジェイムズ・フラッド　治安判事　一ポンド

W・ホープ艦長　イギリス海軍　治安判事　一ポンド十シリング

一八五〇年十月十日　ポーツマスにて作成

「女王陛下万歳」

W・ウィルキンズ師　一ポンド

将校の未亡人　十シリング

老水夫　五シリング
一友人　二シリング六ペンス』

このような偽造文書を作成する人物像についてはすでにお話ししたとおりです。この例から見ると、偽造文書は港町やかなりの規模の町ならどこでも手に入りそうですが、実際にはそうはいきません。たしかに、ある種の文書、とくに行商人の偽造許可証は田舎で、その内容の重要度に応じた、あるいは見こまれる利益に応じた価格で手に入るかもしれませんが、『本格的な一級品』となると、『出発地《スタート》』（ロンドンです）で作成され、注文を受けて、誰にも見られないように念入りに梱包され田舎に送られるのです。『ロンドン、ウェストミンスター通りの酒場《馬とラッパ亭》前のファインダー夫人の下宿屋にいるキャロッティ・ポールに大至急』送った次の手紙を読めば、事情通じゃない人にも『にせもの』がどういうふうに手に入れられるのかわかるでしょう」。

『ポル［メアリの愛称］様　あなたもジョージもお元気でご機嫌麗しいことと存じます。こちらはとってもたいへんです。妹さんのライザがお産をして、元気で大きな男の子をうみましたが、しどくお金に困ってる時でした。雨はいつでも土砂降りということわざがあって、しどいことは続くものですが、ほんとにたいへんでした。うちのウィリアムが火事にあったと偽って詐欺をはたらいて、ロンドン子の若者と一ヵ月の刑を受けて、二人が今度の月曜に出てきたら、朝食を食べさせてちょっとお酒を飲ませるのに、新しい服やら自分のものをぜんぶ質入れしてしまいました。働けるあてもないのに、どうするつもりなのか。仕立屋トムが一シリング貸してくれたので同封します。もう一シリング必要なら何か質入れして、弁護士のジョーに頼んでウィリアムのために、今度は火事ではなく骨折を理由にした書類を書いてもらいなさい。馬が目眩《めまい》病で倒れて商品の皿が全部割れてしまって家族が餓死寸前だとか、子供たちが麻疹《はしか》にかかっているとか言うんですよ。子どもが病気だというのは嘘じゃないんだから。それから、荷車を引くので代わりの家畜を買うのに少しばかり入り用だと言って、そこに名前を書き入れて、書類を汚して、少し前の日付を入れること。郵便代金を忘れずに支払うこと。今のところはそれだけです。

姉、ジェーン・N……より。

煙突掃除人ミスター・ジョン・H……方、

ファイヴ・ベルズ・グリンステッド、コルチェスター、エセックス州』

この手紙を受け取った人物は、手紙が届いた時に下宿屋にいて、手紙を渡されて、読んでから参考にするために持っていた。弁護士のジョーがすぐに呼ばれて、その後の展開はだいたい以下の通り。情報提供者の言葉のまま記しておく。

「この手紙の宛先を訪ねて行きました。お互いに景気が良かった頃からの知り合いだった男がどうしているかと尋ねて。そしたら、台所のドアだったか地下室のドアだったか、押し開けられて、キャロッティ・ポル本人が出てきました。

『ポル、調子はどんなものなのかな』

『ひ、ひどいもんよ。弁護士のジョーさんは？』

『ああ、お茶と砂糖を買いにマザー・リンステッドに行ったんだよ。ほら、今来るよ』

『ジョーさん、一つ仕事をお願いしたいの。骨折したことにしたいんだけど、いくらになるのかしら』

『半クラウン［二シリング六ペンス］だなあ』

『二シリングにしてちょうだい。あの子がブタ箱に入っているのよ』

『ふーん、端数をまけるわけにゃいかないんだけどなあ。紙はあるのかい』

『ありますよ。切手も全部そろってるし』

ペンとインクが出されて、テーブルの一角を片づけて、仕事が始まりました。

『字がうまいんだなあ』と請願書を書いていると、誰かが声をあげましてね。

「おれにもできるといいんだけどなあ」とまた別の人。

「できても、すぐにお前さんなら島流しの刑になるぞ」とさらにまた誰か。書類が完成するとすぐに、台所にいた全員が声をそろえて、みごとだと歓声をあげ、お偉いさんたちの二十人に一人も『モノホン』じゃないなんて疑わないよと感心しました。

弁護士のジョーはよくわきまえたもので、公式文書のたたみ方で紙をたたんで、しわをつけて、書いたばかりの文書には見えないように、また何度も開いて見られたように見せかけて、牧師と教区委員の署名を記入し、指を暖炉の灰の中に入れて、書類を灰のついた手で汚し、いかにも『目眩《めまい》病の馬』がいて『麻疹の子ども』がいる年老いたまじめな行商人からの請願に仕立て上げたのです」。

こういう偽文書作りのプロは大勢の慈善家の署名を持っていて、インクも何種類もの色をそろえ、同じ紙質の用紙を使うこともめったにないので、偽造だと見抜くのは困難である。本書でも以前触れたことのある有名な詐欺師は、ヨークで治安判事の前に連れてこられたことが一度あったが、この詐欺師の偽造文書には、まさにその治安判事の署名が記されていたのである。みごとに本物そっくりだったが、詐欺師は目の前の治安判事に向かって、それは判事さんが書いた署名に間違いありません、判事さんが馬に乗ろうと準備をしていた時に、ご自分の鞍が置いてある部屋で署名してくださいました。わたしにその時、五〇シリング下さいましたと証言したのである。この厚かましくも決然たる証言のおかげで、なんと被告は釈放されることになった。

30　製造品を販売する街頭商人

この業界は（一）金属製品、（二）化学製品、（三）陶器・ガラス等の製品、（四）リンネル・綿等の織物製品、（五）その他雑多な製品の販売にわかれている。この分類の中には中古品は含めない。また自分で販売と製造を兼ねている者や、街頭の職人も含めない。

最初の「金属製品」のグループには、剃刀・テーブル・ペンナイフ・茶盆・犬の首輪・キーホルダー・金物類・コインとメダル・ピンと針・宝石類・ロウソクの芯切り・燭台・ブリキ製品・道具類・カードカウンター・ニシン焼き器・五徳・焼き網・平鍋・（肉をローストする時などの）トレーを載せる台・蓋付き鉄鍋がある。

第二の「化学製品」には靴墨・石墨・ウオノメ用軟膏・油脂除去剤・陶器とガラス用接着剤・金属磨き用の玉・猫イラズ・ゴキブリ駆除剤・爆竹・かんしゃく玉・葉巻用ライターがある。

三番目の「陶器・ガラス等の製品」には、街頭で売られているあらゆる陶器・ガラス・石材の製品が含まれ、瀬戸物の皿やカップなどはもちろん、花瓶・煙突用飾り・石製の果物もある。

第四のグループは綿・シルク・リンネル製品で、たとえば敷布地・シャツ地・各種レース・木綿の縫い糸・糸と平打ちのひも・裁縫用品・婦人帽の縫製用品・造花・ハンカチ・密輪品と称される商品もある。

五番目の雑貨商というのは、葉巻・パイプ・紙巻きタバコ・かぎ煙草入れ・葉巻入れ・アコーディオン・眼鏡・帽子・海綿《スポンジ》・櫛・ヘアブラシ・シャツのボタン・上着の飾りボタン・食用大黄《ルバーブ》・柔皮・壁紙・人形・ブリストルなどの玩具・おがくず・薪《まき》・針差しを売る街頭商人である。

街頭ではほかにも様々な製品が売られているが、それについては《街頭職人》の項で扱うのが適当であろう。

製造品を売る街頭商人の特徴はあまりにも多彩で多岐にわたるので、他の商人たちの場合のようには全体としてくくってまとめるわけにはゆかない。

その中でも、明確な特徴を示す商人もいることはいる。たとえば、綿やリンネルの商品をまとめて背負って売り歩く《パックマン》と呼ばれる商人は、すべて各地を回る行商人である。また、《ダファー》と呼ばれる商人は密輪品と称する商品、ハンカチ、シルク、紙巻きタバコと葉巻を売り歩く街頭商人であり、にせ物の金貨と金の指輪を賭け事師に売るのもこの商人である。陶磁器類やガラス製品を売る街頭商人（業界では「瀬戸物屋《クロックス》」と呼ばれる）は物々交換を原則としているのが特徴である。相手を選ばず誰にでも売る気持はあるのだが、現実にはめったに売ることはなく、また、自分の商品を衣服と交換する場合には、特に好みがうるさい。その理由というのは――少なくとも私が彼らの中でもとりわけ知性に優れている商人たちから聞いた話では――もし「あっさりとその場で売ってしまう」と行商の許可証が必要となるので、そうそう安く売ったり「交換」したりできないのだという。

製造品を売る街頭商人の中には口上師も含まれることがある。「安物売り《チープ・ジャック》」や「たたき売り商人《チープ・ジョン》」もいれば、油と汚れの除去剤を売る商人、ウオノメ用軟膏と金属磨き用の玉を売る商人、賭博師に金貨と指輪のにせ物を売る商人、上着の飾りボタン売り、ネズミを自分の体にまとわりつかせたり、そばを走り回らせたりしている害獣などの駆除剤売りもいる。

このグループの商人には、高齢者もまだ幼い者もいる。病人もいれば障碍者も目の見えない者もいる。こういう人たちが売っている商品――あるいはお金を恵んでもらうために差し出しているもの――は、箱入りのマッチ・靴墨・長靴・コルセットなどの芯・レース類・ピンと裁縫針・平打ちのひも・綿の細い組みひも・ガーター・針差し・櫛・ナツメグ用おろし金・金属製の焼き串と鉤《かぎ》・かぎホック・シャツのボタンである。

これ以外の商品を売る者は単に行商人としか言いようがなく、苦労しながらとぼとぼと各地を歩き回る商人ということになる。

31 金属製スプーンなどを売るパブ専門の行商人

パブを得意先にする行商人は、個人宅だけを客にする行商人ほど儲かることはない。よく酒を一緒に呑まされてしまうし、それほど商売熱心な行商人でもなく、彼ら自身の言葉を借りると、酒場に近づかない商人に比べると、頻繁に金欠病になっているのだ。パブを相手にする行商人の利益は一概には言えないほどの幅がある。一、二シリング稼いだら、酒場を出ないうちにそれを使ってしまう者もいるので、そうなると商品も利益も一緒に失ったことになる。

パブに売りに行く小規模な行商人のみんながみんなそうだというわけではない。向上心をもって努力して、成功する者もいるのだから。しかし、いつでも苦しみを明日に先送りしては、その日暮らしをしている者が多すぎるのだ。

行商人の典型的な日常について教えてくれた男性と出会ったのは、ラトクリフハイウェイにある酒場だった。彼はティースプーンを売っていて、持っていた全在庫が六本だった。それを私になんとか買わせようと躍起になった。たのむから少しだけおれに投資してくれと言い出す始末だった。まる一日稼ぎがなく、何も食べていないのだという。「おれみたいな者には、もうこれ以上悪くなりようがないんだから」と言い、「一杯だけラム酒が呑みたい」、いくらでもいいからティースプーンを買ってくれとか、ラム酒を一杯呑ませてくれたら、ぜんぶやるからと言い出した。私はパンとチーズを食べた方がいいんじゃないか、朝からまだ何も食べていないんだったら、と応えると、それでもラム酒が呑みたいと言い張るのだ。震える手で酒を呑み干すと、舌なめずりをして、「ああ、この一杯で生き返ったよ」。

何分もしないうちに、ある客にスプーンをぜんぶ六ペンスで売ってしまった。そして、もう一杯呑み干したのである。「さあ、これで商売に取りかかれる。もう二ペンスあれば、ティースプーンが十二本買えるんだけどなあ。そうしたら、寝るまでには一シリングか二シリング稼げるぞ」。

それから男は口数が増えて、自分はロンドンでは誰にも負けない行商人で、わずかな持ち合わせ品で誰よりも稼げると言った。彼は二、三度はこのままではいけないと意を決して、「酒断ち」つまり禁酒を誓ったこともあるのだが、誓いを破ってはまた元の木阿弥で、手持ちの商品をすっかり無くしてしまうのだった。

彼は禁酒している時には五ポンド〔約十万円〕も稼いだことが二度あり、二ポンドから三ポンドの時はよくあった。彼曰く、正気にもどって、自分の馬鹿さ加減に気づいた時には、気が狂いそうだった。立派な決心があっというまに崩れてしまったことに愕然となり、もう二度と誓いなぞ立てないと宣言したのである。酒にうつつを抜かして手持ちの商品がなくなってしまうと、ブリタニアメタル［スズ・アンチモン・銅の合金］のティースプーンで再起を図ろうとした。これなら資金は六ペンスで、売れば九ペンスから一シリングになる。六本売れたら、また六本とナイフを一丁あるいは櫛を一、二本仕入れるのである。まったくの文無しになると、コルクの栓に針を一本刺して、酒場に集まっている「一堂」がもしなにか金物を欲しいと思っているなら、お近づきになりたいと言い出すのだ。手もとにあるのは針一本だけだというのに。これは要するに「資金集め」のための工作で、もし自分は金物を扱っていると言って船乗りたちの中に入っていけば、ビールの一杯や二杯には必ずありつけるのだ。何ペンスか恵んでもらえることもあるだろう。そうなるとナイフを一丁、ズボン吊り一組、あるいはティースプーンを六本買って、法に触れることなく商売を始めることができる。

　私の質問に応えて、彼は昔からずーっと行商人をしてきたわけじゃないと言った。父親は軍人で兵器庫で働いていたという。除隊となって年金を支給され、彼（行商人本人）は両親とともに陸軍を離れた。父親が軍務にあった間、彼は入隊することはなかったが、その後は志願した。父親が最初の年金を受給すると、母親が行商を始めたので、彼は母親について歩いた。年金と母の努力のおかげで、一家はそれなりに豊かな暮らしができた。

「ひとりっ子だったので、両親にどうしようもないくらい甘やかされた」という。「まだ若いころ、十五か十六の時、親にはとんでもない迷惑をかけた。十八歳でフュージリア連隊［ロンドンの歩兵連隊など］に入って、三ヵ月は連隊にいたけど、自分で言いだして、除隊金を支払ってやめることにしたんだ。おふくろがその金（二〇ポンド）を工面するために手持ちの商品をほとんど売り払ってしまった。家に帰っても、おふくろについて歩こうとは思わなかった。昔は品物を運ぶときにはよく一緒について回ったのに。生活のために何かしようという気にもならなかった。おふくろにはおれが働かなくても養う権利があると思っていたんだ。どういうわけかおふくろもそう思っていた。ぶらぶらしていても食わしてもらって、その上、おふくろは余裕もないのに、おれが友だちと遊ぶのに小遣いを出してくれたんだ。九柱戯ばかりやって遊んでいた。九柱戯の名人というわけでもなかったけどな。人を犠牲にするようなあくどいことはやらなかったからさ。ただ、勝てそうもない賭けをする馬鹿なやつがいると、その『あまっちょろさ』につけこむことはよくやったけどよ。負けて、おふくろからもらったわずかな金がなくなっちゃうと、家に帰って、もっと金をくれと言って、聞いてもらえないと、そのたびにおふくろに当たり散らしたんだ。そしたら、おふくろはすごく気が弱かったから、目に涙をためて、おれに金をわたすんだ。ひどいことをしたもんだと思うと、泣けてくるよ（ここで涙が彼の頬を伝って落ちた）。

おふくろにはとんでもない態度をとったけど、心の中ではすごく愛していたんだよ。九柱戯にはもう嫌気がさした。詐欺がらみの問題がおきたもんだからさ。

詐欺師どもがいいカモを見つけていてよ。おれは、必ず勝つように一ペニーとか二ペンスずつ、ちまちまと賭けていたんだ。カモにされていたその唐変木を、おれはほかの連中とは関係なく食い物にしていたのさ。ところが、連中、そいつから何ポンドも巻き上げたもんだから、一問着あって、警察まで出てくる羽目になっちまったんだ。それで、おれが一味のひとりだって摘発されちゃって、主犯格の連中もしょっ引かれたってわけだ。連中はみんな六ヵ月の刑で、おれは国費で賄い付きの宿に一ヵ月入ることになった。その時は、そんな不当なことがあるものかと思ったけど、おれだって罪の重さでは連中と同じだった。なにしろ、あの頃、おれにももっと賭け金が出せるくらい金があったらいいのにと悔しがって、おれより甘い汁を吸ってるやつらを羨ましいと思ってたんだからよ。ムショから出てくると、おれはおふくろに殉教者みたいな扱いを受けた。おれは何も悪くないって、おふくろは思ってくれたんだ。

出獄して間もなく親父が死んだ。年金も一緒に無くなった。それからは自分の食い扶持は自分で何とかしなくちゃならなくなった。ただ、手に入ったのはほんの数シリングぶんの商品だけだったけどな。親父の葬式とおれの浪費のおかげで、おふくろの稼ぎも大打撃を受けていたんだよ。しばらくの間はおれも行儀良くしていた。おふくろはよく病気になったし、親父が死んだショックから立ち直れずにいた。親父が死んで一年くらいでおふくろも死んじまった。手持ちの品物もだんだんと底をついてきたし。おふくろの葬式代は教区の世話になるしかなかった。一段落したら、おれの持ち物と現金を合わせても二〇シリング。おふくろが死んでからもう十年になるけど、その間、酒を呑まずにしらふでいたのは、足し合わせても一ヵ月というところだろう」。

この酒場で坐って話をしながら、一時間十五分の間、入ってくる客を数えていると、羊の足を売る行商人が四人、エビ・ツブ貝・タマキビ貝の行商人三人、焼きじゃが売りが二人、歌詞の行商人は八人、マッチ売りも八人、ズボン吊りなどの行商人が三人だった。商売をした者は一人としていなかった。

32 爆竹とかんしゃく玉を売る街頭商人

この業種に通じている人たちから聞いた話によると、この商売は路上商売の中でもとりわけ警察から目の敵《かたき》にされているので、それがなければ、もっと盛大に商売もできるだろうし、商人の数も増えるだろうということであった。ある人曰く、「道の両側に目を光らせていなくちゃだめなんだよ、爆竹を売るときには。だけど、警官がおれたちを呼び止めて何になるんだよな。子どもは買いたけりゃ、店に行けばそれですんじゃうわけだよ」。

この商売は長期の休みの時期だけで、十一月五日の前後数日間と、それからまた同じようにクリスマスの時期にしか見られない。ある商人は「去年の十一月は爆竹がよく売れたよ。ガイフォークスデーだったか、その前だったか、もうよくわかんねえけど、十五シリング儲かったんだ。男の子たちはみんなウォータールー爆竹とかんしゃく玉《ボールクラッカー》（よく使われている商品名）だな。『ウォータールー』ってのは引っ張って鳴らす爆竹だ。四分の三はかんしゃく玉だ。掃除用の磨き石を売ってるような顔をして、手押し車で売り歩くんだ。小さな声でも出せる時には『六個で一ペニー、ばくちくー』って言ってね。男の子たちはすぐにそれをみんなに知らせるのさ。どんな子でも買いに来るよ。医者の子、学校に行ってる子、召使、立派な服装の子、靴も靴下もはいていない子。男の子たちにとっては粋な娯楽なんだよ」。

この男性は「この前のポラムの縁日」ではよく売れたという。三日間で、というよりは三夜で、十三シリング六ペンス稼いだそうだ。男性によると、「ポラムの縁日ってのは、ユダヤ人のお祭りみたいなもんで、必ず過越しの祭の前の三日間だって聞いたことがある。おれはホワイトチャペルとかあっちのほうで売るんだ」。

長年、十年か十二年だろうか、この商売をしている人に、客の少年たちがあまり無害とはいえない商品を何に使っているのか知っているのかと聞いてみた。すると、待ってましたとばかりに飛びついてきた。

「客は全部が全部子どもってわけじゃないんだ。まあ、圧倒的に多いのは男の子だけどさ。大人にだって売っているんだ。酔っぱらいもそこそこいる。そりゃ、爆竹は面白いからなあ。ステップニーの縁日で片目を失明した男がいるんだ。六、七年前だけど、爆竹をいじっていたとかで。ほんとのところは知らないけど、かんしゃく玉の中のじゃりが跳ねて目に入って失明したってことはわかってる。でも、爆竹をいちばん面白がるのは男の子だ。この前のクリスマスは男の子が全部買っていって、五シリング、その次の日のボクシングデーにはもっと売れた。バカ売れしたもんで、六時前には売り切れだった。そのあとで見ていたら、男の子がこっそり足の悪いばあさんの後ろに回って、耳のすぐうしろでウォータールーを引っ張ったんだ。体のでかい、きちんとした服装の子だったけど。ばあさんは『やられちゃった！』と悲鳴をあげて、後ろをふり向いたら、その子が言ったんだよ。その子がだよ。『あんたのおばあちゃんはあんたが家にいないこと知ってるのかい？　だめなんだよ、いいかい、独りで外を歩いたりしちゃ』。そしたら、ばあさんのすごい剣幕ったらなかったよ。大声を張りあげて『このろくでなし。あんたらみたいなのは、みんなろくでもないよ。ただじゃすまないからね。警察に連れて行ってもらうよ、いいかい』。怒鳴られたら、ガキはさっさとずらかっちまいやがった。

　この手のやつで今までいちばん面白かったのは去年の冬で、ショアディッチの近くの街なかだった。露台を出していた靴直しのじいさんが、夜になったんで片づけていると、そこに男の子がひとり近づいてきて、じいさんに何を言ったのかはわからんけど、何か、靴型じゃないかと思うけど、そいつでロウソクを突っついて消してしまうと、逃げ出したんだ。そしたら間もなく、待ちかまえていたように三、四人のガキがかんしゃく玉を露台に向かって次々に投げつけたんだよ。そしたら、なんだか靴屋のじいさんが倒れて、並んでいた靴型を叩き落としちまったようなすごい音がしてさ。でも、すぐに起き上がって――アイルランド人だとおれは思ったんだけど――スミスフィールド［家畜の市場］の牛みたいな唸り声をあげてから、『拳銃で撃たれて、もうだめだ、死んじまうよー！　け、警察！　けい、警察をたのむよー！』と大声を張りあげてさあ。じいさん、すっかり不意を突かれたみたいだったよ。なにしろ凄いかんしゃく玉だったからなあ。あんまり露台なんてふだんから出していなかったんだと思うよ。でなかったら、かんしゃく玉を投げつけられるのなんて、慣れっこになっていたはずだからな。とにかく凄い声で怒鳴ってた。

その夜だったと思うけど、大柄で無表情な年配の紳士が、パーティにでも行くみたいにめかしこんでいて、コマーシャル・ロードでひどい目にあっているのを見たこともあるよ。その頃おれは、そのへんに住んでいたんだ。目の前にガキが三人いて、そのひとりが老紳士のすぐ後ろの足もとめがけてかんしゃく玉を投げつけて、バーンと破裂させたから、彼はびっくりして跳び上がったよ。ガキはポケットに両手を突っこんだまま、知らんふりしてそのまま歩いて行ってしまった。その直後に、また別のガキが同じことをやったんだよ。それから、また今度は三人目も。そしたら、老紳士が、いやー、怒鳴り散らしたんだよ。あんな立派な身なりの紳士にはショックだったんだな。おれに向かって、お前が爆竹を鳴らしたんだ!って言うから、『おれがあんたに爆竹を投げただって。そんなわけのわかんないことを言ってる暇があったら、生姜入りのビールを少し温めて、おごってくれるくらいのことをしてくれてもいいんじゃないか』って言ってやったんだ。こんなやりとりをしているうちに、ガキのひとりがもどってきて、またかんしゃく玉を投げつけたのさ。それでその紳士さんにも事情が飲みこめて、『あいつを追いかけて、嫌というほどぶったたいてくれたら、ビールをおごるぜ』って言うんで、おれは『本気で言ってるんだったら、現金《げんなま》だ』と言ってやったのさ。そしたら、もごもご何か言って、向こうに歩いていっちまいやがった。見てたらおまわりに話しかけているから、おれはさっさと家に帰ってきたんだ」。

ロンドン付近での市《いち》では、この手の火薬製品がかなり売られている。市では大きな露台に並べられていることも多い。帰り道の人たちにいたずらの道具を提供しているのである。ある街頭商人の話である。

「この前の聖霊降臨日のグリニッジ・フェアのあとなんだけど、牧師さんみたいに襟が白い立ちカラーになっている紳士が、《象（と城）》［パブの名前］のすぐそばにある菓子屋をのぞいていたんだ。乗合馬車を待っていたんだと思うけど。そのそばに赤い顔のばあさんがいてね。そこに男の子がひとりやってきて、さっと何かを紳士の上着とばあさんの服にくっつけたんだ。そのあと、ふたりが振り返ると、爆竹がバーンと鳴って、お互いにすごい形相で相手を睨んでね。そしたらさっきのガキがまた来て、白い立ちカラーの紳士を指差して、赤い顔のばあさんに言うんだよ。『奥さん、あの人が奥さんの服をいじるのを見たよ。縁日のあとで、ふざけてやったんだから、なにかおごってもらわなくちゃね』。それで牧師さんは、まあ牧師だったとしてだけど、歩いてどこかに行ってしまった」。

　街頭商人や小さな店にこういう爆竹を卸している製造元は八社あるそうである。卸値は十二ダースで四ペンスから六ペンス。「かんしゃく玉」がいちばん高い。街頭での小売りの値段は、一ペニーで六個から十二個だが、相手の様子とか本当に買いたそうにしているかどうかで値段が変わる。かんしゃく玉や爆竹を盆に載せて売り歩く商人もいるが、市《いち》の時は別として、露店を構えて売っている者はほとんどいない。この前の十一月だが、わずか数日の間に爆竹を売っていた商人は男女合わせて五〇～六〇人はいた。もちろん、「こっそりと」である。あまり公然と行なわれる商売ではないので、概算でも統計を取るのはむずかしい。私が会った中で一番知性豊かで、自ら「この業界の裏も表も知り尽くしている」という人物によれば、十一月とクリスマスの爆竹類の街頭販売では、売り上げが少なくとも一〇〇ポンドあり、それ以外の時期でさらに一〇〇ポンドの売り上げがあるという。タワーヒルとラトクリフハイウェイ（街頭商人の呼び方では「ハイウェイ」）界隈、それからウォッピングとシャドウェルが、爆竹の売り上げは好調である。商人はごくふつうの街頭商人で、口上を述べる必要はない。

33 グッタペルカのお面売り

店頭販売では値段が安くなってしまい、行商で売られるようになり、短期間あるいは比較的短期間は街頭でよく売れるが、しだいに姿を消してしまう商品が数多くある。そういう商品はふつうは奇怪な、あるいは楽しいが役には立たないものなので、もっと人の心を引きつける新商品に取って代わられるものである。その魅力の中心になるのは目新しさである。

その種のもので街頭販売されているのは「グッタペルカのお面」と呼ばれる弾力性のある玩具である。しかし、これには実際にはグッタペルカ〔ゴムに似た樹脂〕はいっさい使用されておらず、膠《にかわ》と糖蜜だけで作られている。材料は印刷機のローラーと同じである。お面は人間の顔を小さくしたもので、ふつうは鼻と顎が盛り上がっていて、口は幅が広いか、あるいはゆがんでいるが、さまざまな表情に手で変形させることができる。このように弾力性があるので、また元の形に戻ることができるのである。

以前はこのおもちゃはあちこちの街頭で売られていたのだが、いまやしだいに見られなくなってきている。

先週のある日、お昼少しすぎのことだが、レザーレーン、ブリル、トテナムコートロード（ハムステッドロードも含めて）、そしてカムデンタウンのハイストリートの四大行商市場のどこにも「お面」は売りに出されていなかった。

この商売は二年以上前に街頭では馴染みになった。ある街頭商人――この人も古株のひとりだが――から最初は「お面売り」が六人いて、公園とその附近で商売をしていたという話を私は聞かされた。ある日、その人はハイドパークの中と周辺で十二ダース売ったのだが、同じ日に十八ダースも売った運の良い仲間もいたそうである。その機会があれば、少しばかりの売り口上を述べながら客に買わせようとするのだ。ある商人はよくこんなふうに売り声をあげていた。「さあさあ、ウェリントン公のお面が一ペニーだよー。馬にまたがった公爵の像からかたどったお面で、改良版だよー。鼻を見たらわかるよー。サー・ロバート・ピールもたったの一ペニー。どれでも一ペニーだ。ご自由にお選びくださーい。女王陛下と王族も、どれでも一つ一ペニーだよー」

街頭商人は有名人のお面を売ろうとする時には、なかでもいちばん奇怪なお面をひとつ手にとって高く掲げる。ある土曜の夕方、ひとりの商人が、露天商には目障りな警官にそっくりの顔だと「口上を述べながら」、路上で商売をしている呼売商人たちに五、六ダースのお面を売っていた。これはまだこの商売がはじまったばかりの頃のことである。その翌週にはお面売りの数は十二人になり、間もなく二十五人に増えた。彼らはいずれもお面しか売らなかった。彼ら以外に、雑多な商品を扱っていた文具商も、多くは街頭でお面を売っていた。この商人たちは、街頭雑貨商のグループに入る。

ある情報提供者によれば、「この商売は、手を出す商人があまりにも増えすぎてしまってだめになったけど、今でも田舎によっては、そう悪くはないという話を聞いたことがあるよ。売上げはいつでも公園が一番で、曜日でいうと日曜が最高だと思うな。宗教のことは知ったかぶりするつもりはないけど、雨ばかりの週で稼ぎがゼロに近かったあとは、日曜に朝から天気が良くなって、女房と子どもたちも肉とポテトの上等な食事にありつけるほど儲かって、焼きたてのほかほかを食べられる時もあったので、なんだか神様に感謝しなくちゃいけないと思った。一週間ずーっと行商に歩いて、満足に食事もできず、女房は縫いものの内職をしてもスズメの涙ほどの収入しか得られず、養わなくちゃならない幼い子供が三人もいるのに、日曜日には自分の部屋で静かに肉料理を食って、栄養と体力をつけ、一息つけられるんだから。でも、あくせく働く必要もなく食い物にありつける連中にはそんなことわからんさ。日曜の公園で商売ができなくされて、警官がおれたちを犬みたいに追っ払うんだ。犬といったって、紳士の飼い犬じゃないよ、野良犬か狂犬だ。なんだか新しい警察ができたとかなんとか言ってるけど、おれにはさっぱりわからんし、わかりたくもないよ。今までの警察だって、うんざりなんだから」。

グッタペルカのお面はたいていは「イギリス製とドイツ製」の安物屋で売っている。街頭で売っている商人が自分で作っている場合も少しはある。安物屋での値段は十二ダースで一シリング。以前は安物屋では六ダース以下では売ろうとしなかったが、現在は需要が少なくなっているので、一ダースでも八ペンスで売っている。街頭での小売りは今も昔も一つ一ペニー。路上で一番の客は子供と若者で、子供のために一ペニーか二ペンス払えるだけの金がある商人や労働者も多少はいる。パブでも以前はそこそこは売れていて、「いたずらするのに」買う客がいたのだが、今ではまったくと言っていいくらい売れなくなった。ある商人の話によると、いたずらというのは、お面を紙かカードにくっつけて、そこに誰かの名前を書いて、小包にしてその名前の人物に送りつけるのだという。この商人は若い女性たちにも売ったことがあるが、その女性たちは女中ではなさそうで、買っている時の様子から、そんなに給料が安い仕事をしている感じはしなかったという。彼女らもやはりいたずらするために買い求めていた。お面が珍しかった頃は、娼婦たちもいいお客だった。

現在、グッタペルカのお面だけを売っている街頭商人はひとりもいない。時々売っているだけである。売る時には、トレーにお面を並べているが、他の商品も一緒に並べられている。ある商人がもっている箱を見せてくれた。蓋を開け、箱を首から紐でぶら下げてトレー代わりにしていた。中にはグッタペルカのお面や、万博のメダル、指輪など安物の宝石類が入っていた。

現在、街頭でグッタペルカのお面を売っているのは三〇人で、お面だけ売っている者もいるという。しかし、この中には製造と販売の両方を手がけている者は入っていない。収入の平均は週に五シリングを超えることはないはずだ。というのは、週に十五シリングという者もいるだろうが、一般に、行商ではなく一定の場所に店開きをして売っている街頭商人の場合は一シリングにもならないからだ。小売りをしている街頭商人の利益は収入の三分の一である。ということは、この比率で計算すると、街頭で年に三九〇ポンドがこの玩具に支払われていることになる。かつてはその二倍以上だった。

34 蠅取り紙とゴキブリ・クッキーの街頭商人

蠅取り紙が街頭で売られるようになったのは一八四八年の夏からだそうである。

蠅取り紙は多くの油屋で卸売されているが、行商人が仕入れる一番の店はホワイトチャペルにある。卸売価格は一ダースで二ペンスと四分の一ペニーで、街頭での小売価格は、一枚半ペニーか三枚で一ペニー。私が照会した若い男性は瀬戸物を販売、というより物々交換していたのだが、蠅取り紙を売っていた経験について次のように話してくれた。頬の血色が良く、頑健な体格の青年だったが、自分ではこの商売を「うまくやっている」と思っているという。さまざまな困難についても、終わってしまえばそれを明るく話題にできるのは、この連中に共通の特徴だ。

「おれの父親は牛乳配達をしていたんだ。親父が死ぬと、おれは金もないし、仕事もなかったけど、すぐにある独り身の紳士に雇ってもらった。小さな屋敷で、雇われていたのはおれと家政婦のばあさんがひとりだけ。おれはとにかくどんな仕事でもやって仕えようという意気ごみで行ったら、一番の仕事は主人の馬の世話だったんだ。主人は馬になんて一度も乗らなかったけど、スキップジャック――あ、これは馬の名前で、六歳になるところだった――を賭けに勝って手に入れて、二ヵ月飼ってから手放した。少し広い庭があって、主人は花と野菜を育てるのが趣味で、それを贈り物にしていたんだ。まだスキップジャックがいた頃だけど、屋敷の仕事のほかにも庭で仕事をさせられた。

気楽な屋敷で、居心地が良かった。いいご主人で、優しい人だったけど、面倒な問題が起こって。金融街では大した人物だったんだ。おれにはなんだかわからんかったけど。ある夜、一年半以上は雇ってもらったけど、もう金に余裕がないから、辞めてもらわなくちゃならないと言われてね。翌日、主人が逮捕されてしまった。いきなりだったと思う。負債のために刑務所に入れられた。

立派な紹介状を書いてもらったけど、刑務所に入っている罪人の紹介じゃ誰も相手にしてくれない。一ヵ月もすると財布が空になって、最後の三シリング六ペンスは求人広告に使ったけど、だめだった。それで、馬が逃げないように抑えておくとか、そんな仕事を始めては、公園で寝たり、静かな時は道路脇で寝たりしたもんだよ。そんな生活を一ヵ月かそこらやったんだ。まる一日、何も口に入らないこともあって、ポンプから冷たい水をくんではよく癒したよ(そう彼は表現した)。そしたらしばらくは空腹がまぎれるんだ。おれと同じような生活をしている男の子たちと知り合いになって、金がある時には、その子たちが連れて行ってくれたり教えてくれたりする宿屋で寝るようになった。

いつだったか、夕方に紳士から一シリングもらったことがある。馬を置いたままにしてたら、おびえて逃げ出したとかで、その馬をおれが捕まえてやったので、そのお礼だった。翌朝、おれは蠅取り紙を売り始めたんだ。もう二年前になるかな。一緒に泊まっていた男の子がやってたもんだからさ。最初に開いた店で蠅取り紙を買って、宿の管理人に許可をもらって、できるだけたくさんの蠅を捕まえて、蠅取り紙にいっぱいくっつけて、その紙を帽子に留めたんだよ。使用人をしていた時には、花形帽章がついていてお洒落でかっこいい帽子だとよく思っていたのに、生まれて初めて物売りをすることになったら、帽子の周りには蠅をつけているんだからなあ。恥ずかしくて泣きたかったよ。惨めだったし、穴があったら入りたい気分だった。でも、最後の二ペンスは景気づけに牛乳割りのジンを飲んだので、おかげでちょっとは明るい気分になって、仕事に出られた。

マイルエンドのほうに行って、大通りを外れて、今まではあまり蠅取り紙なんてなかったような通りや場所に入りこんでいったみたいで。男の子たちがいっぱい後からくっついてくるんだよ。だから、なんだか掏摸《すり》でもやったとか、恥ずかしいことをやらかしたみたいな感じがした。「生け捕りできるよー!、たったの半ペニーだよー!」なんて声はあげられなかった。ところが、パブとか食品の雑貨屋とか菓子屋の店主が買ってくれたので、おかげで元気が出た。男の子たちが蠅を捕まえて、おれのところにやってきて、帽子に向かって投げつけるんだよ。それで蠅がくっつくと、歓声をあげるんだよ。

おれはその商売をやめずに続けて、その週は毎日二シリング六ペンスから三シリングは稼いだ。半分以上が利益になったよ。土曜には五シリング六ペンスだった。お客はぜんぶ女中頭だった。おれは開店している店によってはウィンドーを見たり、個人の家では帽子を高く上げて見せたりすると、中に入るように手招きされて、それで買ってもらうんだ。買ってくれるのはほとんど女の人だなあ。『ほとほと手の焼けるやつらなんだよ。あいつらが寄ってこないように、きれいにしておくなんてできっこいないわ』とよく言われた。おれは二ヵ月近くこの商売を頑張ってやって、蓄えが十三シリング六ペンスになったので、上等な靴を一足と、上等な古着のシャツを一枚、替えのシャツも一枚買ったんだ。少し金物類にも手を広げて、よく蠅取り紙を売りに行った場所もまわった。冬になってからは、若いやつと一緒に手を組んで壺も売るようになったんだ。今もやってるよ。だんだんといい取引先もできてきたと思う」。

蠅取り紙を売っている商人のなかには、自分で作って在庫している者もいるが、四分の三は既製品を仕入れている。街頭商人らは古新聞などの古紙を使って作る。紙はどんなに汚くてもかまわない。紙にテレピン油と馬車に使う普通のワニスを塗る。ワニスの代わりに松脂を使う者もいる。こんどはその上に少量の砂糖を振りかけるのである。

去年の夏は、路上で蠅取り紙とゴキブリ・クッキーを売っているのが五〇から六〇人いたという。中には子供もいたが、いずれにしても一シリングの資本があれば始められる街頭販売人のグループに入る。彼らの平均収入は日に二シリング六ペンスで、その半分が利益というところだろう。そうすると、路上で支払われる金額は商人が五〇人として、一シーズン十週で、三七五ポンドになる。

新聞の片面に真っ黒く見えるほど蠅をくっつけて、それに棒をつけ、旗のように振っている商人も多少はいる。売り声は『生け捕りだよー！　半ペニーで生け捕りだよー』とか『何千匹も全滅の新手《あらて》だよー』である。

35 ステッキを売る街頭商人

ロンドンの路上で売られているステッキは、主としてミントストリートとユニオンストリートおよびその界隈の卸売業者から仕入れる。

ある聡明な行商人の話である。「街頭でやる商売ということになっているものはほとんどやったことがあるんですがね、ステッキを売るくらい面白くない商売はありませんな。こんなにお客の好みがうるさいものもないしね。必ず短すぎるとか長すぎるとか、太すぎるとか細すぎるとか、しなりすぎるとか硬すぎるとか言われるものなので。ステッキがたくさんある中から一本選ぶなんて簡単なことだと思うでしょうが、わたしが日曜にバターシーフィールズで売るのを見てくれれば、そうじゃないってことがわかりますよ。まったく、うんざりする仕事なんですから」。

この商売は夏と日曜日がかき入れ時である。場所としては、グリニッジパークも含め、ロンドンの主要な公園とその出入り口周辺が良い。ハムステッドヒース、ケニントンコモン、それから歩行者が大勢いる場所がうってつけだが、バターシーフィールズが日曜にはいちばん繁盛する地区だろう。オクスフォードストリートやシティロードなどの繁華街にもステッキを売る商人がよく出向いていく。

誰でもが買うものでもなく、実用一点張りというわけでもない商品を売る場合はどんな商売でもそうだが、この商売も、ある業者の言葉を借りると「客層が広い」という。つまり、一般に認識されている相場がないので、商人は客を見て、商品や値段をぎりぎりのところで決められるのである。「わかっていそうな」客には二ペンスにするふつうのステッキが、「だましやすそうな」客には六ペンスになることもあるのだ。「粗末な松材」のステッキなどあらゆるステッキ（傷物のステッキや質の悪いステッキ）の中で、「できそこない」の粗末なステッキは十二本で十五ペンスだという。これを最低として、十二本八シリングの「高級品」に至るまで値段はさまざまである。街頭商人がそれ以上の値段をつけることは滅多にないし、その値段でも（街頭の商品としては）高いからほとんど売れず、四ペンスとか六ペンスの

ステッキ売り

ステッキの売れ行きがいちばん良い。よく売れるのはたいていは磨き上げられたハシバミか松のステッキである。

ある商人の話では、「おれはいろんなお客に売ってきたよ。昔、えらくしゃれたステッキを少し持ってたことがあって、そいつが一本二ペンスという安さだったから、ガキどもがずいぶん買ってくれてさ。大人みたいに見えるから買ったんだろうな。だから、家までは持って帰らないんだ。おれからステッキを買っていった子が、日曜の夕方だったけど、立派な屋敷の玄関先でステッキを放り投げてから、ドアを叩いているのを見たことがあるよ。紳士の人たちには時々、なんシリングもするステッキが売れるけど、これは自分のステッキをなくしたり、折ったり、忘れたりした時に買ってくれるんだ。『ツル』は今はもう路上では売ってないね。こいつは鞭《むち》みたいなものなんだけど、昔は遊び道具だったたんだ。

おれが知ってる限りじゃ、街頭でステッキを売ってる商人で資産になるほどのステッキを持っているのはひとりだけだ。もしほかにもいれば、当然、おれは知っているはずだから、ひとりだけだよ。つい先日だけど、そいつがチャリング・クロスの近くで登録済みのステッキを売ってるのを見たんだ。それが立派なステッキでさ。細身のステッキにみごとな象牙の握りがついていて、象牙には磁石が埋め込まれてた。握りを回してはずすと、ステッキの中にロンドンの地図と万博の案内が入っているんだ。みごとな品揃えでさ、貴族みたいなんだよ。薄い色の樹皮をかぶせてある『トネリコの細枝』は、磨かずに刈り込んだだけだったけど、これがすごく売れていた。今はもうないね。

おれの商売のことだけど、あんまりばらつきが激しいのでなんとも言えないなあ。六ペンスも売れない日もあるしな。いちばん稼ぎが大きかったのは、エプソムでダービーの競馬がある日だけだった。貧乏人のために、もっとダービーの日があるといいのにと思うよ。三〇シリングも稼げたんだから。ロンドンで稼いだ最高は十四シリングで、バターシーフィールズで、日曜日だな。竹製の安いステッキをたくさん持っていったんだ。ステッキだけ売っていると、夏の間だけど、週に三十五シリングの売れ行きってところかな。それだと儲けは十五シリングになるよ」。

ステッキを売る街頭商人の数は、夏の天気の良い日だと二〇〇人くらいになることがある。その中にはドックの労働者もいて、毎日の稼ぎに加えて、日曜も商売をして稼ぐのである。そのほか、もっと洒落ているのは劇場の「エキストラ」で、彼らも日曜に働いてわずかばかりの収入をひねり出すのだ。雇用が安定しないから「必死に生きなければならない」運搬夫たちも、日曜にはステッキを売っている。教養ある口上師が私に言った言葉を借りると、「一日たりともむだにする余裕のない」連中も路上でステッキ売りに励んでいる。この商人たちはふつう、杖をまとめて束にして縛って脇にかかえて運び、売るときには地面に立てるのである。しかし、少数ながら、主にユダヤ人だが、「露台」を持っていて、ステッキを枠のようなものの中に詰めこんでいる者もいる。月曜になると、ステッキ売りの商人の数は日曜の三分の一もいなくなり、さらにふだんは七分の一とか八分の一程度になる。一年のうち十二週は、毎日三十五人の商人がいて、それぞれ週に平均三〇シリング稼ぐとすると（利益は一人十二シリングくらい）、街頭でのステッキの売り上げは六三〇ポンドになる。晴れた冬の日には商売に精を出すが、厳寒の日には公園や凍った池でスケートの貸出をする。

36 鞭を売る街頭商人

この商人はステッキ売りとはまた別のグループを形成していて、客層もまったく異なる。売り上げが相当な額になるのは、鞭をもっていることが重要な人たちが多いからである。たとえば、ニューゲイト・マーケットで肉屋の荷馬車から鞭がなくなったり盗まれたりすると、荷馬車を動かすには鞭が必要だから、大急ぎで買い求めなければならない。だから、どこの行楽地でも荷馬車を目当てに鞭を売る商人が集まるのである。

荷馬車の馭者が買う典型的な鞭は、クジラの骨を腸でおおったものだとされることもあるが、クジラの骨は棒の部分で、柔らかい部分は革紐である。また、腸とされているのは一種の帆布地で、上等な鞭に使われる加工された腸に似せていて、それを柄に貼り付けてあるのだ。鞭の革紐――安物の鞭の場合には、「四本編み」と呼ばれている組み紐――がつけられている。このような鞭の中には古い在庫の再生品もあるが、大半はひどい粗悪品である。しかし、客を騙しても、街頭商人が悪いと思われることはほとんどない。彼らは卸売商人から仕入れて売っているだけだからである。卸売商人が同じ値段で小売をしたり、街頭商人として商売をする場合もある。小売価格は一本が一シリングで、卸売価格は十二本で八シリングか九シリングである。街頭で鞭を売っている商人の中には自分の手作りだと言っているものもいるが、ほとんどの鞭はバーミンガムとウォールソールで製造されている。

彼らはごくふつうの街頭商人とは違っている。馬の世話と何らかの形でかかわっている者が圧倒的に多く、仕事を見つけようと都会に出てきたけど失敗した「負け犬の田舎者」と言われる者もいる。

鞭を売っているある男性がこんなことを話してくれた。彼はケンブリッジシャーの村からロンドンに出てきた。人物を保証する推薦状をもっていたし、きっと力になるだろうと思った関係者たちの紹介状も持っていたのだが、馭者か厩番の仕事につこうと運送業者や乗合馬車の所有者、貸馬屋を訪ねて何ヵ月も頑張ってもだめだった。こうして、あてがはずれて、生活のために鞭を売っていたのだ。ある友人の勧めで、餓死するよりはマシだし、知っている商売でもあったので始めたのである。

「もう田舎に帰らなくちゃダメかもしれないと何度も思ったよ。それは恥ずかしかった。自分の運をためそうとロンドンに出てきたのに、帰るなんて。友だちはみんな、そんなに悪い生活をしてはいなくて、もう一年か二年は田舎で頑張れと言ってくれたのに、おれはどうしても我慢ができないみたいな態度で出てきたんだから。上等な服を何着も持ってきたのに、もうほとんどなくなっちまったよ。そんなみすぼらしい恰好で田舎に帰るなんて、放蕩息子じゃあるまいし、恥ずかしかったんだ。おれはもう一回頑張ってみるんだ。来週の月曜にはえらく立派なご主人のところで辻馬車の仕事をするんでね。独り身だからできるのさ。ここに来て六週間たって、辻馬車の仕事はしたことがあるんだけど、今度のご主人とはちがうよ。でも、二日でやめるしかなくなってね。道はよくわからないし、距離もわからなかったから、辻馬車の金を払えるほど稼げなかったんだ。辻馬車の馭者に聞いても、嘘を教えられることが多くてさ。お客たちからはしょっちゅう『おい、運《うん》ちゃん、どこに行くつもりなんだ。マークレーンって言っただろう。ここはミナリズじゃねえか。引き返せよ』と怒鳴られてばっかりだった。今はもうずいぶん道を覚えたよ。いやでもわかるくらいさんざん歩き回ったからさ。目的地ももうわかるし、距離もわかる。新しい仕事のことはちょっと田舎に手紙で知らせた。きっと仕事にはつけるはずだ。田舎じゃおれが鞭を売ってるなんて知らないから、もし知ったら若い奴らは大笑いするだろう。おれはロンドンで一旗揚げるはずだったんだから。

鞭は儲からない商売だよ。荷馬車の馭者はこんな鞭には六ペンスしか出そうとしないけど、卸売でも六本で四シリング三ペンスするんだ。この前のお客は『鞭は自分で探さなくちゃいけねえんだ。雑貨屋で馭者をやってんだけどよ。くそったれの雑貨屋だぜ』なんて調子でしゃべってたけど、言葉づかいの汚いやつもいるんだ。おれは週に七シリングか八シリング稼ぐけど、なにしろ一日中休まないで歩くからな。十四シリング稼げる週があるかと思うと、次の週には三シリングしか稼げなかったり。今までは安い宿に泊まってきた。ただし、三軒だけだよ。一軒はすごく立派だったけど、場所は辺鄙なところだった。もう一軒はまあまあだったな。最後の一軒は豚小屋だ。田舎ではずいぶんひどい家も見たことあったけど、それでも比べものにならないくらいだったよ。

今住んでるのは週二シリングの部屋代で、家の最上階の押し入れみたいなところだけど、ベッドもあって、きれいだよ。家主は八百屋と石炭屋と薪の販売をしていて、いい人だ。おれはいつも馬具の手入れをしたり、馬——主人は小馬と言ってるけど、背丈は十五ハンド〔約一・五メートル〕もある——の世話をしたり、荷馬車の車輪に油を差したり、厩の掃除をしたりして、部屋代を割り引いてもらっている。自分の辻馬車を持つようになってもそこに住むつもりだ」。

荷馬車の馭者が使う鞭としては、ほかに一シリング六ペンスのものがあり、高いものは二シリング六ペンスもするが、一番の売れ筋は一シリングのものである。売られている地域は主に食肉市場、青物市場、スミスフィールド、午前中の混雑している時にはビリングズゲイトに通じている街路、ドック地帯と波止場の周辺、それから一般には大通りである。

鞭は種類が変わると売り手も変わり、「二輪馬車《ギグ》用の鞭」は免許をなくしたり、手足に障碍を負ったりした馭者とか、厩周りの仕事、特に辻馬車の厩の仕事をしている大勢の労働者が、他に仕事がない場合にこの鞭を売る。安物の二輪馬車用鞭の値段は一ポンドから一ポンド六ペンスで、卸売価格は十二本で九シリング六ペンスから十四シリング六ペンス。九シリング六ペンスよりも安いものもあるが、辻馬車の馭者は「そんなものには目もくれない。彼らには見る目もあるし、またしっかりと品物を見てもいる。だからこそ、スズメの涙ほどの利益しか出せないのだ」そうである。

鞭を売っているある商人によると、「高価なバンレイシ材」や「みごとなサンザシ材」の鞭を折ってしまって、なじみの店で買うまでのつなぎにと買ってくれる紳士が時々いたという。また同じ商人の話だが、「口ひげをたくわえた軍人さんがピカデリーでおれに声をかけてきて、『いちばんいいやつを半クラウン〔二シリング六ペンス〕でたのむよ。折ってしまったんだ。臆病な馬だから鞭なんてあてられないので、使ったことはないんだが、鞭がないと動かせないからな』なんて言われたこともあるよ」。

社交の季節になると、上流階級の人たちの通る大通りや出入り口には、二人、時には三人の商人が立派な二輪馬車用鞭を売っている。ある商人の話では、「一日に三本で三〇シリング〔三万円〕も稼いだことがあるんだ。一本十シリングだぜ。サンザシ材に銀を使った鞭だったけど、えらく安かったんだ。八年か九年前だよ。今のお客は十シリングのやつをよく見るよ。先に鉛を詰めてある馬商人用の鞭を売ってたこともあるよ。ああ、値段はいろいろだ。卸売りで買ってくるんだ。十二本で八シリングのやつと、一本七シリング六ペンスのやつ。狩猟用の乗馬むちは今はもう路上では売ってない。おれは売ったことがあるけど、ずいぶん昔だよ。公園で紳士に乗馬用の鞭として売ったんだ。柄の部分は丈夫で上等なサンザシ材だったけど、とにかく木目《きめ》の細かい材質で、握りは鹿の角、みごとな仕上がりの革紐が輪に通されて柄の部分にくっついているんだ。この鞭を打つと、一キロぐらい離れていてもビシッという音が聞こえるから、おれは『脱穀機』って呼んでいた」。

鞭を売る商人たちはたいていロンドンから八〇キロ以内の競馬場、縁日、大きな市場に売りに出ていった。競馬がある時には一〇〇キロから一一〇キロも離れたグッドウッド〔イングランド南部ウェスト・サセックス州の村で、そこの競馬場では毎年七月にレースがある〕まで行く者もいる。大勢の人が集まっている競馬場では一日に三ポンドから四ポンドの売り上げがあり、田舎の市《いち》ではその半分から四分の三になる。

あるベテランは、顔を見ればわかる商人が四〇人はいて、名前まで覚えているのは二〇人だという。どんな日にも三〇人以上は街頭に出ていて、時には——めったにそんなことはないが——一〇〇人もいるという。競馬場などでの稼ぎも含めていちばん稼いでいる商人だと、年間を通じて週に一ポンドで、あまり稼ぎの良くない者なら五シリングから十シリングで、その人数は稼ぎの良い商人の三倍である。ロンドンだけで毎週三〇人の商人が鞭を売って二十五シリング稼ぐ（利益は五シリングから十シリング）とすると、街頭での鞭の売り上げは一九五〇ポンドということになる。

鞭に紐をつける辻馬車の馭者と荷馬車屋に「鞭紐」も売る商人もいる。鞭紐は卸売で一ポンド［約四五四グラム］あたり二シリング（もっと安いこともある）で、それを一本半ペニーで販売する。一ポンドの重さでだいたい紐は七十二本。

辻馬車の馭者の鞭を「修理する」人たちもいて、革紐を付け替えたりするのだが、これはまた別の、街頭職人のグループになる。

37 パイプとタバコ入れを売る街頭商人

現在、街頭やパブで売られているパイプは「陶器製火皿《ボウル》」と「コミック・ヘッド」の二種類である。「陶器製火皿《ボウル》」のパイプは、火皿の部分が白い陶器でできていて、三〇センチほどの長さの柔軟性のある軸つまり「ステム」と呼ばれる部分からネジのように回すと外れるようになっている。吸い口《マウスピース》はイミテーションの琥珀でできている。小売価格は一本六ペンスだが、安物屋では十二本で四シリング。「コミック・ヘッド」はふつうパイプを作るのに使われている陶器でできていて、十二本で十六ペンスか一四四本で十五シリングである。通常の小売価格は二ペンス。「コミック・ヘッド」とは言っても、その名前にふさわしいとはいえないものもあって、中には髑髏《しゃれこうべ》やら不気味な笑い顔の悪魔もある。

ある人の話では「コミック・ヘッドが一番売れたのは、ウェリントン公が兵舎で兵隊のパイプを消して、兵舎での喫煙を禁じた時で、その時に売れたパイプというのは、ウェリントン公が親指を鼻の頭につけたまま手のひらを広げて、人を小馬鹿にしているデザインなんだよ。めちゃくちゃ売れたんだ。パイプタバコが好きな連中はみんな、とくにパブで買ったんだ。なんでかっていうと、ある男の話じゃ——そいつは靴の縫製職人だったんだけど——まあ、『自分を笑いものにできた』からだそうだ。当時、といってもいつだったかもうわからないんだけど、おれはパイプにタバコを詰めるストッパーという小道具を売ったこともあるんだ。今じゃめったに欲しがるお客もいないなあ。はやらなくなっちまって。ストッパーには『でか鼻』、ウェリントン公［鼻が大きかったので部下の兵士たちからつけられたあだ名］のことだよ、公の姿をかたどったものもあってね。そりゃ、冗談のつもりで作られたものなんだけど。タバコを詰める道具だからね」。

現在、パイプを売る街頭商人は九人いて、よくパブで福引き《ラッフル》を行なって、売りさばいている。「コミック・ヘッド」のパイプを景品にして、ひとり半ペニーの賭け金で四人が福引きをするのは珍しくない。高価なパイプは今は街頭で売られることはなく、競馬場で多少売られるていどである。パイプだけを売る商人は一人もいないそうで、時々は陶器製の飾りとかテーブルカバーやタバコ入れなども売っている。

四人が一年中毎日パイプを売っていて、一人二十五シリングの売り上げ（利益は十シリング）があるとしたら、街頭販売のパイプだけで売り上げは年間二六〇ポンドになる。

街頭商人が販売する嗅ぎタバコ入れとタバコ入れ——商人はふつう両方を扱っている——は安物屋で仕入れられる。客の「気まぐれ」（ないし好み）が大きくものをいう嗅ぎタバコ入れのような商品の場合には、もちろん種類が豊富である。何本ものカラーの横線をあしらった洒落たデザインのものもあるし、女王陛下とか「若い女性」あるいは山賊とか、嗅ぎタバコの粉を陶然と吸い込んでいる男の姿が描かれているものもある。図案が廃墟、農家の場合もあるし、狩猟の場面になっているものもある。小売価格は四ペンスから一シリングだが、卸売価格は十二個で三シリングから七シリング六ペンス。「聖十字架」と業者が呼んでいるタバコ入れも街頭とパブの両方で売られている。色はたいてい材料の木の「自然色」で、高級品は内側に鹿の角材が貼られていて、蝶番とつなぎ目の部分が隙間なくぴったりしている。中にはドイツ製もあるとのことだが、安物屋では十二個で三シリング、あるいは一個四ペンスから十二個六シリング、あるいは一個八シリングまでの値段で売っている。

タバコ入れを売っているある商人によると、「品物が足りなくなってきたんで、見ばえが悪くならないように、一度に一個か二個だけ仕入れなくちゃならなくなったら、安物屋の野郎、ダース単位で仕入れる時よりも二シリングも高くしやがった。一度思い切って立派なタバコ入れを仕入れたんだけど、仕掛けがわからないと、どうやって開けたらいいのか、わかるまで三時間もかかるようなしろものだったんだ。そいつを今でもまだ持っているんだよ。五シリングもしたのに買い手が現われないんだ」。

タバコ入れは真鍮と鉄（よく「スチール」と言われるが）でできている。大きさは三種類で、「四分の一オンス」は十二個単位で三シリング、「半オンス」が四シリング三ペンス、「オンス」が十二個で五シリング六ペンスか、一個六・五ペンス。これは真鍮製の値段。鉄製の場合は、同様の大きさに従って、十二個単位の卸売価格が二シリングから三シリング六ペンスまで。小売価格は一個三ペンスから六ペンス。真鍮製の小売価格は四ペンスから一シリングまで。これらの箱はいずれもバネ式で、押して開閉する。また、ポケットに入るように（丸くなってはいるが）平べったい部分がある。葉巻入れは嗅ぎタバコ入れ（「聖十字架」は別だが）と同じようなもので、ドイツ製品の安物屋で十二個単位なら三シリング六ペンス、一個は四・五シリングで買える。ふつうは小売りされるか土曜と月曜の夜に福引き《ラッフル》で入手できるが、値段は一個六ペンス。規模の小さな商いである。

この商売の一種に「卑猥なタバコ入れ」の販売があり、私は大勢の街頭商人がその売買にかんして言いたい放題言っているのを聞いたことがある。この商売に関わる商人たちの大半が悲痛な面持ちで、日曜の公園での物売りをやめさせるのと同じくらいこの商売を禁止するのは簡単なことだが、「利用しているのは上流の紳士たちだった」と言っていた。このタバコ入れと葉巻ケースは大半がフランス製だといい、いちばん安いものは一個二シリング六ペンスである。ある男性がたまたま知ることになったという話を私に聞かせてくれた。その内容については、他の人たちからも間違いないという確認をとってある。

「卑猥な嗅ぎタバコ入れと葉巻ケースを売っているのは八人か、時には九人になることもある。ちょっとした儲けをあげているけど、連中は飲んだくれで、金に困っていることも多いよ。恥も知らない下品な連中で、若い者なんかに声をかけている。ふところに余裕のある紳士が客になってるとわかってるパブに行ったり、街頭で老紳士や若い紳士とか、まあ誰彼かまわず紳士らの様子を見ていて、彼らがナンパしようとうろついているなと見ると、『いかした嗅ぎタバコ入れ、安くしておきますよ』

と声をかけるんだ。金持ちしか相手にしない商売だ。こういう品のない商品は二シリング六ペンス以下では商売にならないもんだから、カモを見つけると高い値段をふっかけるのさ。酒を呑んでバカ騒ぎしているオックフォードとかケンブリッジのやつなんかとかさ。

うーん、どこで仕入れるのかも、値段もわからないなあ。企業秘密ってところだろう。品物は箱に入れて持ち歩いていて、蓋を開けたときには正規の嗅ぎタバコ入れが見えるようにしてあって、それ以外の商品は下の引き出しとかポケットにしまってあるんだよ。オックスフォードストリートに洒落た店があって、そこの大きなショーウィンドウに高級品のパイプのでかいヘッドが並べられていてね、ヘッドにはヌードの美人の絵が描かれていて、そこに嗅ぎタバコ入れと葉巻ケースもあるんだけど、街頭商人が売ってるようなものとはまるで別物だ。おれにはわかるんだよ。貧乏で困って、少し前だけど色づけの仕事をやらなくちゃならなかったことがあるからさ。一日に五〇個の色づけをやれたよ。その仕事は一週間もしないうちになくなったけど。

どれくらい儲かるのかは知らないよ。まともな商品の方で、一週間に稼げる額の二倍は一日で稼ぐかもしれないなあ。競馬の日に一日で十五ポンド稼いだって言ってたやつもいるからな。毎日儲けられるわけじゃないよ。箱を見せないで行商することもあるけど、紳士さんたちからは高い金をもらうんだから、必ず商品は渡している。危険はつきものの商売だ、もちろん。警察に捕まることだってあるけど、まあ、めったにないことだ。捕まっても三ヵ月ですむし。ただ、《悪徳制圧協会》に見つかると、十二ヵ月にされるかもしれない。この商売で大儲けしているのは二人とも女だよ。ものすごい数のブツを持っているんだ。逮捕されたことは一度もない。長年やっているのにな。いや、売春婦じゃないはずだ。二人とも男と同棲しているけど、男のほうはかかわっていない。仕事なんてしてないんじゃないか。ヒモなんだよ。おれはそう聞いてる」。

卑猥な印刷物や葉書の行商をしているのは、大半が女性だといってもよいだろう。嗅ぎタバコ入れとタバコ入れを売ってる商人は三十五人くらいいる。いちばん売れるのはタバコ入れで、葉巻ケースは先に記したような他の商品と一緒に売られている。しかし、この三十五人のうち、嗅ぎタバコ入れをいつも売っているのは半数もいない。一般市民や路上の客が関心を示す商品を、その時その時の時勢に合わせて売るのである。夕方からしか商売をしない者もいる。十五人が嗅ぎタバコ・タバコ・葉巻の容器だけ売って週に十八シリング稼ぐ（純益は七シリングか八シリング）とすると、年に七〇二ポンドになる。

38 葉巻を売る街頭商人

葉巻が街頭商人の商品になってから二〇年以上になるそうで、キューバからの輸入が解禁されて間もなくはじまったようである。ただ、路上で大々的に売られるようになったのは、それから五、六年たってからだった。今はもう街頭で葉巻が売られることはあまりない。ある意味ではもう姿を消した商売とも言える。

最初に街頭やパブで売られていた葉巻はほんとうに密輸品だったと、複数のベテランが教えてくれた。「ほんとうに」というのは、密輸品だとして現在売られている葉巻の多くは密輸業者から買ったものではないからだ。「いやあ、そうだなあ、おれが《ピックウィック》と《キューバ》を一本一ペニーでマッチもつけてこっそりと最後に売ったのはグリニッジフェアの時だね。おれが相手にしたお客らは密輸品を買うんだよ、ほんとは密輸品じゃないんだけどね。みんな密輸した物が好きなんだ（この話は他の同業者たちから私が聞いた話と一致している）。おれは密輸品も密輸品に見せかけた物も売ってきたけど、田舎の方がずっとよく売れたよ。お客は男女を問わず上流の人たちや、店の経営者、牧師さん、医者、弁護士、いろんな人がいた。いや、そいつはだめだ。消費税を担当している役人にどうやって売ったかなんて教えられないよ。でも、密輸ってのはいつだって人気があるね。誰だって税務署を出し抜いてやったと思うと嬉しくなっちまうだろ」。

街頭商人が葉巻を売るようになった初期の頃の値段は二ペンスと三ペンスだった。葉巻をふつうに詰めてある箱の一つに仕切りが入っていて、一方には高い方の葉巻、反対側には安い方の葉巻が入れられている。仕切りは単に客を惑わすための小道具にすぎないことも多いのだが、行商人は、商店主も同じことをしていると弁明している。葉巻の値段は（卸売では）同じでも、大きくて見映えの良いものを選んで「三ペンス」にし、当時有名だったというある行商人の売り声を借りると「最高級のほんもののハバナだよー、ミルクみたいにまろやかで、火薬顔負けの強烈さだよー」ということになる。よく売れたのは「二ペンスもの」の葉巻だった。今お馴染みの耐風マッチはなかったので、黄燐マッチが高価で、しかも現在のマッチに比べて質がはるかに悪かった。葉巻売りはたいていロープを持ち歩いていて、その一部に火をつけたまま箱のような容れ物の中に入れておき、葉巻を吸う人はそれで火をつけたのである。あるいは商人がロープをこよりのようにして、火をつけて客に渡すので、客はそのまま歩いて、もし葉巻の「煙が来ない」時には火をつけ直すこともできた。

安い葉巻はすぐに街頭に登場し、「一本たったの一ペニーだよー、最高級の葉巻ーぃ」と売られることになった。最初に売られた時には、吸いやすくするために葉巻に麦わら《ストロー》が一本つけられていた。「葉巻用の喫煙管」も街頭で売られていたが、これは骨で作られ、一本二ペンスから一シリングした。葉巻をその管の中に差しこむのだが、倹約のためにその使用が奨励されていた。「この管を使うと、誰でも葉巻を残り数ミリのところまで吸うことができ、四センチ近くも残したまま捨てずにすむから」だった。この喫煙管は間もなく街頭から姿を消した。実際に売っていたことがある人の話によると、街頭でこの安い葉巻がいちばん売れた日というのが女王陛下の戴冠式の日（一八三八年六月二十八日）だそうで、それは彼の経験からも聞いた話からも間違いないという。

別の街頭商人によると、「おれの考えだけど、この商売でいちばん大きな打撃になったのは、パブのおやじまで葉巻を売り始めたことだな。初めは売っていなかったんだよ。少なくともどこのパブでもは。おれはちゃんとしたパブで友だちと一緒にビールを飲んでるような紳士を相手に葉巻を売ってたことがあるんだ。『さあ、じゃあ一本吸おうか』なんて言って二本買ってくれるわけだ。いや、酒場の談話室やバーには入れてもらえなかった。《スクルー》（一箱一ペニーのタバコ）の売り上げの邪魔をすることになるからな。こいつはめちゃくちゃ儲かるんだ。おれはおとなしくバーの陰にいるだけなんだけど、お客が声をかけてくれれば、店主が横槍を入れることはまずなかった。今じゃ、もうそんなところでは商売をさせてもらえないけどな」。

商売上手な葉巻売りが最近まで――今もだろうが――よくやっていたことだが、競馬場や市《いち》にできるだけ高級な、本当に上等な「葉っぱ」を少しだけ持っていって、販売促進のためにその一本を吸うのである。その香りは馥郁として漂い、客の心を誘い、ある人の言葉を借りると、香りは「自ずからものを言う」のである。

大なり小なり贅沢品を売ろうとする街頭商人は、商売上の必要に駆られて、人相の判断に優れ、観察力も鋭くなるものだ。ある葉巻売りが商売を始めたばかりの頃、他の人たちからその判断力が信頼されている人物をいつでも、とくに田舎ではまちがいなく、見つけだすことができて、その人物に上等な葉巻を売り、品質について本当に公平な意見を言ってもらって、ほかの客に影響を与えるようにしたというが、私にはその言葉を疑う理由がない。都会での売り上げが「腐ってくる」――売り上げの減少を意味する表現――と、葉巻売りは田舎の各地で儲かる地域を確保した。

ロンドンでは、鉄道が遠方への唯一の輸送手段となる前は、葉巻売りは馬車乗り場によく行っていた。屋上席の客が「冷たい夜気の中で鼻を温めようと葉巻を買う」ことがよくあり、また、たまたま馭者や車掌が好意的であれば、まとめて葉巻ケースにいっぱいになるまで買ってくれることもあった。

葉巻の街頭販売を始めたのはベナッセというユダヤ人兄弟二人で、「タバコ販売の免許」を持っていて、上等な葉巻を売っていた。二人は街頭販売から手を引くと、ほかの街頭商人たちに葉巻を卸して、その商人の数がどんどん増えていったのである。葉巻の行商はいつも中心はユダヤ人だったが、人が集まる場所――ある人いわく、「市《いち》とか競馬とか戴冠式とか女王陛下の結婚式とか。商売のためにはそういうのがもっと頻繁にあるといいんだけど」――では、ユダヤ人ではなくとも街頭商人がひろくこの商品に手を出すようになった。安い値段で売られる葉巻を製造しているのはほぼすべてユダヤ人で、ある著名なユダヤ人は、葉巻を製造しているこの古い民族の子孫について私が書くときには、一般人がほとんど知らないけれども詳しく取り上げなければならないことがたくさんあると教えてくれた。

街頭販売の葉巻を（卸売で）仕入れるのはペティコートレーン、ローズマリーレーン、エイリーストリート、テンターグラウンド、グッドマンズ・フィールズといった地域である。主に需要があるのはピックウィックで一ポンド［約四五四グラム］当たり七シリングか八シリング。キューバは八シリング六ペンス。二級品のハバナとベンガル・チェルートも同じ価格だが、ベンガル・チェルートは密輸品が珍しくない。

ある商人の話では、「葉巻がよく売れる場所は町はずれで、グリニッジとシューターズヒル界隈。ケンジントン公園とかそういうところに行く紳士が相手だ。サリー動物園までつながっている道もいいし、イーグルタヴァーンのあたりもよかった。小さい声で『葉巻が安いですよ。中で買う値段の半分』って声をかけるんだ。若い女たちはクレモーン公園なんかに行く時には、連れの若い男に葉巻を買ってやったんだよ。でも、今じゃもうあの方面はほとんど商売にならない。この五、六年はだめになった。なにが原因かは正確にはわからないよ。免許を持っている商店主たちが、無免許の街頭商人がいて困るなんて訴えたから、警察が取り締まったんだって話は聞いたことがあるけど」。

ロンドン周辺の競馬場と定期市や、大勢の人が集まる催しではどこでも、「こっそりと」売っているふりをしながら、葉巻が売られている。小売価格は一本一ペニーで、三本なら二ペンス。安物の葉巻なら一ポンドで二〇〇本とか、二三〇本ということさえある。耐風マッチがおまけにつくこともよくある。

売れそうな催しなどがあると、ロンドンの街頭には今でも葉巻を売る商人が一〇〇人も現われるそうだが、大勢の「ロンドンの売り手」はエプソンとアスコットの競馬場で商売をするのだという。このような催しのない時期はほとんど商売にならない。週に一ポンド売れれば「いい商売」ができたとされる。以前は毎週日曜になると、ロンドンと郊外の街頭で葉巻を売る商人が五〇〇人は下らない時期もあった。

39 海綿を売る街頭商人

これも長年にわたってユダヤ人が手がけてきた商売で、これまで私が取り上げてきた鉛筆・封蠟などの商品と違って、今もなおその事情は変わっていない。

街頭販売されている商品の中で、海綿ほど値段にも品質にも大きな差が見られる物はほかにない。街頭商人はポンド〔約四五四グラム〕当たり一シリング（六ペンスということもある）から高ければ二十一シリングで仕入れる。二〇年ほど前だと思うが、大きくて良質の海綿が少なく高価だった頃、商人によっては仕入れ値が一ポンド当たり二十八シリング、あるいはもっと量を少なくして一オンス〔約二十八グラム〕当たり二シリングだった。

これはあるベテランの商人の話である。「あらゆる種類の海綿を今まで売ってきたよ。上流の女性にも男性にも使ってもらえる『高級な化粧道具』になるものも、駄馬の手入れにも使えない粗悪品も。そのひどい海綿は卸値が一ポンドあたり一シリングだけど、使えたシロモノじゃないよ。ざらざら、じゃりじゃりしていて。ずっしりと重みがあるから、もっとほかにいい使い道がありそうだ。お客に見せるには切って形を整えて、水を含ませないとだめ。手触りも悪くてざらついていてね。擦るとすぐにぼろぼろに崩れてしまうんだ。おれから海綿を買ってくれていた老紳士がいるんだけど、この人はとくにうるさいことを言ってたけど、いちばんのお客だった。そこの女中頭がガラス磨きなんかにつかう革を買ってくれたからね。何もすることがないし、あまり出かけもしないで、本を読んだり庭をぶらついたりしているだけの爺さんなんてみんなそんなもんだろうけど、このご主人も話し好きで、まるで話を聞かせるためみたいに、よくおれに一杯ご馳走してくれたんだ。おれがそわそわし始めたからだろうけど、とにかく話が止まらないんだよ。もう亡くなったけどね。その紳士が海綿は植物っていうよりも動物だって何度も言うんだ」と、何でもそう簡単には信じないこの行商人が話を続けた。

「ほんとに世の中には、どこに目をつけているのかと思うやつがいるよ。まったく、どうしようもないことを言うもんで！　動物に見えるかい？　頭はどこだ、鼻はどこについているんだい？　魚だって言ってくれたほうがまだマシだったのに。植物なんかじゃないよ。正体を教えてやるよ。そいつが採れる場所を自分の目で見た連中から聞いたんだ。親戚に船乗りがいてね——おれもガキの頃に一度船に乗ったことはあるけどさ——それで、ある親戚が海の底と海岸の岩場から潜水夫が採ってくるのを見たんだ。場所はどこだったか忘れたけど。海の苔《こけ》だって言ってたよ。イングランドで古い壁に苔が生えるみたいに、生えているんだってさ。それが正体だ。

　水の中で育つから、水を吸っていられるんだな。質のいい海綿が仕入れられた時には、海綿だけで週に十五シリング儲かったことがある。でも、十シリングってことが多いかなあ、五シリングにもならない時もあるけど。いちばん売れるのは、ちょっと町外れにある戸建ての家だな。上流の旦那たちが『いい海綿は風呂にいいんだ』って言ってた。上等なやつが安く手に入ると、確実に売れるよ。いや、アパートが並んでる路地なんかじゃあまり売ったことないな」。

もう一人の商人の話では、ポンドあたり六ペンスで大量の海綿を仕入れて、それを形良く切りそろえて、相棒を一人雇って、二人で手押し車に載せて「売りさばいた」ことがあるという。手押し車六台がいっぱいになるほどあったので、売れて空になると、また補充していっぱいにしたとのことで、一個一ペニーと二ペンスで売ったが、だいたい二〇個で重さが一ポンドになるから、一個一ペニーとしても、六ペンスの元手で十四ペンスの利益が得られることになる。どれくらい売りさばいたのか正確には覚えていないそうで、二人である夏の一晩だけで全部売り切ったが、十シリングくらいだったという。それがもう何年も前のことで、当時、安い海綿――私は「蜂の巣」海綿と呼ばれるのを聞いたことがある――は、この商人の言葉を借りると、現在ほど「出回って」はいなかったそうだ。

この人にユダヤ人の割合はどのくらいか聞くと、「そうだなあ、海綿を売っているのは一〇〇人はいると思うけど、ユダヤ人が十人か十二人で、キリスト教徒は一人ってとこだな。それで、半分かそれ以上はどこかに雇われているね、キリスト教徒のほうがだよ。馬小屋の仕事が多いかな。馬屋や貸し馬車屋とか、海綿が必要なところに売りに行くんだけど、それは大した数じゃないね。海綿が売れるのは馬具屋なんかだから。おれの考えだけど、ユダヤ人のほうがキリスト教徒よりもよっぽどキリスト教徒らしいよ。お互いに助け合ってさ。おれたちゃ助け合わないじゃねえか。おれはよくユダヤ人に助けられているんだ、なんの関係もない人間なのにさ。だけど、商売はおそろしくうまいよ」。

街頭で売られる海綿の卸売はおもにハウンズディッチで、卸売をしているのもユダヤ人である。スミルナ［現在のトルコのイズミル］が海綿の大市場で、良質の海綿がギリシアの島々で採れる。海綿は街頭商人がカゴに入れて持ち歩き、見本として片手に一個か二個もっている。小さな海綿は網に入れられることもあるが、網はかつてはこのために使われることが多かった。現在は郊外はもとより商業地区でも、海綿のほぼ一〇〇パーセントが行商人によって売られていて、顧客は「商店主、宿の主人、紳士、紳士宅の召使」である。安価な海綿は土曜日あるいは月曜日の夜に街頭で売られていることもあるが、貧乏な人はほとんど使わないので、ほとんど売れない。辻馬車の馭者が買うのも高が知れている。海綿を売る行商人は、巡回地区を歩きながら通行人には誰にでも売ろうとしている。ユダヤ人が海綿と古着を物々交換することも少しはある。この業界には女性が五人か六人いる。

海綿売りの人数については、情報を提供してくれた商人の示した数字のとおりだと私も思う。ただし、海綿を時々しか売らない者もいるし、商売のごく一部にしかしていない者もいる。また、「安く仕入れた」時にだけ売る者もいる。だから、（この商売が不定期であることを考慮して）毎日五〇人だけが海綿を売り、週に一人十五シリング――二十五シリング稼ぐ者も、五シリングの者もいるが――稼ぐとして、利益がその半分ぐらいと計算すると、総額は一九五〇ポンドになる。

40 眼鏡を売る街頭商人

二十五年前、眼鏡の行商はユダヤ人がほぼ一手に引き受けていて、宝石箱に眼鏡を入れ、今でもそうだが両手で持って、街頭やパブで販売していた。眼鏡の行商は現在よりもはるかに儲かった。現在は海綿を売っている元眼鏡売りの老商人の話では、「あのころはみんな金があって、行商しなくちゃいけないような人もそんなにはいなかった。特にアイルランド人なんかは。眼鏡の値段も今より高かったし、眼鏡が必要な人たちは変な値段をつけられると、インチキだと思ったからね。時代が今とはぜんぜん違ったんだよ」。

街頭商人の売る眼鏡はハウンズディッチの安物屋で仕入れる。「メタルフレーム」はつるがあってもなくても卸売価格が十二点で二シリング六ペンスから三シリング六ペンス、小売では一点が四ペンスから一シリングになる。「べっこうのフレーム」は卸《おろし》が十二点で六シリングから七シリング六ペンス、小売は一点九ペンスから十八ペンスだが、二シリングということもある。「細いスチール製」は十二点十シリング六ペンスから二十一シリング、小売は一点一シリング六ペンスから三シリングになる。もっと高いものも安いものもあるが、これはふつう街頭商人が支払っている金額である。小売価格にばらつきがあるのは、十二点単位の仕入れ価格に違いがあるからで、べっこうやメタル素材でデザインの良いものもあれば、仕上げに手をかけているものもある。それから、街頭商人がすぐにつけこむ場合――「商店主だって機を見るに敏だ」と言った者がいるが――つまり、買い手には価値がわかっていない商品の値段をつり上げる場合もある。

先述の街頭商人が言うには、「売り口上は、おれが知ってた頃に比べたらもう無くなったも同然だ。売り口上というけど、おれはそうは思っていないんだ。あれは説得といったほうがよくて、パブではよくやるけど、路上ではやらない。おれが行商をしてた時には、お客を説得したことあるよ。だってさ、やってると元気がでてくるんだ。目なんか悪くないお客たちに、眼鏡が欲しくなるように言いくるめるんだ。口車に乗せて客の目が見えないようにできるって豪語してたやつを知ってるけど、お客はほんとに眼鏡を買っちゃうんだよ。おれが売ったのは、年寄りじゃなくて、ほとんど若い人と中年だった。よく売れたのは、目がよく見えるようになるからよりも、眼鏡をかけたほうが、かっこいいとか賢そうにみえるとお客が思ったからだと思うよ。おれのお客さんたちはパブの談話室にある暖炉の上の鏡を見ながら、取っかえ引っかえ眼鏡をかけて試していた。『ここにあるのは本物のスコットランドの水晶レンズだよ』なんて時々声をかけたりしてさ。おれはいつもいい品物を売っていたよ。それから『銀のフレームをつけるように作られたのに、フレームの方が小さすぎたので、わたしがこのフレームに合わせて入れたんだよ。失業中だけど、こうみえても眼鏡技師なんだよ。ほんとは十五シリングするんだけど、フレームもぜんぶこみこみで七シリング六ペンスでいいよ』。こんなふうにして一つ五シリングで売ったこともあるんだけど、高級品だったからね。特価で仕入れていたんだ」。

　ある人はそんなに前ではないが、眼鏡一組十ペンスだと言ったら、安物の仕立て屋の職人から「なんだって、今かけている眼鏡は数年までに一シリングで買ったんだぞ。今なら十ペンスもするはずないだろう、税金がかからなくなったんだから」と言われたという。

　街頭で売られている鼻眼鏡はべっこうの「縁付き」である。ふつうの眼鏡と仕入れ場所は同じで、卸売価格は「単眼鏡」で十二個四シリング六ペンスから七シリング六ペンス。小売価格は一点六ペンスから一シリングになる。「両眼鏡」は真ん中でつないであり、フレームが鼻の上にのるようにしたもので、卸売はこれも十二点で十シリング六ペンスから十五シリング、街頭商人の小売価格は一点一シリング三ペンスから二シリングになる。

　眼鏡は主に労働者に売られていて、郊外まで行商に行くことはほとんどない。販売先はパブが中心だが、繁華街や人が多く集まる場所ならどこででも売られている。眼鏡を売っていたことのある男性によると、「鼻眼鏡は商店の店員とかプロの詐欺師に売れるよ。競馬場で賭博にかかわっている――今でも賭博はやってるからね。賭博場は壊されたところが多いけど――恰好つけた若い連中は、だいたいみんな鼻眼鏡をわざとらしくかけているんだよ。それからダービーとセントレジャー［いずれもイギリスの五大競馬に数えられる］の時にパブに集まって賭け競馬をしている連中も同じだ。少なくともおれは、賭け競馬をしている場所で、そういう連中に売ったことがある。みんな競馬のことで頭がいっぱいなんだけど、時々はしゃれた鼻眼鏡を見せろって言ってくれた。でも、だんだんと流行らなくなってきてるね、鼻眼鏡は。この前、ロンドン橋のたもとで五時間近く立ってたんだ。あそこは以前はそこそこ売れるところだったからさ。ところが、一個も売れなかった。あの日は一日かけても半ペニーにもならなかった」。

現在は一〇〇人が眼鏡と鼻眼鏡を売っていることがあるが、その半数をユダヤ人とアイルランド人がほぼ同数を占めている。この商人たちのなかには、寄る年波に勝てなくなった者や、事故にあったり頻繁に病気になったり、体調に問題があったりと、体力に難があって、たとえ仕事があっても重労働には耐えられず、「軽い商売」をせざるをえない者もいる。

万能薬《ダッチドロップス》と眼鏡を売っている女性が二人いる。ほかの「軽い商売」もそうだが、眼鏡売りはだいたいが眼鏡しか売らないということはなく、ある人の言葉を借りると「その時に登場して、もっと売れそうなものならなんでも」手を出すのである。変化を求める気持ちは、路上で商売をしている人たちに共通して見られる。

毎日売り歩いている商人が三十五人いるとして（眼鏡売りを生業にしている人でも休むことがあるのを考慮して）週十五シリング稼ぎ（利益は十シリング）、年間の売り上げが一三六五ポンドになるとみてよいだろう。

41 人形を売る街頭商人

人形作りは、単なる気晴らし・遊び・娯楽に必要な数々の物を作る場合と同様、薄汚い、みすぼらしい場所、あるいは窮乏生活のなか——貧乏人たちのあいだでよく聞かれた言葉を使うと——「貧しさが骨身にしみるような」状況の中で行なわれていることも珍しくない。しかし、この件については、行商だけでなく、人形の製造と販売全般について考えるところで扱うことにしよう。

現在、人形は非常に安く、街頭で種々様々な商品を売っている商人たち——すでに本書で個別に扱った「手押し車」を押している行商人や「一つ一ペニー」の品を売る商人など——が広く売っているので、最も古い玩具の仲間に入るこの商品の売り上げは、数からいうと、以前に比べてはるかに少なくなっている。

人形はふつう行商人（製造者ではない）がカゴに入れて売り歩くが、非常に貧しい女性が売っていることが多い。街頭商売のひいき客らがよく来る通りのあちこちに、大きさもスタイルもさまざまな人形を並べた立派な売店が出ていることがあるが、こういう人形は製造者の所有物であることが多い。ただし、製造者らはその商品の一部を買い取ってくれることもある。ただの商人の品物が並んでいるもっと小さな出店もある。

街頭で売られる人形は、安物屋か製造者から仕入れる。腕のない小さな一ペニーの人形の場合、製造元では行商人には十二体八シリングで卸し、安物屋には七シリング六ペンスで卸すようだ。小さな露店にはこの一ペニー人形しか並んでいないこともあるが、一ペニーから六ペニーの値段が並んでいる露店もある。しかし、ここで私が扱っている商人たちの場合には、カゴに人形を入れて売り歩くのが普通である。

商人は子供たちの目を引きつけることができて——とくに子どもたちが露店や手押し車にのっている人形にも、店内にある人形にも見慣れていない郊外の戸建て住宅では——あいさつの言葉をかけたり、「きれいなお顔をしていること。おや、これまた奥さまもお美しい（奥さんか女中にも会釈をして）。哀れな女から人形をひとつお買い下さい。美しい人形ですから、世の中の天使のようなかたにはぴったりお似合いですよ」と褒め言葉を浴びせたりできれば、まず間違いなく買ってもらえるはずだ。ここでひとこと言っておくと、この言葉は、実際に哀れなアイルランドの女性が言ったのを私自身が聞いたものなのだ。その女性は以前、同じ地区（リージェント・パーク）で大きな針山を売っていて、庭を歩いていた二人の子ども連れの上流の女性に声をかけたのである。

ある人形売りは、二歳から十歳までの子どもがいる限り、必ず人形は売れるものだと言っているが、

「そうはいっても、どういうわけか、以前に比べると売れるうちには入らない。朝、行商に出て、暗くならないうちに一ポンド稼げた時代を知っているからさ。今じゃすっかり変わって、慈善市も多いし、おもちゃ屋もたくさんあるから、人形の行商人の出る幕は昔の半分ってとこだろう。たしかにチャンスはないわけじゃなく、天気のいい日は最高で、住宅街の広場とか、子どもが女中と歩いているところに行ければ、けっこう売れる。でも、警察がものすごくうるさいから、あまり稼ぐことはできないね。甘やかされた子どもがいちばんのお客だ。買ってくれそうなお客が近づいてきたら、おれたち、つまり商売のコツをちゃんとわかってる者は、さっと飛び出していって、人形をきれいに並べるんだ。小さな女の子が、人形が欲しいって泣き出したら、これで大丈夫、お客になると思い、もしその子が足をばたつかせて、女中相手に暴れたら、これで高く売れるとわかるんだ。子どもが大泣きしていたら、おれたちは値段を下げたりしない。人形売りはほとんどみんな製造者でもあるんだ。つまり、それぞれの部分を縫製して人形にするってことね。

人形の頭部はハンブルクで作られている。ロンドンでそれを買える店は、主にハウンズディッチのアルフレッド・デイヴィス、同じくハウンズディッチのホワイツ、レドゥンホールストリートのジョゼフといったところだね。頭部は一個三ペンスで、完成品になると、十二ダースで七シリング六ペンスか一ダース七ペンス半で、この値段の商品は「一――〇」と呼ばれているんだ。「二――〇」は十二ダースで八シリング六ペンス、「三――〇」は十二ダース十シリング。一ヤード半〔約一メートル三十六センチ〕のキャラコから小さい人形の胴体が十二体作れる。それを三ペンス半で縫製してもらって、あとは自分で詰め物をして仕上げるんだよ。

三ペンスの人形を完成するには、十二体で一シリングくらいかかる。だから、人形一体で二ペンスの儲けになるね。わずかばかりの儲けだけど、でもそいつを二ペンスで売っちゃうこともよくあるんだ。深いカゴの中に全部立たせたり、カゴの内側に寄りかからせたりして綺麗に並べるんだよ。脚と胴体は薄い紙に包んでおくんだけど、これは人形を傷つけないようにするためじゃないんだ。胴体も脚も大して高いもんじゃないからね。ほんとは脚と胴体を隠すためなんだ。左右のバランスが悪いから。ぶっちゃけた話、どの人形も痛風に苦しんでるんじゃないかって思われるような恰好をしてる。

ドイツから輸入された人形はちゃんとしているんだよ。とくに完成品の人形はね。ただ、値段が高すぎて行商人にはお手上げだし、そのわりにはそんなに目立って見えないんだよ。石膏でできた人形もある。どうしてこんな古くさい人形がなくならないのかと思うけど、売れているんだよ。雑貨屋のウィンドーには必ず石膏の人形が立ってたり、酔っ払ったみたいに倒れていたりするだろ。蝋《ろう》人形ってのもあるな。蠟でできてるのもあるし、紙粘土で作って蠟の中に浸して作ったやつもある。蝋人形がいちばん安くてモノもいい市場はバービカンにあるよ。

人形の売り上げが年間にどれほどになるか知ったら驚く人は多いだろうね。正確なところを確かめるのは無理だろうと思うけど、当たらずといえども遠からずってとこはわかるつもりだ。毎年、市が近づいているこの時期だと、人形しか売らない呼売商人は少なくとも五十人はいる。一人が一日に十二個の人形を売って、一個が平均四ペンスだとする。そうすると一日に十ポンド、週に六十ポンドになる。冬はそんなには売れないけど、ロンドンの呼売商人だけで一年を通じて毎週五十ポンド、年間で三千ポンドぶんの人形を売ってるのは間違いないと思うよ。店でも呼売商人にまけないくらいは売れているし、市の時の露店でもその半分は売れている。ロンドンの市内と周辺での売り上げは年間七五〇〇ポンドと見ていいだろうな。

人形売りはほとんど元手なしで商売が始められるんだ。一シリングあれば、三ペンスの人形が十二体仕入れられる。カゴがなけりゃ、両腕で抱えればいい。きれいにカゴの中に並べた時みたいに見映えはしないだろうけど。でも、運がよけりゃ、すぐにカゴが買えるさ。三シリング六ペンスあれば上等なカゴが買えるからね。

人形売りの商売はもう昔とはちがうけど、でも今のほうがもっとひどい仕事だってあるさ。今は人の尊敬を集めるような立派な仕事についているある人――「正真正銘の紳士」だ――は、ほんの何年か前までは人形の呼売商人にすぎなかったんだ。もう一人、手は二つあるのに、腕が一本しかない男がいるんだけど、生まれつき腕は一本で、手が二つで、片手はふつうに腕の先についているのに、もう一方の手は肩から出ているんだよ。畸形だって言われていたけど。でも、この片手の男は、今はこれまた立派なちゃんとした雑貨問屋をノーサンバーランドのノース・シールズで経営しているんだよ」。

この話をしてくれた男性にご自分の身の上話を少ししてはもらえないだろうかと聞いてみたら、二つ返事でこんなことを教えてくれた。

「みんなおれを人形売りのディックって呼ぶんだ。一シリングで三体の人形を売り物として呼び売りしたのはおれが初めてだったと思うよ。おれがやる前は、みんな人形を持ったままじっと立って売っていたんだけど、おれはサバを売るのと同じで、大声で呼び売りしたのさ。それが二十年前かな。最初から人形を売ってたわけじゃないんだ。うちの親父はグリニッジ・コレッジで年金暮らし、母親がよく行商をしていて、販売の免許も持っていた。おれはラナークス通りのセント・パトリックス校に入学させられて、六年間勉強したけど、大したことは覚えなかったよ。十三歳の時にスピタルフィールズのC――ストリートにあるブラシと箒《ほうき》を作っている職人のところに修業に入った。親方はぜんぜん誠実な人間じゃなく、毛を不法に手に入れて、それがバレて七年間流刑になったんだよ。

　親方の代わりになった人が、おれが修業を終えるまで面倒を見てくれた。この人も奥さんもずいぶん年寄りだった。おれは週に四日間働いた。二日は親方夫婦のため、二日は自分の仕事をして、あと二日は箒とブラシの呼び売りをした。土曜日にはよく七シリングとか八シリングも稼げることがあったけど、景気が今よりも良かったんだよ。それからあとは、稼ぐために親方のところから出て行った。呼売の商売をするのに二十シリング持って行けと言われた。もちろん、受け取ったよ。この親方のところには五ヵ月間いた。親方はリューマチ熱になって入院したので、おれは独りで仕事をまわさなけりゃならなくなったんだ。

　親方が入院した時には、手もとには七シリング六ペンスあった。なにかしなくちゃいけないことはわかっていたけど、ほんとのことをいうと、ブラシを作るのは好きじゃなかったんだよ。わざわざ作らなくてもすむ物の行商をしたかった。ちょっと怠け癖がついていたんだろうと思うよ。ロンドン橋を渡っている時にマーシャルの手帖を売っているやつの姿が見えてさ、それが前から知ってるやつだったんだ。おれも手帖を売りたいなあと思って、そいつに話したんだ。そしたら、十二冊で八シリングするから、二人で十二冊買うのはどうだって言うから、いっしょに買うことにした。それでおれは六冊受け取ったんだけど、あとになってからあいつは七冊持っていったことがわかったんだよ。仕入れは十三冊だったんだ。おれは手帖を持ってチャンセリーレーンに売りに行ったら、これがよかったんだなあ。ある紳士に六冊、六シリングで売れたのさ。もちろん、すぐにまた仕入れたよ。その日は四ダース売って、二十シリング稼いだ。おれの売り上げがすごくいいから、マーシャルからツケで三ポンドとか四ポンドぶん持たせてくれた。結局、金を払わなかったんだけどさ。いまじゃ悪かったと思ってるよ。でも、おれはバカだった。金が入ると全部つかっちまったんだよ。一シリング持ってたら、マーシャルに払ってやりたいって思ったことがあったよ。なにしろ、あいつが自分で街なかで一ペニーの手帖を売っていたんだから。気の毒に思ってさ。ほんとにいい人だったんだな。サマセットハウスの街角が手帖を売るには一番だった。

　おれが人形を売るようになったいきさつだけど、サマセットハウスの街頭に立っていた時に、人形の入ったカゴを持ってる若い女に会ったんだ。二人で話を始めて、おれが『デルフィ〔アデルフィ劇場〕に行かないか』って誘ったら、行くって言うんで。その時は《トムとジェリー》を演《や》ってて、街頭商人はみんなそいつを見に行っていたんだよ。いろんな人が見に行って、面白くなかったなんて言うやつもいたけど。まあとにかく、二人でデルフィに見に行ったんだ。それからよく会うようになって、結局、結婚した。彼女は出来合いの人形を買い付けていたんだ。おれはすぐにどこに行ったら頭の部分が手に入るか探し出した。自分たちで作った方がずっと儲かった。それから呼売商人と店にも卸しはじめて、ブリストルに行って、四十七ポンド貯めて、ロンドンにきたら全部使ってしまった。ブリストルまで歩いてもどったけど、着くまでに二十ポンド以上は儲けたんだよ。一ヵ月くらいは歩き回って、チェルトナムとかいろんな町に行った。二人とも金の使い方がめちゃくちゃだった。酒を飲んでバカ騒ぎをするのが好きだったんだよ。その気になれば大儲けできただろうに、分別がなかったんだな。女房は人形を作るのがうまくなって、おれも腕を上げた。それで蝋人形をやってみることにして、うまく作れるようになったんだ。勉強するのに一ギニー〔一ポンド一シリング〕かかったけど。

　いつだったかロンドンで蝋人形を売ってたら、紳士が一人、顔が壊れた蝋人形を直してくれないかって言うんだ。おれは興行師に売るのに、大きいサイズの頭部を作っていくつか持っていたから、いいよって引き受けたんだ。絞首刑になった殺人犯の蝋人形も作ったことがあるし、最近じゃ、ラッシュの人形とかマニング夫妻の人形も作ったよ。でも、今は興行師も頭の部分を新しくする余裕がないから、頭部は一つだけにして、時々服の方を変えるんだ。

　そうだ、さっきの話だけど、その紳士と一緒に家まで行って、みたら顔がすっかり壊れちまってるんで、新しく作り直した方がいいって話したんだ。その蝋人形ってのは、ライオンの足からとげを抜いてやっているアンドロクレースで、展示することになっていた。新しく作った代金が二十シリングで、その旦那がおれにアンドロクレースの話を知っているかって聞くんだ。そんなの聞いたこともなかったけど、無知をさらけだすのはいやだったから、知ってるって答えたのさ。そしたらフローラ・ガーデンズ――そこに展示するんだ――でアンドロクレースの説明をしてくれたら週に三十シリング出すっていうのさ。おれは二つ返事で引き受けた。でも、なにを説明したらいいかわかんないから、困ったわけだ。いろんなひとに聞いたけど、誰もわからない。やっと、チャールズ・スロマンさんに聞いてみたらいいって教えてもらった。誰のことかわかるかい。歌を作ってはそれを歌っている人なんだ。他人のためにも色々と書いてくれると教えてもらったので行ったら、売り口上を書いてくれた。代金を聞いたら、『いらないですよ』っていうんだ。確かにずいぶん前からそういう仕事はやめていたんだけど、でも親切な人だ。スロマンさんが書いてくれた文句をきれいに清書して、それを帽子の内側に貼り付けた。誰からも見えないようにさ。なんでおれが帽子の中を見ているのだろうって思われたかもしれないけど。でも一週間かそこらで覚えちまったから、うまくしゃべれるようになったよ。

アンドロクレースを展示した後、また別の蝋人形の見世物で仕事が来て、そのあともほかのところで仕事が続いた。そのうち案内係の名人みたいに思われるようになったけど、今はもうほとんどそんな仕事はなくなったから、二人で人形を売っているよ。これがおれたちには一番儲かる商売なんだ。夫婦で週に一ポンド稼げる。景気は悪いけど、呼び売りするしかないんだよ」。

42 猫いらずを売る街頭商人

ロンドンで害虫・害獣駆除とネズミの捕獲を仕事にしている業者の数は近年大きく減少した。その一つの理由として、古い建物や昔からの街が取り壊されて、ネズミの住処が根こそぎ取り払われてしまったことにあるそうだ。それともう一つ、ネズミの捕獲業自体が信用されなくなって、業者はすっかり職を変えてしまうか、あるいはその技術を活かした別の業種につくかしてしまったこともある。

ネズミ捕獲業者の服装は、ふつうは綿ビロードの上着、丈夫なコーデュロイのズボン、編み上げの長靴である。肩には防水布のベルトをかけていて、そのベルトには目つきが鋭くもの凄い髭の大きなネズミの絵が描かれている。帽子はふつうは光沢があって、ベルトと同じような絵が描かれていることもある。時には、都会よりも圧倒的に田舎の場合がそうだが、片手にはケナガイタチを入れた鉄製の檻《おり》を持ち、耳を短く切ったテリアを二、三匹足もとに従えている。飼い慣らしたネズミが肩や腕を駆け回ったり、おとなしくふところの中におさまっていたり、上着の大きなポケットの中に入っていたりすることもある。このようないで立ちのネズミ捕獲業者には、たいてい強い匂いが漂っている。良い匂いとは言えたものではない。これは服にタチジャコウソウのオイルとアニスの実のオイルを混ぜてすりこんであるためだ。配合と使い方を知っている者が使うと、この匂いにネズミが引き寄せられ、穴から出てきて、強力な魔力を使いこなす主人の下へと這い寄ってくるのだ。ある男などは（ネズミの捕獲業者ではないのに）みごとにネズミを手なずけて、ネズミは彼の口から餌を食べたり、肩を伝わって餌を食べにきて、「そっとふところに入りこみ」（これは情報を提供してくれた人の言葉）「そして、そのまま何時間も寝る」のだという。

捕獲業者にはネズミの賢さにまつわる話が山ほどあり、自分の手柄話を滔々としゃべるが、話の内容は事実ばかりとは限らない。博物学の研究を見ると、ネズミが賢くて、手なずけることもでき、さまざまな困難と難局を切り抜ける智慧のある動物であることは断言できる。

三十年前、いやもっと最近までネズミの捕獲業者を雇って報酬をださなければならなかった大きな原因が、今ではもう無くなったも同然である。当時、ネズミを捕獲したり殺したりする業者はロンドンの穀物倉庫からネズミを一掃するために、通年あるいは四半期の固定給を得ていることもあった。二十八年間ロンドン周辺の穀物倉庫に雇われていたことのある人の話によると、二十年か二十二年前には、もう雇われている捕獲業者は一人だけしか知らなかったそうで、それがテムズ河畔の穀物倉庫だったという。また、その人が言うには、その業者が何十匹何百匹ものネズミを毒殺したのは間違いないが、「ネズミの悪臭がものすごくて」――とはいっても古い建物のひどい悪臭は死んだネズミが原因なのだ――「穀物にまでにおいがうつるほどだった。しかも、元気な二匹のネコまで毒殺してしまったんだよ。まだ青二才でヘボだったんだと思う」とのことである。

このように駆除すると、ネズミはそのあと三週間から一ヵ月はその場所からいなくなったようだが、また戻ってきて元の木阿弥になった。ネズミに悩まされなくなったのは下水管を取り換えて新しくしてからである。穀物倉庫の下水管の配管が改善されたために、この「害獣」の侵入が阻止されたわけだが、しっかりとした石工《いしく》の技術と鉄格子の組み方が、ネズミの忍耐力をもはねつけたのだ。そうでなければ、下水溝の生ゴミに群がるネズミどもは下水溝とつながっている下水管や側溝を通って穀物倉庫へと入りこみ、捕獲業者が手を尽くしてもあっという間に増えてしまうことだろう。

同氏によると、捕獲業者らから五、六回は要請

下水溝のネズミ獲り

され、気前よくビールを呑まされて、穀物倉庫のイエネズミの捕獲を認めたことがあったという。ある業者は「そういうおもしれえ害獣に関心がある紳士のために」ネズミが欲しいのだと言ったが、他の業者たちの話から、同氏はネズミ狩り競争のために必要なのだと確信したという。闘犬の《ドッグ・ビリー》には、何分間で何匹のネズミを殺せるかということで一〇〇ポンドが賭けられていた。

穀物商人が言うには「いいかい、だんな、おれたちの心配ってのは今に始まったもんじゃないんだ。イエネズミがいるんだけど、みんなものすごくでかいんだ。年寄りのネズ公もいるみたいで、鼻づらがウェリントン公みたいに真っ白いやつもいるからな。えらく力もあって、獰猛なんだぜ。捕獲しているある業者から、でかいイエネズミの体重を知っているかって聞かれたのよ。おれが体重を量ってるみたいじゃないか。おれはネズミ狩りになんぞこれっぽっちも興味はない、みんな煩わしい思いをさせられるのは嫌がっているんだよ、っていつでも言ってやるんだ。賭け事が好きじゃない紳士もいるしな」。

イエネズミ、つまりイングランドのネズミは今は比較的少なくなったが、茶色のハノーヴァー種のネズミは多い。この茶色のネズミはハノーヴァー王朝の時代あたりにイングランドに居着いたようで、そのためにこの名前がつけられたのだ。『ハノーヴァーネズミ』というのは、ジェイムズ二世派の人たちが、勝利をおさめた一派に対して非難の気持ちで使った表現である。

ネズミの捕獲業者は、ネズミを殺す業者でもある。業界でいう《魅惑剤》を使ってネズミを殺すこともある。どの業者も毒薬は自分独自の製法で、自分が発見した企業秘密だという。しかし、どの毒物も砒素が基本になっているのはまちがいない。無臭で、簡単に柔らかくて細かい粉末にすることができて、ネズミの好物――トーストしたチーズ、ベイコン、揚げたレバー、獣脂、オートミール――と混ぜるのにうってつけの材料となる。ネズミの食欲をうまく誘うように、細心の注意を払って作業しなければならないし、実際にもそうしている。餌の置き場所が悪ければ、手つかずのままに終わることもある。ネズミがいつも餌を見つけているところに置いてやると、むさぼるように食ってしまう。しかし、それでも最初の夜は餌に毒を入れずにおいておく方がよいとされている。腹を空かせたネズミが二晩目にはガツガツと食うからだ。オートミールの場合には、最初の晩、それから二晩目もすることがあるが、ふつうは白砂糖の粉を混ぜる。これを食べさせておくと、用心深いネズミでも砒素のもつ甘さに警戒しなくなるのである。「毒入りオートミール」がいちばん効率が良いという。しかし、砂糖だけと混ぜた場合にはネズミが食べないことも多い。「ネズミは人間様よりもうまく身をかわすことがよくある」という話だ。

ネズミ退治のもう一つの方法は、専門の業者によるもので、可能ならばネズミのよく出る穴の中にケナガイタチを放すのである。イタチはすぐにネズミを追い出すので、ネズミが逃げて出てきたら、テリア犬がそれを捕まえる。テリアは長い間、じっと辛抱して、息を殺して穴を見ていて、出てきたネズミを声も出さずに絞め殺す。ネズミはちょっと声を出すが、「手ぎわの良い犬」に背中を噛まれ、振り回されて、すぐに死に至る。それでもまだネズミが動いたり、生きている様子が見られる場合には、調教された犬がネズミの頭を噛み砕いてしまうのだ。

ネズミを生け捕りにしなければならない時には、ネズミ狩り競技用に傷つけないようにする（傷がついていると試合では「違反」とされる）ため、罠で捕らえるか、あるいはイタチに穴から追い出された場合には、樽とか「競技」に使えるよう安全に捕獲できる容器などの中に追い込むのである。ネズミの体に目に見える傷があると、競技では拒否されるが、ペンチで乱暴に歯を抜いてしまって、ネズミ狩り競技の訓練をしている子犬に噛みつけないようにしてしまうことはよくある。犬はネズミをしっかりと捕らえないと、ネズミが体をよじってたいていは思いっきり犬の舌にかじりついてくる。そうなるとテリアは悲鳴を上げてネズミを放してしまうことになる。子犬の時にネズミにかじられると、その痛さをいつまでも忘れない可能性がある。それを避けるために、ネズミの捕獲業者は歯医者に代わってネズミに処置を施すのである。

捕獲業者が行なっている、あるいは捕獲業者のせいにされている「細工」について、私は数々の話を聞いている。たとえば、ネズミの駆除をする予定の土地や建物の中に死んだネズミをあちこちに置いておくのは珍しくも何ともないことで、これは薬にはきちんと効果があるということであり、死んでいるネズミは業者の腕前を目に見える形で証明していることになるからだ。また、ネズミ駆除にうってつけの建物にあらかじめ生きたネズミを放しておき、あとで駆除の仕事を持ちかけるやり方もあるそうだ。

ロンドンでネズミ取りの仕事が多いのは、馬屋の並ぶ地域、個人の馬小屋、馬車置き場、納屋などの離れ家である。上流の屋敷のこのような場所で仕事をしている召使は、ネズミ狩りの昂奮が好きなので、同じように昂奮させてくれる業者の後押しをする。馬小屋などではネズミ駆除は喜ばれるだけでなく、じっさいに必要でもある。ウェストエンドの馬屋地区に家族と暮らしていて、ロンドンのあちこちの馬屋地区についても昔から知っている馭者の話によると、排水設備はひどいもので、公衆衛生の規則も、馬に関しては別だろうが、ほとんど無視されているありさまだそうだ。だからネズミが増殖して、造りの悪い排水溝や小屋を安全な根城にしていて、なかなか追い出そうにも追い出せないのである。

ネズミ捕獲業者の一番の得意先は、ネズミが犬に殺されるのを観て楽しむ「内輪のパーティ」にネズミを売っている店である。ある店の主人の話では、日曜の午前中に自室で楽しんでいる「遊び人」もいるとのことである。しかし、盛大に行なうとかなり出費が嵩むことになるのは、店での小売価格はネズミ一匹六ペンスもするからだ。捕獲業者から問屋へは十二匹二シリング六ペンスから七シリングで売られる。ネズミの数はどうやら不足することもあるようで、店の主人は「取引の関係を維持するために」高い値段で買わざるを得ないのだ。ふつうのネズミや白いハツカネズミ、ハリネズミも売っている規模の大きい鳥のペットショップの店主が言うには、この前の冬にネズミを十二匹七シリングで仕入れて、一匹六ペンスで売らざるを得なかったそうだ。

ところが、ネズミが大量に消費されているのはバンヒルロウにあるプロボクサーが経営するパブなのである。ネズミを売っているある業者の話によると、そこでは毎週二〇〇〜五〇〇匹のネズミが殺されていて、週の平均は二〇〇匹なのに、宣伝のポスターでは、復活祭などの休暇の時には一日のある時間帯だけで五〇〇匹が殺され、入場料は六ペンスと書かれているという。こういう場所で、どの犬が最短時間で最大数のネズミを殺すかが競われるのである。ロンドンにはこの種の競技場が四十ヵ所あり、古代の競技をこぢんまりと模したこの闘いが休日にだけ行なわれるところもあるそうだ。「割が合わない」という理由で廃業することも頻繁にあるので、ネズミ狩りで殺されるネズミの数は、平均すると一ヵ所につき週に二十匹、年に一〇四〇匹を上回ることはない。個人で行なっている競技も含めて、娯楽だけのために総計で年に五万二〇〇〇匹、週に一〇〇〇匹ということになる。

生きた動物を売買しているある業者の話によると、田舎から数十匹、あるいは十匹程度のこともあるが、ネズミを持ちこむ者がおり、ネズミの捕獲が専業ではなく、庭やら農場などで暇なときに捕まえたものだという。ロンドンの捕獲業者の中には、田舎で野良仕事などをしている者もいて、ネズミを捕獲したり殺したりするだけでも、その商売は都会よりも田舎の方がはるかに儲かっている。信頼できる確実な情報によると、試合で殺されるネズミの数はロンドンだけで週に二〇〇〇匹、年に一〇万四〇〇〇匹は下らない。これは公私含めた数で、特に個人の楽しみとして行なっている競技はやむことなく続いているが、公の場では定期的にしか行なわれていない。

この数字にはもちろん業者が「敷地内からの駆除」を目的に行なっている場合に殺されるネズミの数は入っていない。

時々ロンドンに出てくるネズミ捕獲業者は一〇〇人いるが、ロンドンを仕事の拠点にしているのはその四分の一程度であろう。また、平均収入は週に十五シリングを上回ることはないと私は見ている。

ロンドンだけで年間の売上げは九七五ポンドというところだろう。

ネズミ捕獲業者たちは競馬業界の人たちと同じように、秘密主義であるかのような態度を見せている。独自の「秘密」があり、ネズミ狩りなどの競技について「記録をつけて」いる、あるいはつけている振りをしているのだ。酒が嫌いではなく、不規則な生活をしている者が多い。街頭で犬を売っている商人（ほぼ同じような業界の人間でもある）と親しくしている。ネズミ捕獲業者は多くの場合、馬小屋で育ち、教育を受けた者はほとんどいない。ロンドンでは主としてホワイトチャペル、ウェストミンスター、ロンドン自治区のケントストリートに住んでいる。稼ぎの大きい者には自分の個室があるが、そこまでいかない者は安い下宿屋住まいである。いずれにせよ一年中ロンドンに住んでいる者はいない。

この業者たちは菓子に混ぜた猫いらず（小麦粉を焼いたものか、オートミールの場合もある）も売っている。成分は砒素である。値段は「お客に合わせて」二ペンスから一シリングまで。同様に、「家からネズミの駆除」には二シリングから一ポンドまでだが、二シリング六ペンスのことが多い。

43 中古の武器を売る街頭商人

中古の拳銃――街頭商人あるいは呼売商人が扱う武器はこれだけだが――の売り上げは、想像されているよりは大きい。

拳銃を所持することには、いわく言いがたい魅力があるようだ。この業界に通じている人たちから聞いた話によると、最初に購入を勧められた時には、弾のこめかたも撃ち方も知らず、怖くて扱えそうになかった客に今まで拳銃を売ったことがあるという。持っていると安心感が得られるのだろう。

街角の露店で時々見られる拳銃は、ほぼ決まって古くて錆がついているか、ガタガタで、自分で修理し、綺麗にして売れる者でなければ無用の長物である。

新品でも中古でも拳銃を売っているのは三人しかいないという。三人とも銃の製造者でもある。

この商売はほとんどパブへの行商だけで行なわれている。拳銃の販売だけをしている商人の話は聞いたことがない。ある人の話であるが、「こんなのがふつうでしょうかね。古物商とかペティコートレーンとかで中古品を買おうと思ったら、安そうな拳銃を見つけて、それを買ったとしたら、すぐにパブに持って行って売ってしまうか、くじ引きの賞品に出すんです。中古の拳銃は新品よりも売れるんです。私みたいな者が新品を持っていくと、そんなものは贋物のクズだろうって言われてしまいます。拳銃の木の部分に小さな銀の板がはまっていて、そこに紋章か頭文字が彫られているほうが――私は時々彫ってもらいましたが――売れ行きは良くなります。お客は品質の悪い物なんか押しつけれることのない偉い人のために作られた拳銃だと思うわけです。労働者の人に拳銃を売ったことはあまりないと思いますけど、労働者の人たちが拳銃が賞品になっているくじ引きに参加することはありました。ただ、当たっても、その拳銃を私に買い戻させようとしたり、誰かに売ったりしていましたが。買うのは商人か、もし上流の人がいれば、買ってくれますね。あの人たちには、拳銃は玩具みたいなものですからね」。

中古拳銃の街頭販売について、ある街頭商人と話をしていたら、ポケットから立派な拳銃を出して見せてくれた。商売上、拳銃を持ち歩くのはふつうなのかと聞いたら、そうだが、ただし田舎に行くときとか、現金や貴重な賞品を持ち歩くときだけだという。「この銃はたったの七シリング六ペンスだったんだ。十シリング六ペンスって言われたけど、値切ってね。上等なシロモノだから、いつものコースを行商すればどこかでもっといい値段でさばけそうだ。これはアスコット競馬に持って行くために買ったので、今持っていたのさ。弾はこめていない。これからハンプトン競馬のあるモールズリー・ハーストに行くつもりだからさ。競馬で大勢人が集まったところに独りで拳銃も持たずに行くのは危険だよ。おれみたいな非力な者が大勢盗難にあってるのに、みんなそんな話には聞く耳をもたないし、そんなバカな、でおしまいだ。アスコット競馬では、おれは知り合いの仮設小屋の持ち主に金を預かってもらった。その小屋で寝るやつも何人かいたんだ。おれのわずかばかりの金を彼は自分の金と一緒にして、盗まれないように頭の下に隠してくれた。中古の拳銃がおれたちみたいな者に回ってくることは少ないけど、それでもふつうはまたそれを売ってしまうよ」。

中古の拳銃にしろ、ほかの武器にしろ、街頭で売られることはない。護身用の仕込み杖などは呼売商人が売ることはあるが、それはふつう新品である。弾薬は拳銃の行商人が売ることはないが、弾丸を鋳造する鋳型は拳銃と一緒に売られることがよくある。

このような中古拳銃を売る商人は、現在は昨年よりも多いとのことである。ある人が笑いながら言っていたが、他の人たちからも同様の話を私は聞いている。「万博に来る外人たちが何か悪さをしようと企んでいるから、拳銃は護身用に必要だってみんな思っていたんだと思うよ、ほんとうに。おれの考えだけど、拳銃というのは誰も買う物だなんて思っていないけど、見せられると、初めて欲しくなるんじゃないかな」。

パブに売りに行くのは別にして、街頭で売られているのは、ラトクリフハイウェイのような商船の航海士とか下っ端の士官に声をかけて中古拳銃を買ってもらえるような地区である。こういうふうに売られる拳銃は、ふつう作りはしっかりしている。

この商売は、他の商品の街頭商売も同時に行なっている商人がたずさわっていて、その数は二十人と私は見ており、週に一人平均一ポンドというところであろう。何週間かで五ポンドの売り上げがあるかと思うと、翌月はまったく売れないこともある。三割から五割が通常の利益で、このような中古の攻撃用ないし護身用の武器の年間売り上げは一〇四〇ポンドである。

「少し拳銃を売った」というある男性は、子どもだった二十五年か二十年前は、父親が行商で中古のボクシンググローブを売って週に二ポンド稼ぐことがあって、自分でも片手にはグローブをもち、ポケットには売り物の拳銃を入れて歩いていたそうだが、今や街頭でボクシンググローブを買う人はまったくいなくなって、「完全に売れ残り」になるという。以前はセットで、つまりグローブ二組で三シリングでよく売っていたという。

44 中古の骨董品を売る街頭商人

街頭で「骨董品」とされている物には中古とは呼びにくいものもあるのだが、ともかく中古品を扱う街頭商人がそれをふつうは売っている。

骨董品が並べられているさまは、とうてい（熱心な蒐集家は別として）人の心を引きつけるとは言えない状態であり、露台にはひどく薄汚れたものが並んでいる。カムデンタウンのハイストリートで出会った手押し車を押している一人の商人が、次のような話をしてくれた。この人は服装が卑しいというよりは汚く、顔には非常に自己満足している表情が表われていた。手押し車に載っていたのは、硬貨、貝殻、古いベルトの留め金、かかとが木製で非常に高い靴が一足、この靴は十八世紀初頭にはかれていたものだ。

硬貨はどれも銅貨で、あまり種類はなかった。メダルもまじっていたが、それほど古い物ではなかった。メダルの表《おもて》は三角帽をかぶって険しい目つきをした「コーンウォリス侯爵チャールズ」のデザインで、裏はラッパをもった天使と葉で作られた輪が描かれていて、天使の足もとには旗印があしらわれていて、そこには「彼の名声は東から西まで轟く」と銘が入っている。また、一八一一年の年号とともにウェリントンの顔と「愛国心が勝利をおさめる」の銘文があるメダルもあった。「W・ピット閣下、五港長官」は優雅に袋かつらをかぶっていて、髪は額から骨董屋のいう「てっぺん」まででなでつけられていた。このメダルは「ドーヴァー海峡にて支払い可能な五港メダル」で一七九四年の年号が入っている。「ウェリントンは安いから、半ペニーしかしない。ほら、ここに一枚あるでしょ。お宅さんはコインのことがわかっているみたいだね。こいつは二ペンスは頂きたいところで、それ以下はだめだな。『J・ラッキングトン、一七九四年』だから。裏面は天使で、そのまわりに『ラッキングトンのハンペニー、世界で一番お得な書籍商アレン商会』とあって、これは価値のあるコインの証拠だ。ウェリントンやネルソンよりも貴重価値があるんだ」と商人が説明してくれた。

現在流通している硬貨では、私はチャールズ二世よりも古いものを見たことはないが、その治世のものでもほとんど判読できなかった。裏面がすっかり磨り減っていて、そこに誰かが「チャールズ・ドライランド・タンブリッジ」と彫り込んであったのだが、タンブリッジの綴りが間違っていた。その街頭商人がいうには、これはただの古いコインではなく、「愛情のしるし」に贈ったもので、「こういう愛情のしるしのコインはだんだんと珍しくなっていった」そうである。外国と植民地のコインは六十種類くらいあったかもしれない。私が見た一番古いのはフランスとナバラのルイ十五世で、一七七四年の年号だった。それからナポレオンが第一執政となった「共和制フランス」のコインもあった。植民地の硬貨は外国のものよりもたくさんあった。ロワーカナダの「一ペニー硬貨」、東インド会社の「四分の一アンナ貨」、「エセキボとデメララ〔いずれも南米のガイアナ〕の植民地で流通している半スタイヴァー貨」、「ノヴァスコシア州の半ペニー貨」などなど。模造銀貨から粗悪な銅貨に至る偽造半クラウン貨などの硬貨もあった。

この男性が硬貨を「値づけ」――自らそう表現した――する時の原則はきわめて単純なものだった。半ペニー貨の大きさに対して彼は一ペニーの値段をつけ、一ペニー貨の大きさなら二ペンスになる。「きちんとやるのはむずかしい商売でね。硬貨とか骨董品とかの評価が正確にできないと簡単にだまされちゃうでしょ」とこの商人は言った。

この男性は自分の持っている貝殻を「鼻《コンクス》」とか「王様の鼻《キング・コンクス》」と呼んでいた。「抱き合わせ貝《クランプス》」は持っていないけれども、よく売れるものだという。その貝を男性は「片方がもう片方の中にぴったりはまっている二枚の貝」だと説明した。「アフリカタカラガイ」と呼ぶ貝も売っていたが、これは「一パイント〔約〇・五七リットル〕の壺ほどの大きさ」で、小さなタカラガイは「インドではお金で、父親が軍人だったので、そこに行ってたことがあって、実際に見てきた」のである。貝殻は一ペニーから二シリング六ペンスで売っている。

古い留め金は靴に使われていたものだったが、板の部分はすっかりすり切れていた。「こういう骨董品はどんどん珍しくなっていった」とのことである。

街角に出ている露店の多くは、そばにある店舗や店主のもので、ほかの商売をせずにこれを専業にしている者はせいぜい六人しかいないという話を聞いた。収入は週平均一人十五シリングで、利益はその三分の二程度なので、年に二三四ポンド。グレイト・ワイルドストリートに出ている露店もあるが、その大半は所有者が中古家具屋である。

45 石炭の街頭商人

この何年間かの石炭市場の統計によると、ロンドンには毎年平均三五〇万トンの石炭が船に積みこまれて輸入されている。それに加えて、最近は内陸部からも鉄道により方々から石炭が絶えず流れこんできていて、昔から石炭取引所で行なわれてきた北部地方の石炭の販売に頼らずに簡単に買えるようになってしまった。

極端に貧しい人たちには石炭の重要性は認識できないかもしれない。生理学や医学の解説者らは、炭素を含む食物が人体の熱を生み出すので、人間を動かす燃料になっているのだと言っている。経験からもそのとおりであることがわかる。貧しい人たち――家具の揃っていない部屋や屋根裏部屋の住人――の住んでいる所に行く機会があった者なら、餓死しそうな哀れなお針子、港湾労働者のような臨時雇いの労働者らのまともに服も着ていない子供たち、船の底荷の積み降ろしをする沖仲仕のように雇用者から稼ぎを巻き上げられている労働者たちが、火が燃えているはずの場所でくすぶっている燃えさしを囲んでうずくまっている姿が目にとまらなかったことはないはずだ。これは長期にわたって食物が不足しているために、体内で必要な熱が欠如してしまい、それを補おうと、本能的に外から熱を吸収しているのである。私は低賃金で食べ物にも不自由している労働者が、食べ物より体を温める方を求めていたのを見たことがあるのだが、そういう理由だったのだろう。貧しいアイルランド人の場合には、食べ物がないとわずかな火でもあると必ずそのまわりに集まってくるのも見たことがある。

今年の国勢調査（新聞記事による）では、ロンドンの人口は二三六万三一四一人で、住人のいる家屋は三〇万七七二二戸とされている。ロンドンの広大な郊外には、ほとんどどの大通りからも道が枝分かれして、路地が迷路をなし、住民が密集していて、どの部屋にもそれぞれ家族が住んでいる――大勢の貧乏人の中からやっと一人の金持ちがでてくるのだ――ということを考えると、ロンドンに運ばれてくる石炭の相当量は貧乏な人たちが消費している可能性があるという結論になるだろう。だからこそ、人口の大半を占める貧しい人たちの快適な暮らしだけでなく、生存そのものに必要な物資を販売・配給している人たちが正直であることが重要なのだ。

ロンドンに搬入された石炭が、さまざまな消費者にどのように分配されるのかは調べてみる価値がある。そうすれば、少数の人たちの裕福さだけでなく、大勢の人たちの貧しさも見えてくるだろう。ベルグレイヴィア［上流階級の住宅地］の住人、裕福な商店主などの家の前には、石炭を満載した石炭商人の荷馬車が定期的にやって来て、二、三人の黒く汚れた「石炭運搬夫」が黒く重い袋を背負って腰を曲げながら、一年あるいは半年に十トンとか二十トンの石炭を補給するのだ。しかし、この上流階級に配達される石炭は、職人や労働者などが使う石炭とはまったく違う場所から運ばれてきているのである。労働者らは一度に一トンも二トンも石炭を買うだけの金がないので、別の方法で手に入れなければならない。わずかばかりの石炭しか買えない者のために、どの地域にも必ず裏通りには石炭屋とよばれる商人がいて、一度に七トン、十四トン、あるいは二十トンを単位に買い付けて、それを四分の一ハンドレッドウェイト［一ハンドレッドウェイトは約五十一キログラム］以上から小売してくれる。石炭屋は非常に数が多い。どの地区にも貧しい人の多い町内があり、どの通りにも貧乏人は一人や二人ではないからだ。

　しかし、石炭を買う人たちの中には、私が「非常に貧しい」と言ったもう一つのグループがある。三階の裏手の部屋にいる住民、屋根裏部屋の住民である。石炭の行商人が登場したのは、このグループの需要に応えるためだったように見える。空腹に苦しんでいる貧しい人たちには往々にして自尊心が見られるが、そのような自尊心などまったく持ち合わせていない人たちは、石炭の行商人が――正直で良心的な商売をしているとして――貧しい人たちに施しているとされる大きな恩恵について理解できるとはあまり思えない。

　ある人の話だが、「夕暮れ時に空腹に苦しんでいる哀れな子供が石炭屋におずおずと入っていくと、まるで大きな施しでもしてくれというみたいに、申し訳なさそうに七ポンドぶんの石炭を下さいっていうのを見たことがあります。石炭屋は飲んでいたビールのグラスを置いて、くわえていたパイプもとって、煙をぷーっと吐き出すと、ガラガラ声で――その声に女の子は既にやせ細っている体をさらに小さくして（可能なら）隙間にでも入ってしまいそうな様子を見せました——『うちで七ポンドの石炭を売るなんて誰が言ったんだ？　ビル・C——のとこに行けば、売ってくれるかもしれねえぞ。うちはだめだ。とっとと行きな。七ポンドで石炭が欲しいなんて、どこにいるんだ』。石炭屋はわかったようなことを言うと、また平然とパイプをくわえました。子供はすーっとそぼ降るみぞれの中へと出ていき、夜の闇にまぎれてしまいました」ということである。

行商人は客の家の玄関先でどんなに少なくても売ってくれるので、貧しい境遇を詮索好きな近所の目にさらさなくてもすむ。既述の通り、行商人が正直な商売をすれば、貧しい人たちは大きな恩恵に浴することになるのだが、残念ながらそういうことはあまりなく、商人は自分の利益を上げようとするのだ。昨年の警察の報告書によると、世間の評判も高い石炭販売業者の多くが量目をごまかして高額の罰金を科せられている。今回の調査で認められたのは、その他にも数多くのあくどい手口で国民が石炭業者から金を奪われていることで、石炭販売全体が大規模な詐欺であることまで明らかにされた。行商人たちは、これほどまでの図々しい不正行為を目の前に突きつけられても、果たして客を騙さない商売をしようと思うのだろうか。行商人自身が商人に騙されていることが、まだ確実とはいえなくとも、強く疑われるとしたなら、行商人も手を尽くして客を騙し、国中のあらゆる重荷をあの手この手で負わせられ、すでに耐えられないほどの重荷を背負っている極貧の人たちにさらに負担を強いようとせずにいられるのだろうか。

一家族が住んでいる部屋で消費される石炭の量は、通常で、夏期は週に半ハンドレッドウェイト

［二十六キロほど］、冬期で一ハンドレッドウェイトであり、年間で約二トンである。

十八世紀の初期は行商される石炭の量はかなりのもので、「小売の石炭売り」が街頭商人の中に混じっていた。中でも有名だったのがトム・ブリトンで、いたずらでびっくりさせられたのが原因で亡くなった。ブリトンは音楽の趣味をイギリス国民の間にはぐくむ上で大きな貢献をした人物でもある。昼間は石炭の呼売を行ない、夕方にはつつましい自宅で音楽会を催し、そこに多くの有名人が集まってきた。そのことはトム・ブリトンの肖像画の下に書き込まれたヒューズの文に触れられている。その文というのは古典を擬した当時流行りの詩の形で、

キュレーニオスとユピテルが、伝説にあるやうに
ピレモンの森へと快く賓客となりて来たりぬ

この商売は徐々に消えてしまったようだが、最近はまた形を変えて復活している。

何年か前になるが、アイディアマンで積極的に新機軸を打ち出すある呼売商人が、自分の商売が「不振」だった時に、波止場で石炭のくずを買い取ることを思いつき、それを、いつも行商して歩いている貧しい地区でロバかポニーに荷車を曳かせて回り、少量を安い値段で「間借り人」などに売れば、石炭屋よりも安くできるし、かなりの利益も上げられると考えた。同業者が右に倣えと続かないはずもなく、間もなく大勢で同じことを始めた。結局、これが石炭屋からお得意客を奪うことになっ

たので、防衛策として、荷馬車をもっている石炭屋は、新手の商売敵と競争してやろうということになり、資力もあったので、ついには呼売商人を蹴散らすことに成功した。

　こうして石炭屋の反撃がみごとに功を奏し、いちだんとその販売方法が徹底されたために、徐々に裏通りや横町から撤退しはじめて、販路が少し上流の地区へと移っていき、いわゆる業界で《真鍮《しんちゅう》板商人》と呼ばれている石炭の小売商人から、以前は一トンとか半トンの石炭を買っていた客たちまでをも取りこんでいった。《真鍮板商人》というのは、石炭の注文を取るだけで、あとは石炭市場に買い付けにいく別の商人に名前を貸して販売してもらい、仲介によって利益を得ている商人である。この商人の中には、自分でも同じように販売をせざるを得なくなる者もいて、そのために荷馬車の所有者から馬車を借りて、石炭袋を積みこんで、一袋とか袋半分の量の石炭を売れるように準備して行商を始めた。すると最後には荷馬車の所有者たちが商売のやり方を見て、自分でも同じことを始め、資金のある者が多かったので、それを本業にしてしまった。現在は荷馬車の所有者が石炭販売の大半をこなしているが、石炭を運搬しているクルマは多種多様で、呼売商人や港湾労働者のロバの曳く荷車から、丸々と太った二頭の馬が曳く立派な八〇〇ポンドとか九〇〇ポンドもする荷馬車まで見られる。特に港湾労働者は、時給四ペンスの薄給をこの商売の利益で補おうと必死である。

　石炭の行商人の荷車は、商人の荷馬車と簡単に見分けがつく。商人の荷馬車には必ず縦に立てられた麻袋が積まれていて、四頭の大きな馬が曳いていて、やせ細った馭者が乗っている。馭者は石炭で薄汚れていて、「狩猟用の」短いブーツか靴とゲートル、白いもしくは白かったはずの靴下、ビロードの半ズボン、タールで汚れた短い仕事着というい出で立ちで、背中の中ほどまで垂れ下がっている大きな扇型の垂れ布がついた帽子をかぶっている。一方、行商人の荷車は石炭が袋詰めされずにむき出しのまま載せられていて、荷台の後部に天秤と錘《おもり》が置いてある。曳いている馬は一頭の場合が多いが、二頭の場合もあり、首には鈴がついていて、歩くとちりんちりんと鳴って、行商に来たことを近隣に知らせるのだが、馭者がゴミ収集人と同じように鈴を時どき鳴らすこともある。

以前は行商人はテムズ河畔の商人から石炭を買い入れていた。たいていはクズ、あるいは篩《ふるい》などをかけて選別された後の石炭の残りであったが、いつでも自分の目的に合わせて三等級、四等級の品質の石炭を買い入れた。しかし、リージェンツ運河に船から石炭を降ろす機械が設置されてからは、

波止場での石炭の積みおろし

行商人はこぞってそちらに行くようになった。船倉から石炭が箱のようなものに入れられて、そのまま直接荷車や荷馬車に降ろされるようになったので、わざわざ運搬人が袋に詰め、背中に担いで船や艀から運び出して荷馬車に載せるという手間をかけずにすむことになり、そのぶん値段も安くなり、利益を大きくすることができるようにもなった。

鉄道によって国内の石炭が搬入されるようになって、行商人の多くは仕入れ値が安くなったので、全面的にあるいは部分的に国産の石炭を売るようになった。石炭をそのままの状態で何も混ぜずに売ることもあるが、北部で採れる良質の石炭の「小さな粒」を混ぜて、それを「船から直送の正真正銘のウォールズエンド炭」と偽って売ることも多い。このやり口が（目方をごます手とともに）利益を上げる大きな柱になっている。

卸売商人が市場で買い付けた石炭の船荷が傷物だったり、粒が小さすぎたり、品質が良くなかったりすることは時々起こる。そういう場合、卸売商人は通常は拒否するので、その石炭を正規のルートで売りさばくことはむずかしい。そのような船荷は、全部にしろ一部にしろ、石炭の販売に関わっているもっと裕福な荷馬車の所有者が買い取る場合があり、荷馬車の所有者はその石炭をもとに巨額の利益を得るのである。

石炭の行商を始めるには、馬と荷車があれば、あとは資金らしいものは必要ない。卸売商人は行商人に売りさばけるだけの分量の石炭を渡す。行商は即金による商売であり、予定にしたがって、その日その日、あるいはその週その週を売り歩くので、売り歩いている商品にかんする限り、資本金はまったく不要である。常時、石炭を売り歩いている二頭立ての荷馬車は約三十台あり、荷馬車の値段は一台七〇ポンドである。そうすると総額は二一〇〇ポンドになる。

一頭二〇ポンドの馬が一〇〇頭［「六〇頭」の間違い］で …………… 一二〇〇ポンド
一台一〇ポンドの荷車が一六〇台で …………………… 一六〇〇ポンド
一頭一〇ポンドの馬が一六〇頭で …………………… 一六〇〇ポンド
一頭一ポンドのロバかポニーが二〇頭で …………………… 二〇ポンド
一頭一ポンド一〇シリングのロバかポニーが二〇頭で ………… 三〇ポンド

馬などに曳かれて絶えず商売をしている馬車の総数が二一〇台とすると、六五五〇ポンドになる。さらに天秤と錘《おもり》が一セット一ポンド一〇シリングで二一〇セットあると三一五ポンドになる。したがって、総額は六八六五ポンドである。これが現在、石炭の行商にかかっている資本の総額といえそうだ。

行商人によって貧しい人たちに売られている石炭の量を正確に算出するのは少しむずかしいが、行商人がたいてい一日に二回巡回していることがわかった。つまり、朝、波止場に行って、荷馬車なり荷車なりに石炭を積みこみ、それぞれさまざまな行商の地区へと向かう。この一回目の行商は昼までで終わり、もう一回積みこむと、夜まで売り歩くことになる。荷馬車に二・五トン積めるとすると、全部で一日に一五〇トン、週に九〇〇トンになる。同様に、一六〇台の荷車一台に一トン積むとして、一日で三二〇トン、週に一九二〇トン、ポニーの曳く二〇台の荷車一台に半トンとすると、一日に四〇トン、週に二四〇トンとなり、合計すると週に三〇六〇トン、年に十五万九一二〇トンである。卸売商人から一トンあたり十四シリング六ペンスで仕入れると、年に十一万五三六二ポンドになり、それをハンドレッドウェイトあたり一シリングで売ると、一トン当たり五シリング六ペンスの利益になり、利益の総額は四万三七五八ポンドとなる。この利益を前述の荷車の種類別に分配して計算すると、年間を通じて行商している二頭立ての荷馬車の利益は、四二九ポンド。一頭立ての荷馬車の利益は十七ポンド十二シリング、ポニーの荷車は十二ポンド十二シリングとなる。もちろん、ここから馬などの維持費、荷車や馬具などの修繕費など必要経費が差し引かれる。

馬を飼うと週に十シリング、ポニーなら六シリングかかる。馬が三頭なら、二頭分の費用ですみ、頭数が多くなると、一頭分の経費は減少する。

石炭の行商人がよく売り歩く地区は、ブラックウォール、ポプラー、ライムハウス、ステップニー、セントジョージズ・イースト、トゥイッグ・フォリー、ベスナル・グリーン、スピタルフィールズ、ショアディッチ、キングズランド、ハガーストーン、そしてイズリントンである。テムズ川の南岸地域ではほとんど石炭売りの姿が見られず、川に隣接するウェストミンスターの庶民的な通りや横町でもほとんどあるいはまったく見られない。同様にメリルボーン界隈でも、ショアディッチより西の地域でもその姿は見られない。これはリージェンツ運河から遠いために、一日に二往復が困難となって、高い値段で売れても、利益が大幅に少なくなるからである。

　上記の数字は実態よりも低い見積もりになっている可能性がある。ある値段で仕入れて、ある利益を得るように販売されている石炭をもとに計算していて、ほぼすべての石炭商人が行なっている「ごまかし」は計算に入れていないからである。現実には、ごまかして得ている利益は、上記の数字を遙かに上回る金額になっているものと思われる。

　ある行商人から、私は以下のような話を聞いた。

「うちは石炭屋と八百屋をやっていて、もう大人の息子がいたから、こいつに何か仕事をさせたいと思っていたんだ。それで六年ぐらい前に、ポニーと荷車があったんだけど、街なかで石炭を売り歩いているのを見かけたもんで、それを息子にやらせようと思ったのさ。ホワイティングズ波止場のB――さんのところに行って、荷車に石炭を積んでもらって、息子にはうちの近所を回らせたんだ。そしたら、すぐに売れてしまったもんだから、少しずつ量を増やしていったんだよ。みんなものすごく儲かっていると思ってるだろうけど、それほど儲かるもんじゃない。冬の間は一トン十六シリングで仕入れて、売値はハンドレッドウェイト〔約五〇・八キロ〕で一シリングだ。馬に餌をやったら、ほとんど餌代でおわっちまうのがわかった。馬の腹はなかなかいっぱいにならないからさ。今だって、夏だから、息子が馬の餌代を軽く上回るほど稼いでるわけないと思うよ。冬はまた違うけど。天候が暖かいから、一日に一トンも売れない。冬になれば、毎日少なくとも一トン、時々は二トンってこともあるし、土曜日なら三トンとか四トン売れることもある。うちの荷車に積めるのは一トンだ。大きな荷馬車なら二トンから三トンは積めるよ。

石炭の行商人が何人いるか、正確にはわからないけど、大勢いることは間違いない。八時頃になると、リージェンツ運河にはすごい数の荷車と荷馬車が押しかけているよ。朝食前には売りに出ようってことなんだ。昼飯前にはもう一回、積みこみに来られるようにな。石炭を仕入れに他のところに行ってるやつも大勢いるよ。大きな荷馬車をもっているやつのほうが、荷車のやつよりもずっと稼いでいる。たくさん積めるから、時間の節約になるんだよな。

この商売には秘訣なんてない。卸売のやつらみたいに「いんちきをやる」チャンスもないし。あいつらは好きなように石炭を混ぜて、お客には最高級だって売りつけることもできるけど、おれたちはせいぜい質の悪い安物を買いつけることぐらいしかできない。それに、騙したら、おれたちはお客を失うだけだ。まあ、そうなったら顔を知られていないところに行って売ればいいんだろうけど。目方はごまかさないよ。やってるやつがたくさんいるのは知ってるけどな。小さい粒の石炭を混ぜて、それで儲けを増やしているんだ。

息子は一トンの石炭を売るのに、六キロから八キロは歩いている。夏はもっともっと歩かなくちゃだめだ。手に入るのは、ほんとに苦労して稼いだ金だけだよ。おれの荷車は十二ポンドする。荷馬車は二十ポンドで、うちの馬は二十ポンドもしない。荷馬車には石炭が二トン詰める。馬はらくに曳いていけるよ。冬はよく売れるから荷馬車を出すけど、夏は土曜日にしか出さない。いくら儲かったか、計算なんてしたことない。いくらになるのか、ぜんぜんわからないけど、それほど儲かっちゃいないよ。儲かってたら今ごろはもう一財産築いていたはずだ。［上記の石炭の行商による利益に関する数字は、行商の実態によく通じている人物から得た情報によるものであることをここに明記しておくのがよいだろう。］相当儲けているやつもいるけど、そういう連中は前々から金を持っていたんだ。おれなんて何をやったって大金とは縁がないことをよくわかっているよ。救貧院に入らないですむように、商売をやってられたら、それで満足さ」。

石炭の行商人の気質・習慣については、それぞれ環境によって千差万別ではあるが、慎重で用心深い点はほぼ共通している。苦労の多い呼売商人の生活から、荷車や荷馬車、自分の馬を持つまでにのし上がってきた者が多い。比較的懐具合の豊かな者は、上等なパブの談話室で時に姿を見かけることもあり、パイプをくゆらせながら、ちびちびとブランデーの水割りを飲み、気の利いたことを口走っているので目立つ。彼らは地元の地位ある商人らとも屈託なく付き合い、特に日曜の午後ともなると、ニュー・グローブやグリーン・ドラゴン――東部のクレモーンとヴォクソール――の庭園に妻と派手な衣装の娘を連れた姿が見られることもある。

私はかつて呼売商人だったというある商人の家を訪ねたことがある。店の正面部分は石炭でほぼ満杯の状態で、本来の行商の仕事に加えて、石炭販売も手がけていたのだ。石炭は主人が不在の時には妻と若い息子が担当していた。かつての商売をしのばせるキャベツ、タマネギなどの野菜が窓の下とその前に置かれたベンチに山のようにのっていた。ドアの前のなにもない広い空間には、一頭立ての荷車と彼の名前がペンキで書かれた荷車が二、三台置かれているのが見えた。主人に呼ばれて、店舗らしい部分を通って、居間へと入っていった。絨毯の敷いてあるきれいな部屋で、中央には丸テーブルが置かれ、壁沿いにぐるりと椅子が並べられていた。長い姿見にはマントルピースの上の陶器製の羊飼いの男女が映っていた。壁にはぐるりと額縁に入れられた複製画が架かっていて、派手な赤い上着姿のディック・ターピンがヨークへと目指して通行税の関門を勇ましく突破する有名な場面と、鍵のかかった屋敷の窓からかがんで出ようとしているジャック・シェパードの姿がとりわけ目立っていた。窓には何冊か本が並んでいて、ベルの古い伝記が一、二冊あった。手垢で汚れた本の中から、『ニューゲートカレンダー』［ニューゲート監獄に投獄された重罪犯の記録］と主人が「オレーズのカレンダー」と言ってひどく褒めていた本を私は手に取った。すると彼は急に大きな声で「その話は最高だよ！　自分のこの二つの目で見なけりゃ、とっても信じられんかったような話だけどよ、本で読んだんだから、そりゃまちげえねえよなあ、そうだろ？　わかりきったことを聞いちゃうけどな」。

　それからこんなふうに身の上話をしてくれた。

「一時《いっとき》は呼び売りをやってたんだ。呼び売りするように育てられたからな。あの頃は景気も良かったけど、ずいぶんとよく大酒を呑んでたもんだよなあ。十年くれえ前だ、おいビル、ここでこの勝負がもうだめだなんてことがあったらおれの首をくれてやるぜ、なんて言って遊んでたんだ。いいロバ公ときれえな荷車だって一台《いちでえ》持ってたしな。そんで、なんだか石炭の商売《しょうべえ》をやるようになったちゅう昔からの友達《ダチ》んとこに遊びに行ったのさ。そいつと二人でマイルエンドロードの《ベル・アンド・シヴァン・マッカレルズ》［パブの名前］に行ったら、色んなことを教《おせ》えてくれて、いっしょに連れてってくれたもんだから、それからおれも石炭をやるようになったんだ。

　あんまし酒は好きじゃねえから、馴染みだったやつらとは付き合わなくなったんだけど、そんなのはぜんぜん気にならんかった。ただ、ジャックのやつはえれえ酔っぱらいでよ、なにやってもまともにできねえんだ。死んじまったけど、なんでもセンメイ・トルーマン［lirium trumans とあるが traumatic delirium（外傷性譫妄）であろう］っちゅうもんだってよ。［ここで私は何を言っているのかわからなかったので、死んだ原因はなんだったのかと彼に聞いた。］うん、センメイ・トルーマンってんだ。トルーマン・ハンベリー［ビール会社］の強いやつを飲みすぎたんだと思うけどな。だからおれはジャックみてえにならんように気をつけて、酒はやめちまったんだ。でもよ、おれたちがたまの息抜きもしてねえなんて思ってるんだったら、そいつはわかっちゃいねえってもんよ。おれなんか誰とでもすぐに仲良くなって、盛り上がっちゃうんだから」。

46 小間物を売る街頭商人

平ひもや綿布を売る街頭商人はふつうは年配の女性である。前回の調査の時に、私は九年間この商売で食べている女性を訪ねるようにと言われた。その女性は貧困のどん底にあって、ささやかな物売りをしながら病気の夫を支えているのだと教えられたが、訪ねてみて、これほどの悲惨な窮乏生活を送りながらも、倦《う》むことなく愛情を注ぎ続け、諦めながらも信心深く生きる姿を目の当たりにすることになろうとは、不意を突かれた思いがした。

読者の皆さんには、この街頭商人の職種に見られる苦労のひとつの典型として私が引き合いに出しているのではなく、これはもっぱら自分の労働、自分のささやかな商売だけで生活を支えている人たち、そして収入があまりに少なすぎるために、体をこわした時の備えに最低限の蓄えさえ残しておけない人たちの身によくおこる苦難の一例なのだと理解していただきたい。

この貧しい家族は、ロンドンの東端にある袋小路の一角に住んでいた。私が目的の家に着いて尋ねると、「三階の裏」に住んでいると教えられた。そこで階段を上っていき、部屋のドアを開けると、目の前の惨状に動顚した。残骸のようなベッドの上に、臨終間近に見える年配の男性が寝ていた。はじめ、私はその老人が死んでいるのかと思ったのだが、できるだけそっとドアを閉めている時に、まぶたが震えたので、まだ息があることを知ったのだ。顔は土気色で、死人のようなじめっとした冷たい表情だった。生きている人間の顔とは思えない。両頬はすっかりやせこけて、こめかみも落ちくぼみ、鼻の穴はふさがらんばかりにくっついていた。ベッドの脇には涙ぐましい看護を続ける妻がいて、茶碗からスプーンで飲み物を飲ませていた。部屋の片隅に置かれたカゴには、平ひも・綿布・櫛《くし》・ズボン吊り・ナツメグ用おろし金・髭剃り用鏡が入っていた。それを必死に売って、妻は病床の夫が救貧院に入れられないように稼いでいるのだ。私はご主人が病気になってどれぐらいになるのかと聞くと、寝こんでからは先週の水曜日で五週間になるが、ナッツほどの大きさの固形物を食べてからは十週間たつという。何ヵ月も、濃い牛肉スープしか口にしていなかった。

「うちらは子供みたいに一緒に暮らしてきたんですよ」。そう話す老妻の目から涙があふれ出した。「口喧嘩をしたことだって一回もありません。うちの人は酒が嫌いなもんで、喧嘩のタネもなかったんですよ。あたしの脚は片っ方が短いんです」とベッド脇で立ち上がり、右脚が地面から十センチほども浮いているのを見せてくれた。「お尻の関節が外れてるんです。よく洗濯をしに外に出て行ってたころ、木靴をはいて歩いていて、転んじゃったんですよ。そしたら、お尻の関節が何ミリか外れて、腱が引っぱられて。杖がないと歩けなくなっちゃいましたよ」。

ここで主人がうめき声をあげて、咳をしはじめたので、私はこれでもう死んでしまうのではないかと思った。老妻が「ああ、石みたいな心の人だって、この人を可哀相だって思ってくれますよね」と言った。

「お尻の関節が外れてからは、前みたいには商売ができなくなりましてね。五〇〇ポンドやるっていわれても、一日じゅう立ってられないんですよ。坐らないとだめなんです。それで小さな露台を買って、横町のはじっこに坐ってレースや平ひもなんかを売ったんです。もう九年間やってますよ。あたしが坐ってた場所の家では、大家さんがずいぶんと替わりました。うちの人は、石墨とか家具磨きとか靴墨なんかを売って歩いてたんです。それで二人でなんとか生活していました。でも、肉を食べれることはめったにありませんでしたがね。家賃が一シリング九ペンスでして。あら、あんた、口が渇かないようにもうちょっと飲まない？」と彼女は話を中断した。「はい、あんた、これを飲ませてあげるわね」。そう言うと、夫が口を開けたので、彼女はシナモンで香りをつけた砂糖湯――それしか口にできる物はなかったのだが――を彼の口の中に入れてやった。

「この人はもう何年も前から病人なんですよ。あたしは脚が悪いもんだから、この人はよく買い付けに行ってくれて、あたしが売る小間物を買ってきてくれたんですよ。助け合っていたんです。この人は稼げないし、わたしはあっちこっち歩けなかったから、この人が出かけてはあたしの売る品物を買ってきてくれましてね。あの人は週に一シリング六ペンス以上稼げたことはなかったと思いますよ。あたしに付いてきてくれましてね。あたしは寒い日も雨の日も十四時間も坐って売っていても、六ペンスも稼げないことが何度もありました。一シリング稼げる日もあったけど、そんなに稼げない日もありましたねえ。でも、いくら儲かっても、品物を切らさないようにするのに相当な金額を仕入れに回さなくちゃいけませんでした」（ここでドアがノックされた。客が半ペニーのかがり縫い用木綿糸を買いに来たのだった）。

酔っぱらいの二シリングよりも、酒なんか呑まない貧しい夫婦の使う一シリングのほうが使い道がありますよね。あたしらは貧しい暮らしで、お茶しか飲めなかったし、どうしようもなかった。一日に十八ペンス稼げたら、すごい金持ちになった気がしましたし、そこから六ペンスの儲けがあれば、それが目一杯の儲けなんですよ。ここに綿のズボン吊りがありますよね（そう言って、老女は商品を載せてある台まで行った）。これを仕入れるのに十二本で二シリング九ペンスかかります。それを売る時には、一本四ペンス半か、四ペンスってこともよくあるんですけどね、それからこの平ひもは店では一本七ファージング［一ファージングは四分の一ペニー］するんですけど、それを六ヤード［一ヤードは約九十一センチ］一ペニーで売るんです。十八ヤードあることになっているので、儲けは五ファージングになります。どうやってこんなちっぽけな商売で、パンをちょっとだけでも手に入れられるのか。景気もひどいもんですしね！　とにかくお客さんがいてくれれば、一日八ペンス儲けられるんですが、でもそれ以上はわたしには無理ですよ。横町の向こう端に坐って、たったの六ペンスしか稼げないことがよくあるんですよ。そうすると儲けは二ペンスくらいにしかなりません。三ペンスにもならないんです。

この九年間、主人と二人で週に五シリング稼いで、そこから生活費と家賃で週に一シリング九ペンス払わなくちゃいけなかったんです。着る物なんてぜんぜん買えませんでした。着ているのが一張羅ですよ。それでも神様には感謝していますよ。家賃をまだ払ってないのは三週間分だけで、それも期限はまだ明日ですからね。ここの暖炉のところでよく計算するんです。五シリング三ペンス稼げた週もあったし、そんなに稼げない週もあったので、二人で生活するのに、この九年間、週に三シリングから三シリング六ペンスくらい稼いできたんだと思いますよ。真冬でも石炭は二十五キロくらいあれば一週間はもちます。

主人はあたしの帰りに合わせて、いつも薬罐《やかん》を沸かしておいてくれたんですよ。よくここに坐っては本を読んでました。仕事には向かない人だったんです。あたしがカゴを持って売りに出てましたからね。主人は酒も呑まずに物静かな人でした。近所の人たちもよくそんなふうに言ってましたからね。この十週間でひどく具合が悪くなってしまって。でもまだあたしがカゴをもって売りに出ても大丈夫ですよ。それからっていうもの、主人は一ペニーも稼いでいません。だって、稼げないんですからね。ずーっとあたしが商売をしてたんです。そんなに具合が悪い時じゃなくても、一人でこの部屋で坐っているくらいしかできない人でしたから。

主人は何か欲しがることがほとんどないんですよ。食べられませんからね。病気になってからは、買いつけも全部あたしがしなくちゃならなくなりました。手伝ってくれる人はいません。だって、払うお金なんてありませんから。ここからサンストリートまで杖をついて歩いて行かなくちゃいけないので、悪い方の脚が痛くなって立ってられなくなるんですよ。お尻の関節が外れていると、腱が脚のつけ根まで引っぱられて、歩き続けることも立ち続けることもできなくなっちゃうんです。

それでもまだ何とかなるので神様には感謝してるんですよ。きびしい運命ですけど、満足してます。不満なんか言わないで、神様があたしらに下さるささやかなものに感謝していますよ。あたしが用事なんかで離れていると、もちろんカゴは見ていられません。それでずいぶん損をしました。水曜で主人は五週間寝たきりになります。何度か夜に用を足すのに起こしてやったことはありますけど、今じゃ、それももう無理になってます。初めの二週間は具合が悪くても、なんとかあたしは主人を残して出て行って、わずかばかりのお金を稼いで来れましたけど、最近、この三週間は、ぜんぜん外にも出られなくて、なにもできないんですよ」。

すると主人が初めてどんよりした目を開け、私の方を向いて、妻の途絶えることのない愛情にいわば最後の賛辞を送るかのように、聞き取りにくい声ながらこう言った。

「女房はおれのせいで足止めをくってるんだ。朝も夜もずーっとここで世話をしてくれてるもんでな。すごくやさしくしてくれてるんだ。病気で寝こんでから、こんなにやさしくされて、面倒をみてもらった男は今までいないよ。結婚してから二十五年だ。いつも仕合わせに暮らしてきた。二人で、とっても仕合わせにな。病気になって体力がなくなるまでは、おれはいつも何とか少しは自分のことをやるようにしていたんだ、できるだけ。でも、こんなになっちまってからは、女房がいっさいおれのかわりにやってくれてる。おれのために働いて、うん、ずっと働いてくれてきた。看病もしてくれて。おれが人生で大事にしてきた思いは、神様に対して悔い改める気持ち、イエス・キリスト様を信じる心、それから仲間みんなを愛する心だ。おれはもうすぐこの魂の器を換えなくちゃいけないと悟った。最後に願うのは、この世の善良な人たちが女房の仕入れたささやかな品物をもっと増えるようにしてくれることだよ。今の品数では生活ができないし、おれがここに寝こんでからは、品物が減ってしまって、あれじゃ女房でも誰でもとても生活なんてできたものじゃない。思いやりのある人たちが少しばかり品物を恵んでくれたら、女房は老後を困らずに暮らせるはずだ。おれが女房のおかげで困らずに生きてこられたみたいに。ほんとに、女房はそれだけのことをしてきたんだから。神様は、彼女がおれに尽くしてくれたので、きっとそれに報いてくれるよ」。ここまで言うと力尽きて、まぶたがさっと閉じた。

彼女が話を続けた。「教区から一シリングとパンを二回もらったことがあるんです。教区委員が主人を救貧院に入れなければならないかどうか見に来たことがありましてね。お医者さんがその必要なしという診断書を書いてくれたので、教区のお役人が一シリングとパンをくれたんです。その一シリングで主人にちょっとだけポートワインを飲ませてあげました。ワインを四分の一パイント［約一四〇ミリリットル］買って、それが四ペンスで、お茶と砂糖を少しで五ペンス、石炭に二ペンス払いました。灯心草のロウソクを半ペニーで買って、短いロウソクは一ペニー。それで一シリングになりました。もし主人が神様に召されたら、きっと天国で眠れると思っています。主人がどんな生き方をしたかあたしにはわかってますし、あたしは怖くありません。でも、あたしから主人を奪うことは誰にもできません。あたしたちを分かつものは死だけです。あの人はもう長くはあたしと一緒にはいられないでしょう。骨と皮だけになってしまって。肌から骨が透けて見えるんですよ」。

私は彼女になにかできることはありませんかと聞くと、主人がやせこけた腕を突き出して、ベッドの柱につかまり、少し体を起こしながら、こうつぶやくように言った。「女房を応接室みたいな部屋に住まわせてやって、坐って行商しなくてもすむようにしてやったら、女房は救われる」。主人はそう言いながら力が尽きて仰向けに倒れ、苦しそうに息をした。

彼女は私の隣に坐って、こう続けた。「主人にとって大きなショックだったのは、自分が年をとって、女房に教区の救済をお願いしに行かなければならなくさせたことなんです。あの人にはいつだって意地がありましたからね。ついにここまで落ちたかと傷ついたんですよ、生まれて初めて。教区からもらったお金はこれだけですけど、葬式は教区にやってもらうのかと毎日考えては胸を痛めているんです。いつでも主人は誇りを持って生きてきましたからね」。

私はこの心優しい奥様に、あなたのような困っている人を助けるために、ある慈善家が私の裁量で基金を使えるようにしてくれているので、あなたもご主人も難儀しなくてすむようにしますから安心してくださいと話した。

以上の文章を草した翌日、この主人は亡くなった。埋葬は『モーニング・クロニクル』紙に寄せられた基金から費用がまかなわれ、奥様には仕入れを増やせるように何ポンドかの現金が贈られた。しかし、何ヵ月かすると、彼女は気がふれてしまい、現在は貧民用の精神病院に収容されている。

47　花売り娘の生活について

花売り娘といえば不道徳な者もいて、中には親のさし金《がね》で売春を生業とするようにし向けられている者もいる。私が会った女性は少し前に刑務所から出てきたばかりだった。その娘《こ》はまだ十九にもなっておらず、約一年前に三ヵ月の重労働付き拘禁刑に処せられたのだった。本人が言うには、罪は「街なかをうろつくのが嫌になって、住み心地のいい所に行きたかったから、ロンドン市長に片方の靴を投げつけたこと」だという。その後、街灯を壊した廉《かど》で拘留された。その動機について彼女は、そんなことをしたら女性用の収容施設に入れるかも知れないと思ったからだという。この娘は九歳で花売りをするように、両親から街なかに出されたとのことである。父親が花を買う金をくれたので、一日の売り上げを家にいる両親に持って帰った。夜中の十二時過ぎまで外にいることもしばしばで、九時前に帰宅することはまずなかった。尻の軽い花売り娘としか彼女は付き合わなかった。その結果は予想がつくだろう。娘が家に持ち帰っている金をどうやって稼いでいるのか、両親が知っているとは彼女は明確には言わなかった。両親は娘のしていることを想像をしていたはずだとは思っている。父親は娘が「たんまり稼いで帰ってこないと」夕食を出してくれなかったという。両親はまったく仕事をしていなかった。娘の稼ぎだけで食べていたのだ。

十三歳の時に、（彼女の話では）「街頭でクシを売っていたら」刑務所に入れられた。（冬だったから花が手に入らなかったのだ。）十四日間、投獄され、釈放されると、また同じ生活にもどった。刑務所から帰ったその夜に、父親はまた娘を路上に立たせた。彼女はこんなふうに生活を続け、両親はまた娘の稼ぎで食べていたのだが、私が彼女からこの話を聞く十二ヵ月前に、父親に家を追い出された。稼ぎが悪いからだという。

花売り娘

彼女はケントに行って、ホップ摘みの仕事をし、ひとりの乞食と出会った。木の下に坐っていると、声をかけてきたのである。乞食は「ずいぶん、ひでえ靴をはいてるなあ。おれについて来いよ。もっとましなやつをやるから」。いいわと言って、男といっしょに近くの村へと行き、二人で街のまん中に立っていると、男が周囲の人たちに向かってこんなことを言い出したのである。「優しく善良なキリスト教徒のみなさん、おれと哀れな女房は恥ずかしながら、こんな無様《ぶざま》な恰好で皆さんの前に姿をさらしております」。

彼女はこの男と一冬過ごし、物乞いをしながら、どこにでもついていった。男は物乞いを生業としていたのである。春になると彼女はまた花売りをはじめたが、花売りにしろ何にしろ、ほとんど金が入ってこなかった。しまいにはやけをおこして、刑務所にまた入りたいと思うほどになった。ロンドン市長官邸のそばの街灯を壊して、十四日間の禁錮刑を受けた。出獄して三週間ほどたった時に、私は彼女に会ったのである。これから保護施設に入ろうとしているところだった。具合が悪く、もう生きるのが嫌になったと言っていた。

48 クレソン売りの娘

クレソンを売るまだ幼い娘がこんな話をしてくれた。まだ八歳だというのに、まるで子どもらしさがなく、考えることも物腰も大人の女性だった。この子の話を聞いていると、むごくて哀れになってしまう。まだ顔立ちもはっきりしないほど幼いのに、人生の厳しい闘いについて、すべてを堪え忍んできた人らしい冷静さと真剣さをもって話すのである。

私はこの子を相手にどう話して良いのかわからなかった。はじめは子ども扱いして、子ども向けの話題を出し、うちとけさせて、恥ずかしさをすっかり取り除き、気楽に身の上話をしてもらおうとした。玩具のこととか友だちとはどんな遊びをするのかと聞いたところ、目を丸くして戸惑うので、すぐにそんな与太話はやめにしたのである。そこで、公園を話題にして、行ったことがあるかと聞いてみた。彼女はびっくりして「公園ですって！　どこにあるの?」と言うので、緑の芝生や高い木があって広々とした誰でも入れる場所で、きれいな馬車が走りまわっていて、散歩をする人もいるし、子どもが遊んでいると説明した。目が少しだけ輝いて、疑わしげに「あたしみたいな者でも入れるの？　ただ見るだけなのに？」

この子が知っているものは、一から十まですべてクレソンとそれがいくらで売れるかだけのようだった。ロンドンについては売り歩いている地域のことしか知らなかったし、ファリンドン市場と自分の住んでいるクラーケンウェルよりも立派なところ、楽しいところが街の中にあるとは思っていなかった。満足に食べられないために青白くやせた小さな顔には、えくぼがあったはずのところに皺《しわ》ができていて、しょっちゅう溜め息をついていた。温かい食べ物を出すと、手をつけようとしなかった。食べ過ぎると、「気持ちが悪くなるから」と言い、「肉は日曜にしか食べないの」。

この子は、ひどく寒い時だというのに、薄い綿の服を着て、肩にすりきれたショールをかけているだけだった。頭にはなにもかぶらず、色褪せた長い髪がぼさぼさであちこち飛び跳ねていた。歩く時には、靴の代わりに履いている大きな室内履きのスリッパが脱げないようにすり足になっていた。

「クレソンをもって街なかをあちこち歩きながら、『四束で一ペニー、クレソンだよー』って大きな声で売るのよ。あたしはまだ八歳。お姉ちゃんもいるし、弟と妹もいる。街で売るようになってから、ずーっとじゃないけど、もうすぐ一年になりそう。その前はね、おばちゃんちの赤ちゃんの子守をしなくちゃいけなかったのよ。ううん、重くなかった。まだ二ヵ月の赤ちゃんだったから。でも、ずーっと世話をしてたのよ、歩けるようになるまで。とってもいい子でね、ものすごっく可愛いってわけじゃなかったけど、顎の下を触ると、笑うの。赤ちゃんの面倒を見る前は、お母ちゃんの手伝いをよくしてたわ。お母ちゃんは毛皮を売ってたんだけど、毛皮にちょっとでも切れてるところがあったら、あたしがそれを繕ったのよ。針仕事や縫いものは五歳くらいの時にお母ちゃんが教えてくれた。

学校にも行ってたんだけど、途中でやめちゃった。今はもうぜんぜん覚えていないわ。ずーっと前のことだから。お母ちゃんがやめさせてくれたの。男の先生があたしを叩いたからなの。女の先生はぜんぜんそんなことなかったけど。いやなやつだったわ。どう思います？　あたしを三回も叩いたのよ。鞭で顔を思いっきり。階段から突き落としたりもしたし。お母ちゃんがほっぺの傷を見て、先生をぶっとばしに行ったけど、会えなかったわ。恐れをなしたのよ。そんなことがあって、あたしは学校をやめたの。

クレソンは今はぜんぜんだめだから、あたしが売りに出た日は三日もないわ。冷たいので誰も買ってくれないの。お客さんに声をかけても、『そいつを食うと腹が冷えちゃうんだよ』って言われるし。それに市場に行くと半ペニーじゃ売ってくれなくて、一ペニーとか二ペンスになっちゃってるの。夏場はたくさんあって、ゴミみたいに安くなるのよ。でも、あたしは朝四時から五時の間にはファリンドンの市場に行かないと、クレソンがぜんぜん買えなくなっちゃうの。みんな、とくにアイルランドの人たちがみんな売るから、あっという間に持って行かれちゃうわ。市場の女たち——あの人たちを女性なんていう人いないわ——は、あたしたち子どもにはとってもやさしくしてくれる人もいるけど、すっごく意地悪なのもいるの。やさしい人は、安い時なら一束くらいただでくれるわよ。でも、意地悪でひどいのになると、ちょっとでも値切ろうとしたら、『とっとといっちまいな、あんたみたいなのはお断わり』なんて言うのよ。よく、別の女の子といっしょに市場に行くことがあったのね。その子は十四歳くらいだったんじゃないかな。後ろ髪を上げていたからね。

いっぱい仕入れた時には、玄関先に腰掛けて、縛って束を作るの。朝は家まで食べに帰ることはないわ、ぜんぶ売り切れるまで。でも、あんまし遅くなると、一ペニーのプディングを買うわね。グレイヴィーソースがかかっていて、すごくおいしいのよ。ファリンドンの市場ではほとんど知ってる人はいないわよ。話しかけてくる人もいないから、あたしも話しかけない。あたしたちは子どもでもあそこでは遊ばないわね。だって生活のことが頭にあるから遊んでられない。外で売っていても誰も可哀相だなんて思ってくれない。ただ、ひとりだけ紳士のかたが、『こんなに早くから外でなにをしているんだい』って声をかけてきたことはあるけど、でも、その人も何もくれなかった。そのまま歩いてどこかに行っちゃった。

冬が本格的に始まる前からすごく寒い。とくに朝、起きる時は。街灯からくる明かりだけの暗い中で起きるの。雪が地面にあれば、クレソンはだめ。寒さをがまんして、両手をショールの中に入れるけど、クレソンを持っていると手が痛くなるわ。洗いにポンプのところまで行く時なんて痛くてたまんない。いいえ、子どもが泣いてるのなんて見たことない。泣いたってどうしようもないでしょ。

すごく儲かる時もあるのよ。いつだったか、一シリング六ペンスも稼げたことあるわ。クレソンの仕入れ値は六ペンスだったの。でも、そんなにうまくいくことってあんまりないわねえ。一シリングよりは、三ペンスとか四ペンスがふつうよね。朝六時から夜十時頃まで、『クレソンだよー、四束一ペニー、クレソンだよー』って売り声を上げながら商売しているの。機械工ってなに？　あたしは知らないわ。店の人たちがほとんど買ってくれるんだけど、『こんなものに一ペニーはだせねえよ』って言われることもあって、あたしが仕入れた値段と同じ金額で買おうとするんだもの、たいへんよ。

お金はいつもお母ちゃんに渡しているわ。すっごくやさしいんだよ。あたしをぶったりすることはあんましないけど、ぶった時には、遊んでくれない。お母ちゃんはすごく貧乏で、時々、掃除婦の仕事しに出かける。今は毛皮の商売はしてないの。お父ちゃんはいない。いるのは義理のお父ちゃん。ううん、お母ちゃんはもう結婚しない。だからあれは義理のお父ちゃん。ハサミの刃を研ぐのが仕事で、あたしにはすごくやさしい。ちがうわ、優しい言葉をかけてくれるってことじゃない。ほとんどしゃべらない人だから。クレソンを売って、家に帰ると、もう家からは出ないわよ。部屋をきれいにするの。お母ちゃんにいわれてするんじゃなくて、自分でするよ。椅子をきれいに拭いたりして。椅子は二つしかないけどね。桶《おけ》とブラシと雑巾をもって、床をこするの。週に三、四回はそうやって掃除するわ。

夜は食べない。お母ちゃんが朝、パン二枚にバターを塗って、お茶を淹れてくれる。それから、お茶の時間まで売りに出て、また同じものを食べるの。日曜にはもちろんお肉よ。毎日でも食べたいくらいよ。お母ちゃんもおんなじものを食べてるけど、お茶はもっと飲んで、三杯の時もあるわね。甘い物は食べないわ。買ったこともないし。好きじゃないの。路地で女の子たちと《蜂蜜壺》［両手を尻の下で組み合わせて坐っている子の両脇の下を捕まえて持ち上げ、組み手を放させようとする遊び］の遊びをすることはあるけど、そんなにしょっちゅうじゃないわよ。あたしとカリー・H――ちゃんが小さい子たちを持ち上げるの。《ハンカチ落とし》もするわ。あたしは遊びをたくさん知ってるけど、クレソンを売ると疲れちゃうから、遊ばないの。金曜の夜はユダヤ人のひとのお家に行って、土曜の夜十一時までいるの。仕事はロウソクの芯を切ったり、暖炉の火を突っついて燃やしたりするのよ。あの人たちは安息日を守っていて、なんにも触ろうとしないからね。それで、あたしは食事と一ペンス半もらって、仕事をするの。おいしいものをたくさん食べられるわ。金曜の夜の食事、その後でお茶、土曜の朝は魚のフライ、昼はお肉、それから、お茶の時間、夕食。すっごくおいしい。

うん、おもちゃはおうちにあるわよ。ままごとの暖炉が一つ、おもちゃは一箱分、ナイフとフォークが一組、小さな椅子が二つあるわ。ユダヤ人のひとたちからもらったの、金曜日に行った時に。だから、あの人たちはあたしにやさしくしてくれるって言ったのよ。お人形さんはもってない。でも、小さい妹がいるから。まだ二歳なの。同じ部屋では寝ていないわ。お父ちゃんとお母ちゃんは妹と二階に寝て、あたしと弟と、もうひとりの妹が上の部屋で寝るの。あたしはいつも七時には寝るわ。朝早く起きなくちゃいけないから。

あたし、商売はすごく上手なのよ。クレソンの仕入れしかできないけど。騙されないのよ。手に収まるくらいのクレソンの小さな束をあたしに売りつけようとしても、『半ペニーでそんなの買えないわ』って言って、隣で売っているカゴを見て、またその先も見て、ぐるっと見て回るの。量だってよくわかってるわ。一ペニーなら、一度に両腕で抱えてこぼれないだけの分量。三ペンスだと、前掛けに一杯分で、だいたいそれで一シリング稼げるの。六ペンスならあたしのカゴにいっぱいになるくらいの量よ。読み書きはできないけど、何ペンスで一シリングになるかはわかつてるわよ。もちろん、十二ペンス。でも半ペニーだとよくわからなくなるの。半ペニーが二枚で一ペニーになるけど。クレソンを三ペンスぶん仕入れたら、それをできるだけ小さな束に分けて縛るの。大きく見えるようにしないとだめ。じゃないと買ってもらえないから。息を吹きかけて飛ばせるだけ飛ばしちゃうお客だっているのよ。稼いだお金は共済会に持っていって、服をかう時におろすの。お菓子なんかを買って使うよりもいいでしょ。生活しなくちゃいけないんだから。それに砂糖菓子が好きだなんて子どもみたいで、とっても自分で稼いで生活している人のすることじゃないわ。あたしは子どもじゃないんだから。二十歳になるまでは大人でもないけど、もう八歳になったんだからね。この一年でどれだけ稼いだかはわからないわ。わかってるのは、何ペンスで一シリングになるかだけ。それから、半ペニーが二枚で一ペニーになることと、一ファージングは四枚で一ペニーになること。ファージングが何枚で二ペンスになるかも知ってるよ。八枚だよ。あたしが市場のことで知りたいのはそれだけよ」。

49 叩き売り商人あるいは「投げ売り商人」

この種の街頭商人は、金物類を扱う業界では最大規模であろうが、数年前に比べると人数は減少している。消費税法が商売の足を引っぱっているからだ。私が会ったのは大半がアイルランド人だが、じつはほとんどがシェフィールドの生まれで、商売の口調はヨークシャー訛りで、そこにまぎれもなくアイルランド訛りが混じっているのだ。お国訛りが顔を出すのはちょっと不機嫌になった時で、たとえば、売れ行きが悪くなった時などは、「おいおい、おめえなんかこれっぽっちもゼニこを持ってねえだろ、家にだってあるわけねえんだ、ぜんぜんな、ぜんぜん。おとといおいでっちゅうんだよ！」などと言ったりするのだ。

しかし、イングランド人の叩き売り商人《チープ・ジョン》も大勢いるのだが、こちらはシェフィールドやバーミンガムの町から来るのに、そこの出身者はほとんどいないのだ。

叩き売り商人の売り方は、こんなふうに長広舌をふるって、大勢の客を集めるのである。

「はいはい、ここにいるおいらはシェフィールドから来た元祖・叩き売り商人だよー。金儲けをしに来たんじゃないよー。おいらは違うよー。皆さんのお役に立とうとやって来たんだ。偉そうにしている店の奴らにつかまされていることを教えに来たんだよー。あいつらは一〇〇パーセントのがらくたじゃないと納得できないんだ。今は読んで聞かせる時間がないけど、あいつらは請願書を出したんだよー。おいらには大金を積んで、ここには来ないでくれって言ったんだ。ところがどっこい、おいらは皆さんを裏切って、ハイわかりましたってわけにゃいかなかった。厚い友情を感じてたからねー。そいでもって、こうしてここにやってきましたよー。

おいらは生まれたときにゃ、シャツも着てなかったんだ。おっかさんが出かけて留守のうちに、干し草の中で生まれたんだよ。だから、おいらにゃ教区もないよー。牛さんたちがぜんぶ食っちまったからさー。おかげで救貧院に入れられる心配もないときたもんだ。おいら、教区の牧師さんよりも金は持ってるんだよ。この荷車のなかにゃ、便利で安い道具がいっぱい入っているんだ。針から錨まで、なんでもお求め下さいなー。おいらより安くは売れないよ。品物はぜんぶ信用貸しでもってきたんだ。借金を返すつもりはないからねー。

さあ、それじゃ、何から始めようか。ここにみごとな鎖があるよー。銀じゃなくても、色はおんなじだー。銀じゃないとも言わないけれど、銀だとも言わないよー。ご自分で判断してくださいなー。さあ、ふつうの商売だったらいくらになるか、町のどこの店でもいいから行ってみな、この半分も見映えがしないものでも、一ポンド十八シリング六ペンスはするよー。こんなに立派な鎖だったらどうだい？　たったの十八シリング六ペンスだ。さあ、どうだ。まだ高いってかい。じゃあ、十七、十六、十五、十四、十三、十二、十一、十シリングだー。これだけ綺麗なのに、だれも十シリング出さないのかい？　こいつを身につけたら、ぐっと男前があがるんだよー（と言って、鎖を自分の首にかけて見せた）。ここにいる若い兄さんたちなら、この鎖をつければ、間違いなくバーのほうじゃなくって、高級な談話室の方に案内されちゃうよー。教会に行けば、いちばん立派な席に通されること請け合いだー。おっと、この鎖を買ったらどんないいことがあるか、もうしゃべってる時間がなくなっちまったよー。ええっ！　買う人はいないのかい？　おいおい、どうしちゃったんだい。金がないのか、頭がついていないのか？　よしきたっ、あんたらのためにおいらはひと肌脱いじゃうよ。九シリングでどうだっ、このみごとなアクセサリーが。じゃあ、八、七、六、五、四、三、二〜、一、さあ、一シリングだ。誰か一シリング出さないか？　ええいっ、こうなったら十一ペンス、十ペンス、九ペンス、八ペンス、七ペンス、六と半ペニー、六ペンスだっ！　六ペンスで買う人はいないのかい？　じゃあ、もうこれでおしまい、これ以上はさげられないよ。売るか、さもなければ売らない！」

最後の言葉は独特の力の入れ方をしてしゃべり、そこからはもう値段を下げることはない。するとすぐに鎖を買うという客が現われるので、売り手は声を上げて、「立派な紳士の方がお買い上げだ。鼻と顎の間に口がついている立派な紳士だ。どこに行ってもひときわ目立つ大変なお方だよ。さあ、もう一つだけ、さっきのよりも上等なやつだ。こいつは一シリングはいただかなくちゃだめだ。六ペンス？　売ったよ、旦那。また売れたよー。年収三万ポンドの紳士に売れたよ［年収三万ポンドは貴族でもかなりの地位になる］。

これをあの旦那に買わせないようにできるのは所有権をもってる人だけだよー。おっと、もうひとつあるよ。ほら、これだ。こいつのほうが光っていて、長さもあって、丈夫で、上等だ。十ペンスはもらわなくちゃだめだよ。そうか、それじゃ、九、八、七、六。六ペンスでもってけ。また、紳士の方がお買い上げだ。父上の大事なご子息、母上の喜びのもとだ。旦那、お外に出ていることを母上はご存じかな？

さあ、これでもうおしまいだと思っていたら、なんと、ほら、もう一つあったよ。これは今までで一番のやつだ。おっと、また、地位も名誉もある紳士の方がお買い上げだ。母上は雑貨商を営まれて、父上は洗濯物のしぼり機を回しておられますね」、とこんなふうに、叩き売り商人はアクセサリーの鎖を最後の客が買うまで売り続けるのである。

商人はいつでも客を表現する言葉を頭に入れてある。そして、冗談めかしたセリフを言う前に、必ず料金を受け取ってしまうように心がけているのだ。その冗談も常套句で、昔からある使い古されたものであり、叩き売り商人のいわば共有財産になっている。集まった客に、まず一つめの商品を売ると、次には別の商品を取り出して、「ここに肉切り用のナイフとフォークがあるよ。お宅にある役立たずとは違うよ。みごとな鹿の角製の取っ手がついてて、本物の名工が最高級の鋼《はがね》で作ったものだ。スズメから雄牛までみごとにうまくさばけるよ。七シリング六ペンスとは言わないけど、金物屋の○○さんのとこに行ってみな、こんなに上等じゃなくても十五シリングはとられるよ。（叩き売り商人は必ず商店での値段と比較し、店の名前を出すこともある。）さあ、このナイフとフォークは五シリングでどうだ。見ているだけでお子さんたちの腹がいっぱいになりそうなセットだよ。これを使えば一ポンドの肉が、他のナイフで切った六ポンド分になっちゃんうんだよー。それじゃ、四シリング、三シリング、二シリング、一シリング十一ペンス、一シリング十ペンス、一シリング九ペンス、一シリング八ペンス、一シリング七ペンス、十八ペンス、これ以上はいただかないけど、これ以下もだめだよ」。

さまざまな商品に同じ冗談を使い、同じ口上を使う。その例をいくつか紹介しよう。

「これはここにしかないティーポットだよ(と言いながら取り出す)。昔、中国で造られたものだ。あの有名な方々が輸入した最初のティーポットで、三隻の船で二つしか入ってこなかったんだ。今日、これが売れなければ、大英博物館か万国博覧会にもっていくつもりだ。お茶を淹れるのに使うのがふつうだけど、上流の女の人たちはこっそりと酒をちょっと入れておくこともあるよ。科学の原理にもとづいて造られてるから、少しのお茶っ葉で、お茶がめいっぱいたくさん出せるんだ。今お使いのティーポットとは比べものにならないよ。お茶しか飲まない、酒はやめたという人たちがご贔屓の品物だ。さあ、こっちには鞴《ふいご》があるよ。一泡吹かせたい人はいないかい? またとないチャンスだ、やってみないかい。やり方は教えるよ。こいつを三シリング六ペンスで買って、質屋に行けば七シリングだ。旦那、買わないかい? 買わないのかい、それじゃあ話にならん。さあ、三シリング六ペンスって言ったね。ちっぽけだけど、ちゃんと使えるんだよ。それじゃ、三シリングだ」という調子で続いて、「子どもや呑んだくれの亭主の体罰にはうってつけだ。一シリングでもってけ。それ以上はいらないし、それ以下もお断わりだ」。

叩き売り商人《チープ・ジョン》たちは、茶盆・銅製の薬罐《やかん》・暖炉用鉄具・銃・鞭など何種類かの商品を持っていて、それをひとつずつ売っていく。それぞれに売り口上を考えてあるのだ。しかし、人目をひくのは雑多な商品である。

「ここにハサミが一丁ある。半クラウン［二シリング六ペンス］いただければいいよ。なんだって！　一シリングも出せない？　それじゃ、何かおまけしよう。ここに八枚刃の便利なナイフがある。こんなにぴかぴかの刃はどこにもないよ。このナイフについているのは刃だけじゃない。ナイフの鞘《さや》にはコルク抜き、ボタンかけ、やすり、突つき棒も収められている。この便利なナイフと一級品のハサミが一シリングだ。おい、おい、良心を持ち合わせていないなんて、弁護士顔負けじゃないか。ほかにもあるよ、手帖だ。この手帖は紳士なら持っていないと困るよ。一週間七日の日記、暦、計算早見表、メモ帳もついている。メモ用紙をはさんでおくポケットもあるし、頭が銀の豪華な鉛筆もついてるよ。買う人はいないのかい！　こいつはびっくりだ。でも、もうひとつおまけしちゃおう。携帯用の櫛《くし》だ。洒落けのある若者ならこの櫛は必需品だ。ぼさぼさの頭をした男くらい見苦しいものはないよね？　何年も櫛を見たことがないような髪の毛の人もいるじゃないか。これならお客になる人はいるね。えっ！　いないのかい。おやおや。それじゃ、最高級のブリタニアメタル［銀に似た合金］のティースプーンを六本つけるよ。これで買わないんだったら、あんたらはお馬鹿《スプーン》さんだ。いやいや、ほんとにたまげたもんだな！　これを全部、店で買うことになったら、一シリングなんてもんじゃないよ。さあ、もう一つおまけだ。黒鉛の鉛筆を一ダースつけちゃおう。それじゃ、これをご覧くださいよ（と、指の間にはさんで、全部がよく見えるようにする)。よく切れる一級品のハサミ、一通りの道具がそろっている高価なナイフ、持っている人のステイタスも上がって箔がつくすばらしい手帖、髪の毛がくるっとカールして、お好みのどんな色にも染められる特別な携帯用の櫛、銀にもひけをとらないスプーンが六本、これを使えば紅茶の甘みはいつもの半分の砂糖でオーケー。きれいな鉛筆が一ダース、これだけでも一シリングするよ。これを全部買ったら最低十シリング六ペンスはするところ、一シリングで売っちゃおう。それ以上はとらない。それ以下もお断わりだ。また、売れた!」

この商人たちは互いに張り合っているように見せかけて、客寄せをしている。時には、真剣になって汚い言葉を発することもあって、(ある情報提供者の話では)商売が終わってから、殴り合いでケリをつけようとするのを見たというが、そんなことはめったにあることではない。

ある叩き売り商人の奥さんは、よくご主人の代わりに商売をすることがあって、口上の名人と目されていた。誰ひとり彼女の弁舌にはかなわなかったが、ただ、下品な言葉遣いが多かった。叩き売り商人たちはみんな彼女を怖がっていた。

彼らは(ほんとうに喧嘩をしている場合でなければ)互いに相手よりも安く売るようなことはしない。めったにないことではあるが、互いに激しく反目し合っている時にはありうることである。じっさいにどんな言葉で言い合うかは書くわけにいかないが、口汚い罵り合いだというようにとどめておこう。しかし、彼らは客足を引き留めておくために、言い争いをしているように見せかけている。期待している客を楽しませるために、冷やかし合いをするのだ。

「明日、あの男があんたのところにやってくるよ」。

「奥さんがた、亭主のシャツを干したりしちゃだめだよ。あの男は取りこまないうちに、うまいこと見つけちゃうからね。そんで、えらく安く売っぱらっちゃうんだ。まちげえねえ。でもさ、いいかい、あいつの品物に触ったら、インキンのおまけを一緒に買わされちゃうことになるよ。それに、あの男の髪の毛ときたら、まるでナイフとフォークを使って切ったみたいとしか言いようがないんだから」。

アイルランド人はたいてい最高品質の商品を持っていて、こうして客に品物を見せる。しかも、叩き売り商人の冗談の大半はアイルランド人が考えたもので、彼らは他の同業者に真似をされると言ってこぼしている。ひとつ冗談を言うと、たちまちそれがイギリスじゅうで使われるようになって、口にしてから三十分もすると、冗談を最初に言った本人がその冗談の餌食になることもある。

世間から後ろ指をさされる商売をしていないかどうかについては、あまり頓着しない者もいる。シェフィールドでレンガを買っている人のことを思い出す。そのレンガは紙に包まれていて、外側にナイフが一本縛りつけてあり、ナイフが何十本も入っている包みのように見えた。叩き売り商人は盗品だと言われて買い取ったと言った。だます側がまんまとだまされたのだ。この業者の中には名の知れた「故買屋」もいるし、「叩き売り商人」とばくち打ち――競馬で賭博を行なっている――の二足のわらじを履いている者もいる。しかし、大半は働き者で、倦《う》まず弛《たゆ》まず辛抱強く真面目に仕事に精を出して、生活を良くしようとしているのだから頭が下がる。

この業界で大成した商人は、無一文からはじめて、だんだんと経験を積んで、商売を身につけた人だと思う。私は豊富な在庫をもって商売をはじめた者を二、三知っているが、いずれも機転がきかず、間もなく立ちゆかなくなって消えていった。露店を出すにはどこの市《いち》が良いか、またいつが良いかを知るには、判断しなければならないことが多く、これは実際に商売をしないとわからないことである。

　田舎やスコットランドには百人ほどの「叩き売り商人」、あるいは自称「投げ売り商人《ハン・セラー》」がいるようだ。彼らは一般に忍耐強く、ベルトやズボン吊りなどの小物を扱う呼売商人だった者がかなりいる。売り上げは日に五ポンドから三十ポンド、利益はその二十~二十五%である。二十ポンド売れれば上出来とされる。夏期は毎週三回ほど市《いち》に出向いて商売をする。彼らをよく知っているある人物が私にこう話してくれた。

「夜間に市のある場所まで三十キロ以上も歩いていって、日中《にっちゅう》はパブで行商をして、また翌日に市が開かれる場所まで、夜通し三十キロ以上歩いていく連中を大勢知ってましたよ。それで、アイルランド人の若者二人を知っていたのですが、彼らがどういうふうに道を切り開いていくのか、ちょっと興味をもって眺めていました。ふたりとも総額で何シリングかの商品をもっていたんです。今ではふたりとも卸売の大きな店をもってます。ひとりはシェフィールドに食卓用金物類の店で、もうひとりはバーミンガムで、雑貨を扱っています」。

　叩き売り商人が売りさばく商品は、ほとんどがシェフィールドとバーミンガムで仕入れる。できる限り安い品物を買いつけるのである。彼らの多くは「安物屋の店主」となってイングランド各地に散らばっている。ロンドンにも二人か三人はいるそうで、ひとりはケントロードで大きな店舗を構えているが、ほかの商人についてはどこにいるのか地名はわからない。移動中の彼らの生活は独特で、幌馬車をもっている場合には、その中で寝泊まりをする。妻子と一緒の場合もある。使用人がひとりいて、たいていは小僧で、馬の世話などの雑役をしたり、市《いち》の時には呼び売りをしたり、サクラ（客寄せ）になって、並んでいる商品を最初に買ったりする。この小僧は荷車ないし荷馬車の両輪の間にしつらえたベッドが寝場所になる。風雨を避けるために古い帆布でおおわれているが、あまり寝心地の良い場所ではない。それでも、「馴れればどうということはない」と言っている。

商品がもう売れる見こみがなくなると、荷造りをして、馬を荷車につなぎ、馬車は次の目的地となっている町へと目指す。日中にたっぷり移動すると、叩き売り商人は夜、野営をする場所を探す。水のきれいな川と馬の飼料は欠かせない。以前も来たことのある場所とか、知っている土地を利用することもある。馬を荷車からはずしてやり、どこかに行ってしまわないように前足を縛ると、今度は乾燥した木（火をつけるため）を探す。これは小僧の仕事である。生け籬《まがき》の枝を折ったり、塀を壊して木を取ってきてはいけない。叩き売り商人は農場主を怒らせることはしたくないのだ。緑の草地で仮住まいをしている間も、地元の農民《ヨーマン》とその召使たちとは気さくに話をしたり、商品を買ってもらったり、ベーコンの脂身とかポテトと交換することもよくある。荷車の車軸の間に火をおこして、車軸の間に棒をわたして、その棒に鍋などを吊るす。食事が終わると、就寝。主人は幌馬車の中に入り、小僧は車輪の間の寝床へ。朝は、出発前に食事をすることもあるが、まず少し先に進んでから食事をすることもある。

子どもがいる者は、行商生活から想像されるような育て方をしているが、家族連れで行商している者はごく少数である。妻を連れて行くことは多いが、子どもは保母にあずけるにしろ、親戚と一緒にいるにしろ、移動生活をさせることはふつうはない。

四輪の馬車を持っている叩き売り商人もいれば、荷車だけの者もいる。いずれも木製の屋根をつけている。主人は必ずこの移動家屋で寝ることになる。商品を守るためと、宿泊費節約のためである。四輪馬車は住まいとしての目的をすべて果たしてくれる。家具は中に商品が入っている箱の上にのせたベッド。ベッドの長さは馬車の全幅で、一九五センチほどだが、多くは一八〇センチほどの長さがあり、馬車のドアからいちばん遠い端に置かれる。ドアを開けると馬がいる。四輪馬車は長さが三メートル六〇センチで、二輪の荷車なら二メートル七〇センチ。商売をしている間は全商品をベッドの上に並べておき、主人が言った商品を助手（妻か小僧）が取って渡すのである。ベッドの他には家具はほとんどない。ほんとうになくては困るものしか持ち歩きたくないのだ。馬が穀物や豆を食べるのに使う手桶は洗面器の代わりになる。手桶はたいてい馬車と同色で、主人のイニシャルが描かれていて、移動中はフックで馬車に引っかけてある。

叩き売り商人は二輪の荷車からはじまり、商売がうまくいくと四輪へと移っていく。テーブルと椅子は商品を入れてある箱で代用する。やかんと鍋、そしてごくごくわずかな食器と角《かど》を利用しておける戸棚、荷馬車にある家具はそれだけである。四輪の荷馬車になると、船長室にあるのと似た暖炉が必ず設置されているが、二輪の荷馬車にはついていない。暖炉は真鍮製が多く、いつもぴかぴかの状態になっている。叩き売り商人は自分の荷馬車と中にのせてある物に誇りを持っているのだ。馬車は派手な色に仕立てられており、金をかけていることもある。馬車の値段も八〇ポンドから一二〇ポンドと非常に高い。馬車の製造組み立ての第一人者はリーズ［イングランド北部の都市］のデイヴィッドソン氏である。

興行師の幌馬車となるとさらに高価で、故ウームウェル氏が購入した馬車は三〇〇ポンド以上するもので、文字通り見世物である。興行師のご多分にもれず、馬車に名前をつけて、住居荷馬車と呼んでいたが、中で生活ができる居間と台所をそなえ、立派な家具もそろっている。外見は鉄道の一等車のようである。商売をしている最中は、馬車の正面に銃・のこぎり・茶盆・馬勒《ばろく》・鞭・回し錐［樽の口を開けるときなどに使う］などが見映えよくぶら下げられている。馬車の胴体には所有者の名前がめいっぱい書かれていて、さらにそこにヨークシャーのシェフィールドまたはウォリックシャーのバーミンガムから来た卸売商人である旨が示され、時には何か特別な宣伝などが書かれていることもある。

元祖　叩き売り商人《チープ・ジョン》

叩き売り商人ほど、上等な物を好む業種の人を私は知らない。市が立っているあいだ、食事は商品を売る時に使っている馬車の荷台の上で食べるのがふつうで、必ず焼き肉とポテトがある。その場で肉などを焼くことができるのだ。とくに商売が好調の時には、食事の時間は極力短くする。丘陵での市（つまり町をはずれた丘の上で市が開かれている場合）では、馬車の陰で火を焚いて、三本の棒を使って鍋を吊るし、キャンプの時のようなやり方で食事の用意をする。それを担当するのは妻か小僧である。お茶とコーヒーも通常は食卓に並ぶ。冷製の肉がない場合には、大量のベーコン、ビフテキ、玉子、あるいはオードブルが「叩き売り商人《チープ・ジョン》」には欠かせないようだ。使用人あるいは小僧は、（主人が独身の場合には）食事にかんしては対等の関係にあるようで、食べる分量に制限はなく、また主人が食べ終わるまで待っている必要もない。できるだけさっさと済ます、というのがいちばん大事なようだ。

銃を売っていることもあり、常にそういう武器を持っているからだろうか、彼らは時間に余裕がある時には、狩りなどが好きで、野ウサギが叩き売り商人の鍋の中に入れられることが多い。彼らが狩猟法に敬意を払いながら狩りをしているわけがないことは言うまでもないことだろう。ただ、そういう娯楽には気をつけているので、遊びにはまって首が回らなくなったという話は聞いたことがない。

冬期は（叩き売り商人は、免許を受けて競売人にならざるをえないので）、競売で在庫品を売りさばいたり、競売の真似事をしたりする者もいる。「投げ売り」するよりも儲かることがあるそうだ。

叩き売り商人の商売の季節は、ノーフォーク州のリンからはじまる。二月十四日からはじまる市場があり、二週間開かれている。そのあとはウィズビーチ、スポールディング、グランタムなどノーフォーク州とリンカンシャー州のさまざまな市場を回っていると、復活祭がやってくる。復活祭では多くの市が立つ。マンチェスター、ノット・ミル、ブラックバーン、ダーリントン、ニューカースルなどなど。それから叩き売り商人はそれぞれ全国に散らばっていく。丘陵市場が最高とされている。これは大勢の農場主や田舎の人たちが集まる家畜の市なのである。使用人を雇う市はその後で開催される。奇妙に思えるかもしれないが、叩き売り商人にとってシェフィールドとバーミンガムの市が、イングランドではいちばん儲かる市なのである。一年にそれぞれの地域で二回ずつ市が立つ。シェフィールドでは聖霊降臨節と十一月、バーミンガムでは聖霊降臨節と九月である。ノッティンガム、ダービー、リーズ、ニューカースル、ブリストル、グラスゴーといった人口の多いところが商売のチャンスも最高と考えられている。商人の数から判断すると、大都市の方が中小都市よりも成功している商人が多いと言えそうである。

ロンドンと田舎に一〇〇人の「叩き売り商人」がいるとして、みな大なり小なり行商をして移動するが、年に九ヵ月の間に毎日四ポンド稼ぐとすると、週に二十四ポンドとなる。つまり、週に二四〇〇ポンド、九ヵ月で約九万ポンドになる。利益が二十パーセントとして、純益で一万八〇〇〇ポンドである。冬のあいだは七十五人が商売をするとして、売り上げは週に十五ポンドとなり、さらに一万三五〇〇ポンドが加わることになる。利益が二十パーセントで、二七〇〇ポンドである。一年で叩き売り商人の利益は二万七〇〇ポンド、一人につき二〇七ポンドである。

叩き売り商人はロンドンの繁華街にはめったに姿を見せない。ロンドンではキングズクロス、セント・ジョージズ・イン・ジ・イースト、ステップニー、それからロンドン・ドックスの界隈、パディントン、ケニントンなどが彼らの商業区である。

50 ユダヤ人少年の街頭商人

私が確認したことであり、この件に関しての確かな筋からの情報によると、現在ロンドンの街頭では、一〇〇人少々のユダヤ人少年が主に果物と菓子の販売をしている。行商をしているユダヤ人の女性はきわめて稀である。いい大人がこの商売をしている場合は、大半が子供の頃からやってきたのである。しかし、行商に精を出している若いユダヤ人はみな、もう子どもとは言えなくなる前に、商売に関しては大人になっている。街頭商人をしているユダヤ人少年は、この一〇〇人のほかに、五〇から一〇〇人がさらにいて、通常は五〇人程度であろうが、時おり、「臨時の」街頭商人となって、ココナツやブドウを主に日曜に限って、売っている。

ユダヤ人少年の商売について、身分の高いあるユダヤ人から聞いた話だが、「路上のユダヤ人少年といえば、大多数が父親の宗教についてよくわかっていないし、関心も薄いということは理解しておいた方がいいでしょう。そういう意味では、この本に登場する呼売商人の男の子たちと同じようなものです。彼らはたまたま生まれがユダヤ人というだけで、キリスト教徒が自分たちの信仰しているはずの宗教をよくわかっていないのと同じですよ」。

あるユダヤ人少年から、自分のしている商売と将来について以下のような話を聞いた。言葉に若干の訛りはあったが、話はほとんどイングランド人の街頭商人と変わらなかった。顔つきはいかにもユダヤ人だったが、美男子ではなかった。髪の色は薄いが、きちんと櫛を入れてあるようで、整髪料はつけていない、あるいは街頭商人の言い回しを借りると「グリースで固めて」はいなかった。長髪で、叔母さんからは「切らないとだめよ」と言われたが、自分では「それでいい」のだと言う。しゃべりながら、髪が目にかからないように手で払いのけ続けていたが、得意げにやっているみたいに見えた。古いがボロではないコール天の服を着ていて、シャツはまあまあ綺麗で、生地は粗く、ボタンのないタイプだったが、「おれより体のでかいやつ用にあつらえた」ものだという。ペティコートレーンで九ペンス半だったが、じょうぶで長持ちしそうだから「良い買い物だった」とのこと。私が会った時には海綿を売っていた。ごく粗末な海綿で、大きかったが三ペンスで、こするとすぐにボロボロになってしまいそうだ（と自分でも認めていた）。この海綿はよく「仕上げに」硫酸が使われる。ある著名な外科医が私に教えてくれたことだが、黒い燕尾服を街頭で買ってきたばかりの海綿を使って拭《ふ》いてきれいにしようとしたら、服の色が紫色になってしまって愕然としたそうである。以下、ユダヤ人少年の話である。

「おれ、十二歳だと思う。学校には行ったことあるけど、ずっと前だよ。そのころ、母ちゃんの具合がすごく悪くて、そんで街に出てなんとかしなくちゃってことになったのさ。学校にはずっと行ってたんじゃないよ。字は読めないよ。ぜんぶ忘れちゃった。読めたらいいなあって思うけどね。時間があったらすぐに覚えられそうだけど、建物の中に長くいると気持ち悪くなっちゃうんだ。体に悪いよ。いや、そうじゃない、中でも外でも同じだよ。食っていけて、健康でいなくちゃ。物売りをいつからやっているか、わかんない。ずっと前からだよ。何かしなくちゃいけなかったからさ。おれはもう独りで食っていけるけど、父ちゃんが、一緒に暮らしているんだけど（母ちゃんは死んだ）、働けないことがよくあるんだ。父ちゃんに会いたい？ 父ちゃんはいろんなことを知ってるよ。いや、字は書けないけど、少しは読めるよ。おれがヘブライ語を話せるかって？ ああ、何を言いたいかはわかる。だめだめ、しゃべれないよ。ユダヤ教会には行かない。時間がないもん。父ちゃんは行くよ、時々だけどね。そう自分で言ってる。父ちゃんはそのうち二人とも行かなくちゃいけないから、気をつけていろって言うんだ」〔私はヨセフのことを何か知っているかとか、旧約聖書にでてくる人たちのことを聞いたりし始めたが、彼は怒って、改宗させたいのかと食ってかかってきた。〕

「おれはぜんぶ売っちゃったんだよ」と話を続けた。「オレンジも、レモンも、海綿も、ナッツもキャンディも。ジンジャービールを売るのに、自分の噴水型販売機がほんとに欲しいなあ。でも、待たないとだめだし、もうたくさん出回ってるからなあ。遊ぶのは同じユダヤ人の男の子たちとだけ。売るのは誰にでも、それは別になんでもない。キリスト教徒だろうけど、そんなのおれには関係ない。ユダヤ人とキリスト教徒がどう違うのか知らないし、そんな話はしたくないよ。改宗ってのはぜったいにだめだ。そんなことは誰に聞いたってわかるさ。うん、音楽は好きだし、ちょっとは歌えるよ。一ペニー演奏会《コンサート》とか、たまに二ペンスの演奏会にも行くんだ。いや、サセックス・ホールには行ったことない。場所は知ってるよ。おれにはわからないんじゃないかな。ただで入れるってのはいいけど。

ロスチャイルド男爵は聞いたことある。おれが一年間シリング硬貨で数えても数え切れないくらい金持ちなんだよ。議員になりたがっていることとか、それがどういうことなのかはおれにはわかんない。でも、きっとなるよ。なんだってあの人はお金でできるんだから。慈善事業に熱心だってのは聞いたことある。ドイツ系ユダヤ人なのか、ポルトガルなのかなんなのかは知らないよ。おれより一等上で、大物だ。おれの伯父さんだったらいいのにと思っちゃうね。あの人のお金が自分のものだったらどうしたらいいかわかんないな。旅に行ったりして、いろんなところでいろんなものを見るのがいいかな。

ユダヤ人がいつからイングランドにいるのか、知らないよ。いつだっていたんじゃないかな。うん、外国にもユダヤ人がいるのはわかってる。エルサレム！　そうだ、聞いたことあるよ。おれは、知ってる部族の中には入ってないよ。食べ物はペティコートレーンあたりで買うんだ。いや、魚はきらいだけど、シチューはいいね。二ペンスでタマネギの入ってるやつがいいよ。一ペニーのもあるけどさ。漬け物は好物。キューリが最高だね。ちょっとチーズか何か冷たいものが一緒にあるといいねえ。まあ、おれの好みだから、おじさんはちがうかもしれないね。豚肉《ポーク》かい！　触ったこともないよ。ネコを食った方がマシだろう。父ちゃんも同じだと思うけど。食堂に行って、豚肉のにおいがうまそうだなんて思わないよ。うまそうだって言ってるユダヤ人の子もいるけどさ。どうして食べちゃいけないって決められていないのかわからない。あんなものを食べちゃいけないよ。うん、ハムサンドも触ったこともない。ほかの子たちは触って、笑ってたけど。

一週間にどれくらい稼ぐかなあ。わからないな。どれもだいたい同じくらいの売り上げだと思う。おれが売ったことあるのは、イチゴ、サクランボ、グズベリー、ナッツとクルミ。季節によってね。ああ、おれの稼ぎはぜんぜん大したことないよ。日に六ペンスってこともあるし、一シリングってこともある。もうちょっと多い時も、ゼロの時も。いや、できるだけ質の悪い物は売らないけど、仕入れる金がないと、限界があるよね。でも、うまくだませるもんじゃないよ。ちょっと前だけど、上にのってるイチゴ以外は全部ひどいものばっかり入れた大きなカゴを売ったやつが、女の人に殴られてたからね。イチゴの葉っぱとかつぶれたイチゴとかそんなんばっかりね。女の人は代金の二ペンスを取り返そうと、売ったやつのポケットをつかんで、もみ合いになったけど、結局はぜんぜん取りもどせなかったんだよ。さっとすりぬけて、どこかに逃げちまったからさ。だましたりするのは危ないよ。〔この最後の言葉を神妙な面持ちで口にしたが、いかにも嬉しそうに手柄を立てたようなしゃべり方だったので、どうもこの少年がじつは犯人じゃないのかと私は思った。〕うん、そいつはたまたまユダヤ人だったけど、街にいるほかの男の子だって同じようなもんさ。街なかが好きかって？　好きじゃないよ。いいことなんてないんだから。いやあ、学校には行きたくないし、店に勤めるのもいやだし、自分で好きなようにできないのもいやだな。大人になったらどうなるのか、わからないよ。みんなと同じように、運に任せるんだろうなあ」。

ユダヤ人の古着商

51 ユダヤ人女性の街頭商人

アイルランド人の行商人やイングランド人の呼売商人の場合とちがって、ユダヤ人の街頭商人は男性に比べて、女性が圧倒的に少数であることはすでに述べた。しかし、露店を出す女性だけでなく、行商をするユダヤ人女性も少数ながらいることはいて、男性が七か八に対して女性は一くらいの割合になっている。私が見たところ、行商をしているユダヤ人の若い女性は大半が兄とか弟だという男の子と一緒である。私はこれは実際にそうだろうと思っている。というのは、若いユダヤ人女性は小生意気で無知なことも多いけれど、身持ちが悪いということはないからだ。これはある医者からも確かだというお墨付きをもらっている。

若い男女がいっしょになって売っているのは果物が多い。男の子が手押し車を押して、女の子が客に声をかけたり、品物を渡したりするのである。いつもの決まった場所で、小さな露台やカゴからサクランボやイチゴを売っている若いユダヤ人女性は、元気よく商売をしている点で、同じような街頭商人の女性たちとはちがっている。ユダヤ人街（十ヵ所もないという話だが）で若いユダヤ人女性が古いナイフやハサミ、半端物のレース製品を載せて売っている露店は、親や友人達の店の近くだったり、あるいは親たちから見える場所だったりすることが多い。

私が少し話をしたユダヤ人の少女は、主任ラビであるアドラー博士の名前を聞いたことすらなく、ドイツ系ユダヤ人とポルトガル系ユダヤ人の違いも全然知らなかった。どちらも聞いたこともなかったのではないかと思う。このような若い女性商人はほぼ全員が親か友だちと同居していて、家出人の割合は平均よりも遙かに少ないそうである。あるユダヤ人の話では、ユダヤ人の若い女性が若い男と放浪することはなく、「キリスト教徒の若い女と比べれば」一〇〇対一にもならないと、笑いながら言った。この情報を提供してくれた人は、まだ若かったころに、香水の行商をしてイングランド中を回っていたことがあるので、事実関係を確かめる伝手《つて》があったのだ。香水の行商は儲からないのでやめてしまった。放浪生活にも田舎を回るのにも長年馴れている針金細工師――この人の話を信じる根拠が私にはあるのだが――は、ユダヤ人の若い女が男の子と「旅をしている」姿はいっぺんも見た記憶がないと言っている。

行商をしている大人のユダヤ人女性はいないわけではないが、稀である。私はガラス製品が入った大きなカゴを腕に抱えているユダヤ人の女性に会った。塩入れ、葉巻用灰皿、デザート用の青いガラスの皿、酢を入れる瓶《びん》などが中心である。彼女が持っていた商品は青が多いようで、ガラス製品以外は持っていなかった。美人で身なりもきちんとしていた。私が彼女と会った通りにある店のドアをひとつひとつのぞき、個人宅の窓を一軒一軒見上げては、「ふるぎー、ふるぎ！」と大きな声を張りあげた。ガラスの商品と交換したり、服を買ったりするのだが、女性物の服が多く、客はほぼすべて女性だった。自分の家族と身の上については話したがらず、ただ、自分の境遇について不満はないとしか言わなかったが、私が名前を出しても良いと許可を得ていた人たちの名前を使うと、自分の商売——何もしないよりは良いと思ってしている仕事——については喜んで何でも話すと言いだした。顔はまごう方なきユダヤ人だが、イングランド人訛りでこう言った。

「呼び売りをして歩くときは、いいガラスしか売らないんですよ。売るよりも物々交換してるほうが多いから、呼び売りとは言えないかな。いつでも奥さんにしか声はかけないんです。あたしのもってるガラス製品の中に欲しいものがあったら、それから商談です。立派な奥さまが——きっと立派な奥さまと言って良いと思うんですけどね——が、ガラスと交換するのに持ってくる物ときたら、バカバカしくなっちゃんですよ。緑とか青のガーゼでできた子供用のベールで、それも破れていたり、色褪せていたり。こんなのは落ちていても拾う価値もないでしょ。もう染めても仕方がないような古いリボンとか洗う価値もない古いスモックとかね。「ユダヤ人顔負けの抜け目のなさ」なんて言いますけどね、奥さま連中はそんなゴミみたいな物を持ってくるくせに、あたしらを抜け目ないなんて言えませんよ。店でも個人宅でも、あたしは中程度の建物を見て売りに行くんです。ショールとか毛皮の肩掛け《ケープ》なら、あたしのガラス細工のほかに少しお金を払うこともありますよ。ただし、どうしても買い取りたくて仕方がないときだけですけどね。そういう古い物とかつまらない物と交換することもありますけど、そんなにはありません。時々、即金で買うこともあります。あまり儲かりませんよ。売っている人は大勢いますからね。あたしは真面目に売りに出かけてもいませんし。女の同業者が何人いるかはわかりませんけど、少ないですよ。あたしはまあまあでしょう。不満はないと言いましたよね。儲けとか売った商品の計算は自分ではしないんです。家族がやってくれるから、そんな面倒なことはしません。

52 ロンドンの安物屋

行商とかかわりのない人たちからは、安物屋の店主はよく「倉庫屋」とか「雑貨屋」さらには「屠殺屋」とさえ呼ばれている。いずれも実態を正確にとらえた言葉ではない。「倉庫屋」とか「雑貨屋」はあいまいな言葉なので、これから私が使うことはないだろう。悲惨なほど低賃金で過重な労働を強いられている靴屋・家具職人などは、貧しい労働者の製品を注文なしで買い取る商人の構えている店舗を「屠殺屋」と呼んでいる。

土曜の午後に、トテナムコート・ロードなどのような繁華街で、顔色の悪い男たちが何脚かの椅子を運んでいたり、整理だんすを背負って前のめりに歩いている姿が見られることがある。これが「小親方」で、さっさと、見ている者の目にはそれほど違和感がないように家具を作る、というよりは（ある人の言葉を借りると、「いや、だんな、このたんすを作ってるんじゃねえんです、くっつけてるだけ。作るなんてもんじゃねえですから。職人の仕事じゃあねえんで」ということで）「くっつけている」のである。一軒の家の調度に必要なものをすべて提供する「屠殺屋」は「飢餓価格」（よく使われる言葉だ）で仕入れる。職人は何時間も待たされて、屈辱的な扱いをされることもよくある。

イーストエンドのある「屠殺屋」（以前の調査で確かめたことがある）は、よく土曜の午後に雨が降るようにと祈ったものだと言っていた。二〇ポンドは余計に儲かるのだそうだ。これはペンキとかワニスが塗られたり、磨き上げられたりした家具は、雨にあたると傷物になってしまうからである。雨があたらないように置かれていたら、わざわざ雨の中を別の屠殺屋のところまで小親方は運んで行きたがらない。こういう状況では――この哀れな商売はどんな状況下でもあまり変わらないが――職人は屠殺屋に手玉に取られるのである。

ここで話題になった「小親方」――私は何人かを再び訪ねた――も行商人も「安物屋」と「屠殺屋」をしょっちゅう餌食にしていることに気づかなかったら、この商売の説明はこんなところでもういいだろうと思っただろうが、さらに詳しく述べることにしたい。

「安物屋」と「屠殺屋」の違いは、私の理解では以下の通りである。屠殺屋は、自分が買い取ることを目的に作られた家具――家具に限らずなんでも――をほぼ例外なく、原則としてすべて買う。安物屋の店主は原則として、商品を注文するが、例外として屠殺屋と同じような買い方をすることがある。屠殺屋は小売だが、安物屋は卸売しかしない。

ここで扱っている業種の商人が売買する商品は、大半が「バーミンガム産」である。あるベテランの商人がこんなことを話してくれた。「こういうよく見かける低価格の金属製品とか小間物なんかは、バーミンガム産なんですよ。二〇個のうち少なくとも十九個はね。製造地はロンドンとかシェフィールドとかパリとかいろんな地名が書かれてますがね、お好みなら北極産と書かせることだってできますよ。でもね、本物のバーミンガム製です。輸送費がシェフィールドからよりもバーミンガムからのほうが安いですから、それもひとつの理由です」。

安物屋の経営者はほとんどがユダヤ人である。町や田舎の安売り店、叩き売り商人、街頭商人に卸売りする商品は、飲食物と装身具――これを扱うのはまた別の業者である――を除いて、ありとあらゆるものがある。装身具に関しては、ズボン吊り、ガーターなど安物屋の商品になっているものもある。

ある通り（ロンドンのイーストエンドにある大通り）には、二十三店ある。ウィンドーには商品を見せようという姿勢はほとんどない。名工が趣味よく仕上げたものや、趣味よく作られたと思って欲しいものを、趣味よく展示してお客をひきつけようとするよりも、店内には商品が豊富にあること、「このどこよりも広く何でもある店舗の驚異的な品揃え」を見せるために、ただ窓をにぎやかにしようとしているだけのようにしか見えない。

あるウィンドーでは「鉢」が完全に壁のようになっていて、室内に陽の光がほとんど入っていけそうもない。私に同行していた街頭商人が、ただ「鉢」（業界用語）と呼んだが、どれもじっさいは鉢の形の置物だった。その中には女の羊飼い、黄色い猟犬《グレイハウンド》、それから「フィギュア」と呼ばれるものの

（寓話の妖精で、手には鳥や花輪がのっているものも、のっていないものもあった）、非常に長身に見えるシェイクスピア（私はこういう窓にシェイクスピアの座像がなかったのを見たことがない）、それから羊飼いか楽師らしい――売り手でも買い手でも疑問に思った者の判断で、どちらでもかまわないようだった――「鉢」がいくつもあった。羊飼い、あるいは楽師かもしれないが、木の下に坐っている姿が多い。明るい青の上着に、黄色い半ズボン、胴体よりも手足が目立っている。ただ太っていると言っただけでは、その人物像が伝わらない。「鉢」によっては、巨漢でもあるが、背が低くてずんぐりしているものもある。私はこの犬たちはイタリアン・グレイハウンドのつもりかと聞くと、「いいえ、ドイツのです」と言われた。私は犬の種類を聞いたのだが、相手は生産地だと思ったのである。鉢は主にドイツ産だった。しかし、水晶宮がみごとに描かれているマグカップがたくさんあり、これは間違いなく国産だった。同じ店舗の別のウィンドーには針刺しとか髭剃り用ブラシ、手紙用の消印（すべて骨製）、クリベッジ［トランプ・ゲームの一種］用のゲーム板と箱（トランプも入っている）、ネックレス、ビーズが雑然と置かれていた。

隣りの安物屋のウィンドーには、同じようにぎっしりと、さらに雑然と、ブローチ（ルビーやトパーズに似せた色ガラスでできているものや、紫色の服を着て頬が赤い肖像画が濃い色で描かれているもの、非常に大きなカメオもあった）、時計（ガラスがはまっているものもないものも）、人形が動くフランスの玩具、望遠鏡、アメリカ製の置き時計、オルゴール、カフスボタン、バックギャモンのゲーム板、茶盆（羽根が派手な緑色の得体の知れぬ鳥が中央に描かれているものもあった）、かみそりを研ぐ革砥《かわと》、書き物机、ヘアブラシ、タバコ入れが並んでいた。

もうひとつのウィンドーとなると、さらにそれに輪をかけて雑多な品物が取りそろえられていた。短剣（見たところはあまり危険そうには見えなかった）、粗末な紙に包まれていたりケースに入っていたりはしたが雑然と置かれている鉄筆、黒鉛の鉛筆、パイプの頭部、葉巻入れ、嗅ぎタバコ入れ、剃刀、髭剃り用ブラシ、消印、金属製のティーポットとティースプーン、造花が中に密封されているガラスの球（ガラス容器に糸巻きが入れられた昔ながらのガラス細工が進歩したものと捉える者もいた）、ピール〔首相も務めたイギリスの政治家。一七八八～一八五〇〕のメダル、万国博覧会のメダル、ルーレット、香水瓶、羽根の部分に造花をあしらった羽根ペン、扇、櫛、ガラス製ペン立て、まっ赤な傘を手にしたフランス国王ルイ・フィリップの（戯画化した）陶器製の人形、同じく黄色いベストを身につけ、レンガ色の顔をしたハイナウ将軍〔オーストリアの将軍。一八五〇年九月四日にイギリスを訪れ、労働者らから怒号を浴びせられたり、いろいろな物を投げつけられたりした。一七八六～一八五三〕は、拷問の道具を手に、巨漢のイギリス人水夫から体当たりされている。

安物屋のウィンドーに並ぶ家具は数の少ない時もあるが、種類は豊富である。ある店舗ではアメリカの置き時計、フランスの（大型の）玩具、オペラグラス、ナイフとフォーク、火薬入れだけが並んでいた。

店によっては宝石類を中心にウィンドーに並べている。イヤリング（金メッキが主流）や各種の指輪、多彩な色ガラスを使った大小さまざまなブローチ、ショールを留めるピン、カフスボタン、ネックレス、ビーズの小銭入れ、「つや出しした〈金の〉額に入った」水晶宮の小さな絵、時計の鎖、時計の鎖につける封印（刻印ないし標語が三文字入っている）、時計用の鎖についた鍵、〈銀の〉爪楊枝、メダル、嗅ぎタバコ入れ。宝石類を売っている店がいちばん豪勢に見えそうに思うが、ところが一、二を争う汚さなのである。わざわざきれいな物をショーウィンドーに並べる必要などなく、何の商売なのかがわかるようにしておくだけでよいと言わんばかりである。

この二十三店の安物屋の中で、五店は各種文具だけしか扱っていなかった。私が見た一店では、大きなウィンドーの上から下まで便箋、会計簿、複写簿、鉄筆、鉛筆、封蠟、光沢のある封緘紙（箱入り）、インク壺などがみごとにきっちりを並べられていた。

その他の店については、二店はケースに入った時計を扱っていたが、まったく展示する気もなく、並べてさえいなかった。この商売に詳しい人の話によると、「市《いち》で酒を呑んでいて自分は賢いと思っている田舎者に売りつけるのにうってつけのしょうもない商品でね」とのことである。

私はここまで街頭商人の市場である安物屋の店舗の、いわば本丸の外観について説明してきた。こういった商売が行なわれている殿堂に入っていくと、通りに面した店舗の奥には広々とした空間が見られる。荷箱・小包・梱《こり》が散乱していて行く手を阻んでいるかのようにみえるが、じつはきちんと整理された状態にあるのだ。また、棚には茶色の包装紙に包まれたり、ケースや箱に詰められた商品がぎっしり並んでいる。このように並んでいる箱の統一感は、安物屋の倉庫ならではの本当の性格を壊してしまいそうである。というのも、実際には百種類もあるだろうに、棚に置かれている商品は三種類か四種類しかないように見えるからだ。私自身が見たところと、そして長年かかわっている事情通に聞いた話から、安物屋によっては、上述の「散乱」した状態は、品薄であっても豊富に商品があるように見せかけるための工夫になっていることは確かである。

卸問屋（安物屋、つまり卸売商人の場合）では商品が並べられ展示されていることはない。ある街頭商人は安物屋の主人がよくこう言うのを聞いたという。

「ここにゃ、だれにも入《へえ》ってもらいたくねえんだ。あちこち見ては『ああ、すげえ！　いい品物ばっかしだ！』なんて言われちゃ嫌なんだよ。売りてえだけで、見てもれえたくねえんだ。商売《しょうべえ》をやってんだからよ、余計なことはおことわりだ」。

私が見に行った店舗の場合、店内は大なり小なり暗くて、客にあまり見られたくないという雰囲気だった。

訳者あとがき

本書はヘンリー・メイヒュー（Henry Mayhew）の代表作『ロンドンの労働とロンドンの貧民』（*London Labour and the London Poor*）全四巻の第一巻と第二巻から拙訳『ヴィクトリア時代ロンドン路地裏の生活誌』（原書房刊）で取り上げられなかった部分を選んで訳出したものである。

原本は一〇ポイントほどの小さな文字がぎっしりと二段組で並び、各巻五〇〇ページ前後という大冊である。既訳はジョン・キャニングの編集になるものだったが、今回は特に「面白い」と思われる部分を重複しないように私が選び出して一冊にまとめる方針で附箋をつけながら全巻を通読したのだが、興味をそそられる人物が多すぎて、途中で「全訳」という文字が頭を何度も去来するほどだった。なお、面白い「部分」とは言っても適当にはしょって継ぎはぎはしていないので、それぞれのセクションは「完訳」である。

著者メイヒューについて簡単に紹介しておこう。一八一二年十一月二十五日、ロンドンの事務弁護士の家に生まれ、名門パブリックスクール、ウェストミンスター校に入学するが、退学してインドのカルカッタ（現コルカタ）に渡る。しかし、一年ほどでロンドンに帰り、父親の法律事務所で三年間研修を続けるが、父親との確執もあって、結局、弁護士の道を捨てて出版界に入る。最初に手がけたのが、週刊誌の『フィガロ・イン・ロンドン』の編集で、その後は弟との共作で小説と劇作に力を入れながら、一八四一年には『パンチ』の創刊にも関わり、短期間ながら、その編集も行なっている。

メイヒューはいわゆる「気分屋」だったらしく、仕事の面でも集中力を発揮するかと思うと、中途半端なところで投げ出したり、人との衝突も多かったようで、一度は破産もして、立ち直ったとはいえ、晩年は孤独な日々を過ごし、一八八七年七月二十五日、永眠。享年七十四。

主著である『ロンドンの労働とロンドンの貧民』は一八四九年から『モーニング・クロニクル』紙に連載した書翰体の記事がもとになっているが、編集部との軋轢が原因で『モーニング・クロニクル』を離れ、一八五一年にはその記事を中心に取材の成果を独自に出版したりもしたが、紆余曲折を経て、全四巻の決定版（第四巻はジョン・ビニー、アンドルー・ハリデイらとの共著）が出版されたのは一八六一年から翌年にかけてのことである。

メイヒューはヴィクトリア朝のロンドンをテーマにしたという点で、奇《く》しくも同じ一八一二年生まれの大小説家チャールズ・ディケンズと比較され、「フィクションのディケンズ、ノンフィクションのメイヒュー」というような言われ方をされるが、実際にはディケンズは下層階級の人々の姿を小説にそれほど描いていないし、またディケンズ自身もメイヒューの影響を受けてはいても、詳細に描けるほど下層社会に馴染みは無かっただろう。

一方、メイヒューの紙面に登場する貧しい労働者たちは作り物ではない生身の人間であり、録音機具のない時代によくぞここまでと思うほどみごとにインタヴューのようすが再現されている。ボズウェルの『ジョンソン伝』を読んだ時にも思ったのだが、どうして人の話した言葉をこれほど克明に再現できるのかと喫驚する。たとえば「46 小間物を売る街頭商人」の話など、生の声による下層階級の人々の生活は、短編小説のようでもあり、当時の資料としても貴重である。

しかし、この大著が正当な評価を受けるようになったのは、じつは二〇世紀も後半になってからのことなのである。その詳細は拙訳の前掲書をごらんいただきたい。

メイヒューが取材をしたヴィクトリア朝中期について少しだけ解説しておきたい。まず、この時期の社会と文化の基盤になっていたのは功利主義と福音主義である。「最大多数の最大幸福」を目指す功利主義によって切り捨てられそうな人間を救ったのは、個人の魂の幸福に重きを置く福音主義であるとも言えるが、両者とも「仕事」こそがこの世での使命を全うする手段であり、特に福音主義の考え方では仕事こそが天国での救済を叶える資格を与えてくれるものだった。つまり、宗教的な信仰心は、現世では仕事を通じて表わされたといえるだろう。

本書に何度も出てくる「救貧院」であるが、エリザベス一世の時代にまで遡る「救貧法」に基づいて、行政区としての「教区」がそれぞれの地区の貧民の世話をする義務を負っていたのだが、能率・経済・統一という功利主義の原理によって、連合救貧院が誕生し、一八三四年に議会は高齢や病弱が理由で働けない者は別として、体力のある貧民とその家族を「救貧院」に収容することに決めた。貧民救済の制度は本来は身寄りのない貧しい人を救うのが目的であって、社会の変化のために生まれた大規模な貧民を救うための制度ではなかったのだが、囲い込みによって共有地を失った貧しい農民と労働者が困窮することになり、貧民救済は新たな局面を迎えることになったのである。新制度の救貧院の実態は監獄と変わらないほどひどく、労働として小麦を挽いたり、古いロープの繊維をほぐして船のパッキンなどに使う槙肌《まいはだ》を作らされたり（映画『オリバー・ツイスト』でオリバーが救貧院でなにかをさかんにむしり取っている場面こそ「槙肌作り」である）、また貧乏なのは本人が怠け者だからだという見方が特に中産階級の間に浸透していたので、救貧院では収容者を半ば飢餓状態に置いて屈辱的な生活をさせ、外に出て仕事を見つけた方がましだと思うようにし向けた。居心地の悪いところにして貧民が集まってこないようにしたのである。だから、本書に登場する貧しい人たちはみな救貧院を忌避しているのである。

本書には「水の販売人」も登場するが、給水事情が悪いために入浴の習慣もなく、給水会社は個人企業で一八七一年まで一日に数時間しか給水されなかった。これは衛生状況にも影響を与え、トイレの汚水を直接テムズ川に捨て、その川の水がまた飲料水として家庭に回ってくるのでコレラが蔓延する原因にもなった。

衛生と言えば、エドウィン・チャドウィックの『労働者の衛生状態』（一八四二）の影響で下水溝や水質などの問題が社会の関心を引いたのもこの時代である。ただ、「細菌」という概念がまだなかったので、コレラが一八四八年に再発しても効果的な対策は取れなかったのが実情である。
また本書には数字、特に金額を示す数字が多く、読者には煩わしいかも知れないが、それぞれ意味のある数字であり、読み飛ばすには惜しいので、現在の日本円でだいたいいくらになるのかを割り注にしてところどころに配した。当時のイギリスの貨幣の代表的な単位と日本円に換算した時の大雑把な関係を以下に示しておくので、参考にして頂きたい。

一ポンド＝二〇シリング（＝約二万円）
一シリング＝十二ペンス（＝約千円、一ペニー＝約八〇円）
一ギニー＝一ポンド一シリング（＝約二万一千円）

これまで私は自分で翻訳する本を選定したことは三回だけで、自ら「翻訳したい」と言いだしたのは、メイヒューの本だけである。今は昔の話になるが、翻訳のサンプルをつけるでもなく、いきなり見ず知らずの編集者に手紙だけ出して、手紙が着いた頃に電話をかけて意向を伺い、「面白そうですね。やりましょうか」で話が決まって以来、その時の編集者・長岡正博さんとの仕事はもうこれで十冊目になるのではないだろうか。既にお引き受けしている翻訳もあるし、一緒に酒を飲んでいるうちに新しい企画が毎回ひらめく人でもあるし、さらに『ロンドンの労働』は最終的には全巻完訳を目指すことにもなっている。人生の残りがそれほどあるとは思えない年齢になったが、一生のお付き合いになることは間違いなさそうだ。「未完」にならないよう、お互いに健康に気をつけて、読者に愉しんでいただける刺戟のある仕事を心がけたい。この後書きを書いている時に、畏友・島弘之（法政大学教授）が半年近く前に亡くなっていたことを知り、とくにそう思う。

植松　靖夫

二〇一三年一月十五日

ヘンリー・メイヒュー（Henry Mayhew）
1812 年、ロンドンの事務弁護士の家に生まれ、名門パブリックスクールのウェストミンスター校に入学するも退学。数年後、弁護士の道を捨てて出版界へ。最初に手がけたのは週刊誌の『フィガロ・イン・ロンドン』の編集。次いで『パンチ』誌の創刊に深くかかわる。弟オーガスタとの共著で小説“*The Greatest Plague of Life*”（1847 年）や“*Whom to Mary and How to Get Married*”（1849 年）なども発表。本訳書の原本である“*London Labour and the London Poor*”は彼の名を不朽のものにした作品。晩年は孤独の日々をすごし、1887 年 7 月 25 日に永眠。享年 74 歳。

植松靖夫（うえまつ・やすお）
上智大学大学院後期課程修了。東北学院大学教授。主要訳書に H.P. ラヴクラフト『文学と超自然的恐怖』、K. チェズニー『ヴィクトリア朝の下層社会』、K. ヒューズ『十九世紀イギリスの日常生活』、H. メイヒュー『ヴィクトリア時代ロンドン路地裏の生活誌』、G. ウェイトマン『図説・テムズ河物語』、C. ヒバート『図説・イギリス物語』、R. マンキェヴィチ『図説・世界の数学の物語』、U. エーコ『美の歴史』、コリン・ウィルソン『人狩り』、R. ハクスリー『西洋博物学者列伝』、R. ハンベリ - テニスン『世界探検家列伝』など。

ロンドン貧乏物語
—ヴィクトリア時代　呼売商人の生活誌—

2013 年 6 月 22 日　初版発行

著　者　ヘンリー・メイヒュー
訳　者　植松　靖夫
装　幀　尾崎　美千子
発行者　長岡　正博
発行所　悠　書　館

〒113-0033　東京都文京区本郷 2-35-21-302
TEL 03-3812-6504　FAX 03-3812-7504
http://www.yushokan.co.jp

印刷・製本：シナノ印刷株式会社

ISBN978-4-903487-66-3

定価はカバーに表示してあります